欢乐数学营

U0745714

他们创造了
数学

50 位著名数学家的故事

[美]阿尔弗雷德·S. 波萨门蒂尔（Alfred S. Posamentier）

[奥]克里斯蒂安·施普赖策（Christian Spreitzer）著

涂泓 冯承天 译

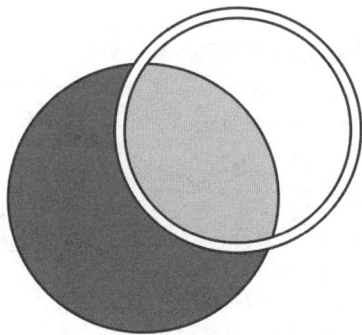

MATH MAKERS

THE LIVES AND WORKS
OF 50 FAMOUS
MATHEMATICIANS

人民邮电出版社

北京

图书在版编目（ＣＩＰ）数据

他们创造了数学：50位著名数学家的故事 ／（美）
阿尔弗雷德·S. 波萨门蒂尔，（奥）克里斯蒂安·施普赖
策著；涂泓，冯承天译. — 北京：人民邮电出版社，
2022.10
（欢乐数学营）
ISBN 978-7-115-59524-9

Ⅰ．①他… Ⅱ．①阿… ②克… ③涂… ④冯… Ⅲ.
①数学家－生平事迹－世界－青少年读物 Ⅳ.
①K816.11-49

中国版本图书馆CIP数据核字(2022)第122810号

版 权 声 明

◆ 著　　　[美]阿尔弗雷德·S. 波萨门蒂尔（Alfred S. Posamentier）
　　　　　[奥]克里斯蒂安·施普赖策（Christian Spreitzer）
　 译　　　　涂 泓　冯承天
　 责任编辑　刘 朋
　 责任印制　陈 犇

◆ 人民邮电出版社出版发行　　北京市丰台区成寿寺路 11 号
　 邮编　100164　电子邮件　315@ptpress.com.cn
　 网址　https://www.ptpress.com.cn
　 涿州市京南印刷厂印刷

◆ 开本：720×960　1/16
　 印张：21.25　　　　　　　　　2022 年 10 月第 1 版
　 字数：315 千字　　　　　　　 2025 年 9 月河北第 14 次印刷
　 著作权合同登记号　图字：01-2020-7653 号

定价：69.90 元
读者服务热线：(010)81055410　印装质量热线：(010)81055316
反盗版热线：(010)81055315

内 容 提 要

当今的数学是 2000 多年来数学家的智慧和努力的结晶，他们的个性和生活经历往往与他们的数学成就一样非凡。本书通过 50 篇简短的传记，按照年代顺序记录了这些成就。在书中所描述的这些令人神往的人物中，艾萨克·牛顿最引人瞩目，他是经典物理学和微积分的奠基人，经常与科学家同行发生争吵，并且沉迷于炼金术。苏菲·热尔曼曾以勒布朗先生这个笔名向拉格朗日求教，她因在费马大定理和弹性理论方面的工作而为人们所铭记。艾米·诺特被阿尔伯特·爱因斯坦描述为数学史上最重要的女性，她为抽象代数的发展做出了重要贡献。在物理学方面，她阐明了守恒定律与对称性之间的联系。斯里尼瓦瑟·拉马努扬来自印度，出身卑微，几乎没有接受过正式的数学训练，却对数学分析、数论无穷级数和连分数做出了重大贡献。另外，书中还介绍了其他有趣人物不同凡响的故事。

本书可供数学爱好者阅读。

献给我的子女和孙辈：

丽莎（Lisa）、丹尼尔（Daniel）、戴维（David）、劳伦（Lauren）、麦克斯（Max）、塞缪尔（Samuel）、杰克（Jack）和查尔斯（Charles），他们拥有无限的未来。

——阿尔弗雷德·S.波萨门蒂尔

献给我的数学指导者和导师，他们培养了我对数学的热爱。

——克里斯蒂安·施普赖策

引　言

很不幸，在我们的文化中，大多数受过良好教育的人对数学的看法在总体上是负面的。他们常常会得意地承认自己在学校中学习时并不是数学方面的好学生。承认这一弱点几乎就像一枚荣誉勋章，而这枚勋章很少被授予学校的其他科目。尽管数学的名声欠佳，但是对于人类共享的、关于世界如何运转的知识，以及对于为我们的生活提供了以前无法预见的优势的技术进步，数学都做出了巨大贡献。伽利略·伽利雷（Galileo Galilei）曾说过，自然之书是用数学语言写成的。确实，我们通过物理学和其他自然科学对自然的理解在很大程度上依赖数学[①]。不过，无论是数学形式体系还是迄今为止所取得的所有数学成果，都常常被视为独立于我们周围的世界。大体上，我们所掌握的数学知识主要是在与自然没有任何互动的情况下发展起来的。例如，与生物学不同，数学不是一门以经验为依据的科学。数学之所以成为一门真正令人着迷的学科，部分原因在于它是自然界的通用语言，但它同时也是一套逻辑结论体系，可以在不对自然现象进行任何观察的情况下不断发展。数学的这些引人入胜的、构成对立矛盾的性质最初可能会使那些对这门学科持怀疑态度的人感到困惑，但通过探究数学的发展史，我们就能对数学的本质形成深刻的见解。有鉴于此，我们在这本书中介绍了 50 位最著名的数学家简短而激动人心的生平，并清晰地探究了他们的一些辉煌成就，以此来呈现对的数学史的一个概述。

当你在思考数学史时，你可能会提出一些问题，比如：

我们现在的数系是从哪里来的？

我们应该把代数和几何学的开端归功于谁？

---

① 　见伽利略的著作《试金者》（*Il Saggiatore*，1623）。——原注

谁测量了地球的大小，又是如何用原始工具做到这一点的？

谁发明了微积分？

计算器和计算机程序一开始是什么样子？

在这些革新者的传记中，你不仅能找到这些问题的答案，还能找到更多问题的答案。此外，这些发明和发展了数学的男女数学家的生活故事不但会激发你学习数学的兴趣，还会引起你对这门最重要的学科的重视。

选择哪些数学家来介绍绝非易事。我们的目标是达到尽可能广泛的代表性，特别是着眼于那些为我们当前的技术时代铺平道路的人。当然，这也包括那些经常被忽视的、对这一进程做出了重大贡献的女性。尽管每一个人物都有着明显不同的生活经历，但你会发现他们有一个共同的特点：他们常常被认为无法融入他们所处时代文化的社会结构之中。这 50 位数学家的聪明才智和非凡之处，不仅仅体现在他们的数学奇迹和在工作中所取得的那些成果上，也体现在他们的生活方式上。

他们中的有些人的生活相当悲惨，比如法国数学家埃瓦里斯特·伽罗瓦（Évariste Galois，1811—1832）。他建立的理论如今被称为伽罗瓦理论。1832 年，20 岁的伽罗瓦在一场他知道自己必输无疑的决斗的前夜，写下了他所知道的关于抽象代数的一切。不幸的是，这场决斗最终让他付出了生命。那天晚上他所写的东西成为了伽罗瓦理论的基础。正如你将看到的那样，他的理论将另外两种理论联系了起来，使两者都更易于理解、更简单。人们不禁要问，假如伽罗瓦还有机会的话，他还能为我们献上哪些其他珍品？

伽罗瓦的贡献差一点完全丢失，但他并不是唯一有此遭遇的数学家。在 18 世纪的欧洲社会，妇女不准参与高级学术研究。书中介绍的著名数学家苏菲·热尔曼（Sophie Germain，1776—1831）是一名神童。为了确保进入学术界，热尔曼以她曾教过的一名（男）学生的名义撰稿。当时的著名数学家，如约瑟夫 - 路易·拉格朗日（Joseph-Louis Lagrange，1736—1813）和卡尔·弗里德里希·高斯（Carl Friedrich Gauss，1777—1855）等在认识到她的天才并进一步查询之后，才发现她是一个女人。幸运的是——也对我们都有利——他们平等地接受了她。此后，热尔曼进而在数学和物理学方面都取得了重大进展。

另一段不同寻常的、相当令人忧伤的传记来自印度数学家斯里尼瓦瑟·拉马努扬（Srinivasa Ramanujan，1887—1920）。他在非常贫困的环境中长大，但最终为英国的著名数学家所接受。然而，他的健康状况极差，因此他英年早逝。他的传记被认为值得拍成一部剧情精彩的长片。2014 年，《知无涯者》（*The Man Who Knew Infinity*）[①] 上映，该片取材于罗伯特·卡尼格尔（Robert Kanigel）撰写的同名传记[②]。

本书中所详述的最另类的生活方式之一，也许来自匈牙利裔美国数学家保罗·埃尔德什（Paul Erdös，1913—1996），他基本上是靠着一个行李箱生活的。埃尔德什没有住所，曾与大约 500 名数学家合作，在不同的大学里生活，每次几个星期。他发表了 1500 多篇具有重要意义的数学论文。

在接下来的内容中，我们不仅会简要介绍那些创造了我们所共享的知识的现代数学家，还会全面评述为后来的数学家奠定了基础的那些古代先驱。例如，锡拉库扎的阿基米德（Archimedesof Syracuse，约前 287—前 212）主要是作为一位机械装置的天才发明家而被人们所记住的，但他也被认为是古典时代最伟大的数学家。他的数学成就远远超过了其他古希腊数学家。令人惊讶的是，当用微小度量值来证明几何定理时，他已经给出了现代微积分的雏形。在这些历史人物的传记中，如此惊人的成就随处可见。

除了这些令人敬畏的成就之外，还有许多逸闻趣事，其中一些相当有趣，它们也是数学史的组成部分。例如，1637 年著名法国数学家皮埃尔·德·费马（Pierre de Fermat，1601—1665）在一本代数书的页边空白处写道：对于大于 2 的任何整数 n，没有任何三个正整数 a、b、c 能满足等式 $a^n + b^n = c^n$。但是他随后又指出，他的页边没有足够的地方来让他证明这个猜想。我们知道当 $n = 2$

[①] 　该影片的编剧为马修·布朗（Matthew Brown）和罗伯特·卡尼格尔，剧本于 2016 年出版。——原注

[②] 　Kanigel, Robert, *The Man Who Knew Infinity: A Life of the Genius Ramanujan*, New York: Washington Square Press（Simon & Schuster），1991.——原注
此书中译本《知无涯者——拉马努金传》由上海科技教育出版社出版，罗伯特·卡尼格尔著，胡乐士、齐民友译。——译注

时，这个等式是正确的，因为这就是著名的毕达哥拉斯定理 [①]。在接下来的 358 年里，许多著名数学家试图证明费马的说法是正确的而没有获得成功。安德鲁·怀尔斯（Andrew Wiles，1953—）终于在 1994 年提出了一个证明。不过，怀尔斯用的是费马当时肯定还不知道的方法来完成证明的。

另一位著名的德国数学家克里斯蒂安·哥德巴赫（Christian Goldbach，1690—1764）在 1742 年提出了一个猜想，这个猜想至今还没有被证明对所有情况都成立，但是也没有人找到一种不正确的情况。他的猜想是他在写给瑞士著名数学家莱昂哈德·欧拉（Leonhard Euler，1707—1783）的一封信中提出的，这个猜想非常简单，连小学生都能轻易理解。他指出，每一个大于 2 的偶数都可以表示为两个素数之和。为证明这一猜想所做的种种尝试导致了数论中的许多发现，但是直到今天，这一猜想仍未对于所有情况得到证实。

当我们讲述这些数学巨擘的生活，以此来引导你走过这段数学史的历程时，我们也会探索使他们闻名的那些工作和研究进展。在某些情况下，我们必须判定要呈现其中的哪些来作为一位数学家成就的亮点。这一点在撰写莱昂哈德·欧拉的传记时尤为困难，因为他被称为史上最多产的数学家。我们尽可能选择那些普通人容易理解的著作和成就。这符合我们的目标，即让数学变得易懂、有趣和令人愉悦。与此同时，也要感激那些数学家，是他们发现并展示了数学的力量和美。在你逐渐熟悉了这些杰出的人物以及他们的成就之后，你无疑会感到有动力去更多地了解那些特别令你感兴趣或鼓舞你的人。他们的生平故事激励我们继续审视我们周围的世界，并探究这个迷人的研究领域是如何支撑着这个世界的。此外，随着我们对科技世界中的那些最独特的缔造者有了更多的理解和尊崇，我们也获得了更深刻的洞察力和识别力，能够在当今社会中清楚地看到那些杰出人物的才华。

---

① 毕达哥拉斯定理就是我们所说的勾股定理，在西方相传由古希腊的毕达哥拉斯首先证明，而在中国相传早在商代就由商高发现。——译注

目　录

第 1 章

米利都的泰利斯
（约前 624—前 546，希腊）

当回顾古代的数学家时，我们发现关于他们的生活细节的信息并不多。我们所拥有的通常是同时期关于他们的一系列评论，也许还有他们本人的一些实际著作。我们将从最早的主要数学家之一——米利都的泰利斯（Thales of Miletus，见图 1.1）开始介绍，他于公元前 624 年出生在希腊古城米利都（现在位于土耳其境内）。尽管他对几何的极早期研究有着重大的影响，但如今他最著名的成就很可能是我们所说的泰利斯定理。这条定理简要地说明，如果一个三角形内接于一个以其一边为直径的圆，那么这个三角形就是一个直角三角形。除了提出这条定理，他作为一位数学家成就卓著。此外，

图 1.1　米利都的泰利斯。插图来自 Ernst Wallis et al.，*Illustrerad verldshistoria utgifven*，vol.1，Thales [Stockholm:Central-Tryckeriets Förlag，1875—1879]

他还是一位哲学家和天文学家，这种多重身份在他生活的那个时代是很常见的。

泰利斯所生活的古希腊社会比当时在数学和天文学方面处于领先地位的古埃及和巴比伦要落后。尽管如此，人们认为泰利斯是希腊的第一位真正的科学

家。泰利斯年轻时曾经过商，以支持他的家族生意 [①]。他四处旅行，并来到了埃及。他很可能是在那里迷上了科学和数学的。他逐渐减少了思考精神对生活的影响，代之以科学的解释。兴趣的这一变化大大减少了他的收入，但这似乎并没有使他止步不前。不仅如此，泰利斯在某些场合下常常利用科学知识在商界取得优势。据说，某一年他意识到即将到来的季节将会迎来橄榄大丰收，于是他把这一地区的所有橄榄压榨机都弄到手，从而使他的潜在竞争对手处于非常不利的地位。这仅仅是他如何通过科学理解赚了一大笔钱的一个例子。

让我们来看看可归属于泰利斯的一些数学成就。正如我们以前提到的，如今他最出名的是他在几何学上的成就，因为人们认为他是使用演绎逻辑建立几何法则的第一人。换言之，他将几何学研究形式化，从典型的实用方面转向更为形式化的演绎逻辑。可以说，泰利斯开启了古希腊几何学研究之门，而古希腊几何学在大约 300 年后达到顶峰。他在自己创立的米利都学院教书度过余生，于公元前 546 年去世。

我们在前面说过，泰利斯如今被广泛记住的是以他的名字命名的那条定理。虽然有许多方法来证明这条定理，但我们在这里会提出一种使用简单初等几何知识的方法。在图 1.2 中，我们已知三角形 ABC 内接于圆 O，它的一条边 AB 是该圆的直径。泰利斯证明了 $\angle ACB$ 必定是一个直角。

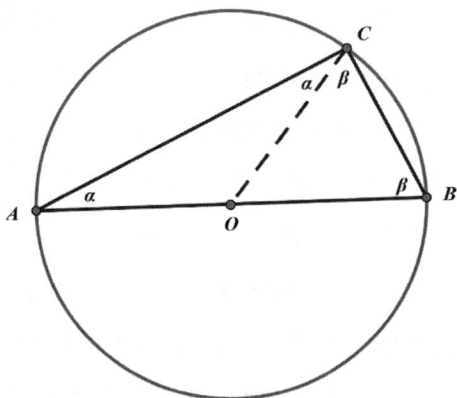

图 1.2　证明 $\angle ACB$ 是一个直角

---

① 詹姆斯·罗伊·纽曼（James Roy Newman）在《数学的世界》（ *The World of Mathematics*, New York: Dover Publications, 2000）第一卷中提到过此事。——原注
此书中译本由高等教育出版社出版，涂泓译，冯承天译校。——译注

由于三角形 *AOC* 是一个等腰三角形，因此它的两个底角（即标为 α 的两个角）是相等的。同样，三角形 *COB* 也是一个等腰三角形，因此标为 β 的两个角也相等。由于三角形的内角和等于 $180°$，因此我们有 $\alpha + (\alpha+\beta) + \beta = 180°$。于是 $2\alpha + 2\beta = 180°$，或者 $\alpha+\beta = 90°$，而这正是我们想要证明的。显然，此时逆命题也成立，即一个直角三角形的外接圆的圆心在该直角三角形的斜边上。

另一条被认为也是由泰利斯提出的定理如图 1.3 所示，其中平行线 *AB* 和 *CD* 被两条截线 *PCA* 和 *PDB* 所截。泰利斯证明了下列比例关系成立：

$$\frac{PC}{PA} = \frac{PD}{PB} = \frac{CD}{AB}。$$

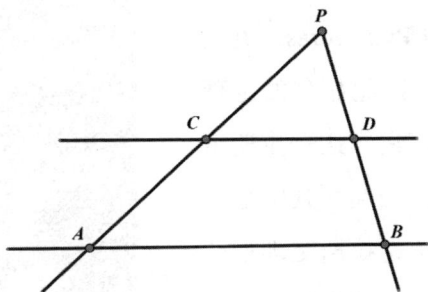

图 1.3　$AB \parallel CD$，$\dfrac{PC}{PA} = \dfrac{PD}{PB} = \dfrac{CD}{AB}$

这些示例也让我们深入了解了泰利斯引入的思维方式，而此前这样的思维方式还没有出现。你可以说他是一个引领潮流的人！

第 2 章

毕达哥拉斯
（前 575—前 500，希腊）

我们很多人在数学课上能记住的一个名字是毕达哥拉斯（Pythagoras，见图2.1），这个名字与那条以此命名的定理联系在一起。当开始探索毕达哥拉斯定理时，我们面临着一些问题，其中最主要的问题是为什么毕达哥拉斯定理如此重要。原因很多，也许是因为它容易记忆，也许是因为它容易想象，也许是因为它在许多数学领域中都有着令人着迷的应用，也许是因为它是过去两千多年来人们研究的许多数学内容的基础。然而，我们最好还是从它的根源开始，从

图 2.1 《雅典学院》（*The School of Athens*）中描绘的毕达哥拉斯
[湿壁画，拉斐尔（Rafael），1509—1511]

我们认为首先证明这条定理的那位数学家开始，研究这个人的生活和他所处的社会。

当听到毕达哥拉斯这个名字时，大多数人的脑海里立刻闪现出来的就是毕达哥拉斯定理[1]。当我们被要求回忆算术以外的数学教学内容时，通常想到的就是 $a^2 + b^2 = c^2$。记忆比较清晰的人也许记得这一等式可以用几何方式来表述为：

---

[1] Posamentier, Alfred S. *The Pythagorean Theorem: The story of Its Power and Beauty*, Amherst, NY, Prometheus Books, 2010.——原注

在一个直角三角形的两条直角边上画出的那两个正方形的面积之和等于在其斜边上画出的正方形的面积。我们可以在图 2.2 中清楚地看到这一点，其中阴影部分正方形的面积等于无阴影部分的两个正方形的面积之和。

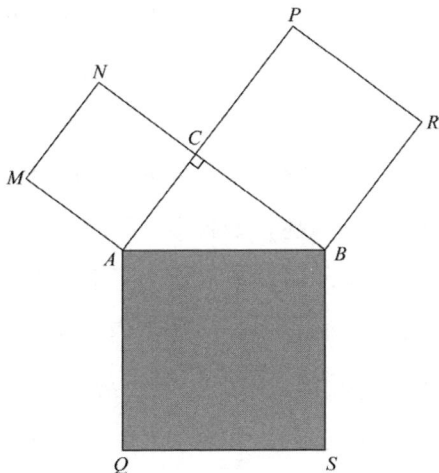

图 2.2　三个正方形的面积关系

如今关于毕达哥拉斯的生平，很可能没有任何准确的描述。不过，毕达哥拉斯的第一部传记是在他去世大约 800 年后由杨布里科斯（Iamblichus）撰写的，他是毕达哥拉斯的众多狂热追随者之一，试图为毕达哥拉斯树碑立传。尽管毕达哥拉斯在历史长河中还曾被柏拉图（Plato）、亚里士多德（Aristotle）、欧多克索斯（Eudoxus）、希罗多德（Herodotos）、恩培多克勒（Empedocles）等多次提及，但我们仍然没有关于他的非常可靠的信息。他的一些同时代的追随者实际上相信他是半神半人，是太阳神阿波罗的儿子。他们指出他的母亲是一个非常美丽的女人，以此来支持这一信念。有人说他甚至创造过一些奇迹。

虽然他被一些人称为最伟大的数学家和哲学家，但他并非没有试图抨击他的批评者。他们说，毕达哥拉斯仅仅是一个宗派——毕达哥拉斯学派的创始人和领袖。而来自这个宗派的许多科学成果都是由该宗派的成员撰写并献给其领袖的，因此这些成果并不是毕达哥拉斯本人的工作。这就与颂扬他的其他人唱起了反调。批评者认为他是一个事实的收集者，而对相关概念没有更深的理解，并由此认为他没有真正对人们深刻理解数学做出贡献。类似的批评也针对像柏拉图、亚里士多德和欧几里得（Euclid）这样的泰斗。在回忆这些历史片段时，自始至终会遇到这种情况。于是，在思考关于毕达哥拉斯的生活和工作的那些"事实"时，我们必须时刻留心这些不确定性。

毕达哥拉斯在公元前 575 年出生于萨摩斯岛（位于小亚细亚海岸的西部）。他最初的、可能也是最有影响力的老师是费雷克斯（Pherekydes）。费雷克斯是一位神学家，教授毕达哥拉斯宗教、神秘主义以及数学。年轻时，毕达哥拉斯游历了腓尼基、埃及和美索不达米亚。在那些地方，他的数学知识得以精进。他致力于寻求其他各种各样的兴趣，如哲学、宗教和神秘主义。一些传记作家认为，毕达哥拉斯在十八九岁的时候第一次去了靠近萨摩斯的小亚细亚小镇米利都。他在著名的哲学家和数学家泰利斯的指导下继续进行他的数学研究。他很可能还听过另一位米利都哲学家阿那克西曼德（Anaximander）的讲座，后者在几何学方面给了毕达哥拉斯进一步的启发。当他在 38 岁回到萨摩斯时，暴君波利克拉底（Polycrates）已经上台了。波利克拉底自公元前 538 年到前 522 年统治萨摩斯。我们不确定这是否促使毕达哥拉斯离开了萨摩斯，因为他在大约公元前 530 年搬到了克罗顿（今意大利南部的克罗托内）。

在克罗顿，毕达哥拉斯建立了一个团体或者说社团，其主要兴趣是研究宗教、数学、天文学和音乐（或声学）。这个团体的成员曾被称为毕达哥拉斯的信奉者。这些信奉者的目标是用数来揭示世界的本质。具体地说，他们坚信自然界和宇宙的所有方面都可以用自然数和自然数之比来描述和表达。不过，当他们发现这个团体的标志——五角形与他们的核心数学原理相抵触时，这一信念受挫了。

他们对自然界与自然数之间的联系深信不疑，其结果之一是：每两条线段都有一个共同的度量，也就是说它们是可公度的。如果存在一个量 m 和两个正整数 α、β，使得 $a = \alpha \cdot m$ 而 $b = \beta \cdot m$，那么 a、b 这两个量就被称为可公度的。但在那个包围此五角形的五边形中，各边与各对角线是不可公度的！简单地说，如果我们取其中一条边的长度并用其除以对角线的长度，我们就不会得到一个有理数（能表示为分数的数）。据说毕达哥拉斯的学生梅塔蓬特姆的希帕索斯（Hippasus of Metapontum）发现了这个事实，并告知了社团以外的人。

这被视为违反了保密承诺，因此希帕索斯随后被逐出社团。有人说他死于一场海难，而这被认为是神对他的亵渎行为的惩罚。另一种说法是他被该社团的其他成员杀害了。显然，毕达哥拉斯的信奉者对他们的这一信念是非常执着的。

除了几何关系以外，毕达哥拉斯学派还坚持思考宇宙和自然界的许多其他方面。声学就是其中之一。为了发现声学理论与自然数之间的联系，他们研究了弦的振动。他们发现如果两根弦的长度可以表示为两个小自然数之比，比如 $1:2$、$2:3$、$3:4$、$3:5$ 等，那么这两根弦发出的声音就是和谐的。由于毕达哥拉斯学派在他们的许多分析中都发现了这样的证据，所以他们坚信整个宇宙必定因自然数之间的这种简单关系而井然有序。因此，当希帕索斯不仅推翻了他们的核心信仰，还将这些信息与他人共享时，就出现了他被驱逐出社团这样看似严厉的惩罚。

这个社团的另一个核心哲学观点是，他们相信宗教与数学之间有着很强的联系。毕达哥拉斯学派相信太阳、月亮、行星和其他恒星都具有神性，因此这些天体只能沿着圆形轨道运行。不仅如此，毕达哥拉斯的追随者还认为，这些天体的运动会产生不同频率的声音，这是因为它们的速度不同，而速度又取决于每一个特定天体的半径。据他们说，这些声音会产生一个和声音阶，他们称之为“天球的和声”。不过，他们认为人们实际上听不到这种声音，因为人们从出生起就一直被这种声音围绕着。伟大的德国科学家约翰尼斯·开普勒（Johannes Kepler，1571—1630）有时也被描述为属于晚期毕达哥拉斯学派，因为他相信行星的轨道直径可以用内切于和外接于柏拉图多面体来解释（见图 2.3）。柏拉图多面体是指表面由同一类型的正多边形（例如全是等边三角形）组成的多面体。只存在 5 种柏拉图多面体[①]。开普勒关于行星轨道和柏拉图多面体的想法发表在他于 1619 年出版的著作《论世界的和谐》（*Harmonices Mundi*）中。

毕达哥拉斯之所以吸引了如此众多的追随者，部分原因在于他是一位能言

---

① 这 5 种柏拉图多面体是正四面体（由 4 个等边三角形构成的角锥）、立方体（由 6 个正方形构成）、正八面体（由 8 个等边三角形构成的双角锥）、正十二面体（由 12 个正五边形构成）和正二十面体（由 20 个等边三角形构成）。——原注

善辩的演说家。事实上，他在克罗顿向公众发表的 4 次演讲至今仍然为人们所铭记。一段时间之后，毕达哥拉斯学派还在该地区获得了政治影响力，甚至对非希腊人群体也有影响，但有时他们会面临阻力和敌意。后来（大约在公元前 510 年），当毕达哥拉斯学派被卷入各种政治争端时，他们被逐出了克罗顿。这一团体试图移居到其他城镇，如洛克里、考洛尼亚和塔伦特，但是这些城镇的人们不允许他们在那里定居。最后，他们在梅塔蓬特姆找到了新家。大约在公元前 500 年，毕达哥拉斯在那里寿终正寝。

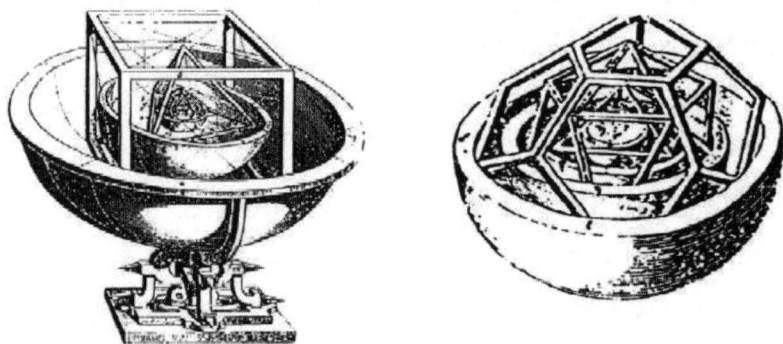

图 2.3　柏拉图多面体

由于没有合适的、有号召力的领袖来接替毕达哥拉斯，因此毕达哥拉斯学派分裂成了好几个小团体，试图延续他们的传统，同时继续在意大利南部的各个城镇施加政治影响。他们相当保守，与那些有影响力的老牌家族的关系很好。这使他们与同时代的普通人产生了冲突。他们的对手一旦占了上风，就开始对毕达哥拉斯学派进行血腥的迫害。鉴于政治形势，他们中的许多人移民到了希腊。这或多或少意味着毕达哥拉斯学派在意大利南部的终结，极少有人试图延续这一传统，实现毕达哥拉斯的理想。坚持下来的两个团体是 Acusmatics 和 Mathematics，这两个词在古代的意思是"老师"，后来被用来表示"所学的东西"。前者相信 acusma（即相信他们听到的毕达哥拉斯说的话），而并不给出任何进一步的解释。他们唯一的理由就是"他是这样说的"。这使毕达哥拉斯在他那个时代具有一定的重要性或者说声望，这种声望在某种程度上至今仍然存在。与 Acusmatics 相反，Mathematics 试图进一步发展他的思想，并为这些思想提供精确的证明。

留在意大利的极少数毕达哥拉斯学派成员之一是塔伦特姆的阿基塔斯（Archytas of Tarentum，约前 428—前 350）。他不仅是一位数学家和哲学家，还是一位非常成功的工程师、政治家和军事领袖。大约在公元前 388 年，他与柏拉图成为朋友，由此使人们产生了这样一种信念：柏拉图是从阿基塔斯那里学到了毕达哥拉斯哲学，而这就是他在著作中讨论毕达哥拉斯哲学的原因。亚里士多德最初是柏拉图学院的一名学生，但他很快就成为了那里的老师，他所写的文章对毕达哥拉斯学派相当具有批判性。虽然柏拉图可能采纳了毕达哥拉斯学派的许多观点（比如行星和恒星的神性），但在其他情况下，他并不同意这一学派的一些观点。柏拉图在他写的一些书中只提到过一次毕达哥拉斯，而且并不是将其作为一位数学家提出的，尽管他与他那个时代的数学家有着密切的联系且非常尊重他们[1]。柏拉图很可能不认为毕达哥拉斯是一位严格意义上的数学家。同样，亚里士多德也提到了毕达哥拉斯学派，但是对毕达哥拉斯本人则几乎不置一词[2]。

公元前 4 世纪，希腊人区分了"毕达哥拉斯的追随者"和"毕达哥拉斯主义者"。后者是毕达哥拉斯哲学的极端主义者，他们由于不同寻常的禁欲主义生活方式而经常成为被讽刺的对象。尽管如此，在毕达哥拉斯的追随者中有一些成员仍然赢得了外界的尊敬。

公元前 4 世纪之后，毕达哥拉斯哲学从人们的视线中消失，直到公元前 1 世纪。此时，毕达哥拉斯哲学在罗马流行起来。这种"新毕达哥拉斯主义"在随后的几个世纪中一直很活跃。公元 2 世纪，格拉萨的尼科马库斯（Nicomachus of Gerasa）写了一本关于毕达哥拉斯数论的书。该书由波伊提乌斯（Boethius）翻译的拉丁文译本广为流传。如今，毕达哥拉斯的思想渗透到各个领域，而毕达哥拉斯定理可以用许多不同的方式来应用和证明。

例如，假设我们从一个正方形开始，它的各边被分割成长度为 a 和 b 的线

[1]　柏拉图在《第七封信》（*The Seventh Letter*）中提到过毕达哥拉斯，这一说法可以在该书的第 67 页找到。——原注
[2]　亚里士多德写了一篇名为《论毕达哥拉斯学派》（On the Pythagoreans）的专题论文。——原注

段，如图 2.4 所示。我们将图中的这个正方形分割成 4 个直角三角形和 2 个较小的正方形。然后我们将 4 个直角三角形移动到图 2.5 所示的位置。我们知道直角三角形的两个锐角之和是 90°，因此位于这个正方形中心的那个图形也是一个正方形，其边长为 c。由于图 2.4 和图 2.5 中的两个大正方形全等（它们的边长都是 $a+b$），因此这两个图中的四个直角三角形的面积之和也相等。所以，图 2.4 中两个较小的（无阴影的）正方形（它们的总面积为 a^2+b^2）必定与图 2.5 中那个无阴影的正方形（其面积为 c^2）具有相同的面积。于是，我们得到 $a^2+b^2=c^2$，毕达哥拉斯定理得证！

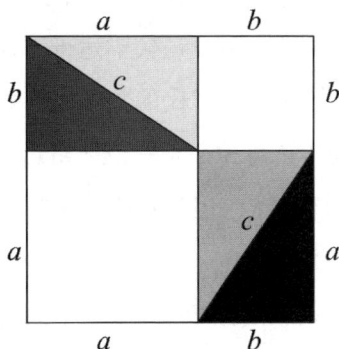

图 2.4 正方形的分割   图 2.5 正方形的拼接

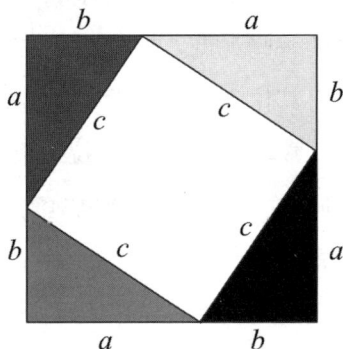

对于熟悉初等代数的人来说，图 2.5 以一种不同的方式很好地引出了毕达哥拉斯定理，整个图形的面积可以用以下两种方式来表示。

①可以对边长（$a+b$）取平方，从而求出大正方形的面积为 $(a+b)^2 = a^2+2ab+b^2$。

②可以将大正方形的面积表示为 4 个全等的直角三角形的面积之和 $4(\frac{1}{2}ab)$ 再加上内部较小的正方形的面积 c^2，结果就是：$4(\frac{1}{2}ab)+c^2 = 2ab+c^2$。

现在既然有了大正方形面积的两种表示方式，你就可以简单地认为它们相等。因此，$a^2+2ab+b^2=2ab+c^2$。在等式两边同时减去 $2ab$，最终得到简单的等价关系 $a^2+b^2=c^2$。这就是描述 4 个全等的直角三角形中的任意一个的各边关系的毕达哥拉斯定理。

如今，毕达哥拉斯定理有 400 多种证明。1940 年，美国数学家伊利沙·S. 卢米斯（Elisha S. Loomis，1852—1940）出版了一本书，其中收录了历史上许多著名数学家对毕达哥拉斯定理的 370 种证明 [1]。卢米斯还指出，这些证明都没有使用三角函数。学过数学的学生都知道，所有的三角学知识都依赖毕达哥拉斯定理，因此，用这些知识证明这条定理是一种循环推理。这本书还收录了美国各地的学生和教授提供的证明，以及美国总统詹姆斯·A. 加菲尔德（James A. Garfield）提出的一种证明。这一证明于 1876 年发表在《新英格兰教育杂志》（*New England Journal of Education*）第 3 卷第 116 页上，题为"笨人难过的桥"（Pons Asinorum）[2]。由于加菲尔德的证明是一个非常有趣的例子，说明了这条最受欢迎的定理有多种证明方式，因此我们在此介绍一下。

1876 年，詹姆斯·A. 加菲尔德还是众议院的一名议员，他很快就会成为美国第 20 任总统。加菲尔德以前是一名古典文学教授，至今仍然拥有唯一当选为美国总统的在任众议院议员这一殊荣。让我们来看一看他提出的证明。

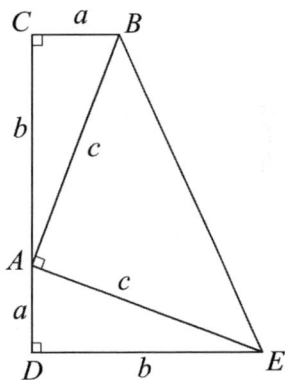

图 2.6　加菲尔德的证明

在图 2.6 中，△*ABC* ≌ △*EAD*，并且图中的三个三角形都是直角三角形。

回想一下，梯形 *DCBE* 的面积是高（$a+b$）与上下底之和（$a+b$）的乘积的一半，我们可以把这个面积写成 $\frac{1}{2}(a+b)^2$。我们也可以通过求图中的三个直角三角形的面积之和来得到梯形 *DCBE* 的面积：

$$\frac{1}{2}ab + \frac{1}{2}ab + \frac{1}{2}c^2 = 2(\frac{1}{2}ab) + \frac{1}{2}c^2$$

这两个表示梯形面积的表达式相等：

---

[1]　Loomis，Elisha S. *The Pythagorean Proposition*, Second Edition（Reston, VA：National Council of Teachers of Mathematics，1968）.——原注

[2]　James A. Garfield，"Pons Asinorum，" *New England Journal of Education* 3（1876）：116.——原注

$$2\left(\frac{1}{2}ab\right) + \frac{1}{2}c^2 = \frac{1}{2}(a+b)^2$$

此式可以化简为 $2ab + c^2 = (a+b)^2$，也可以写成 $2ab + c^2 = a^2 + 2ab + b^2$，或者写成更简单的形式 $c^2 = a^2 + b^2$。这就是关于直角三角形 ABC 的毕达哥拉斯定理。

细心的读者可能会注意到，加菲尔德的证明与被认为是毕达哥拉斯采用的证明有些相似（见图 2.5）。如果用两个图 2.6 所示的梯形拼成一个正方形，那么我们就会得到一个类似于图 2.5 的构型，如图 2.7 所示。

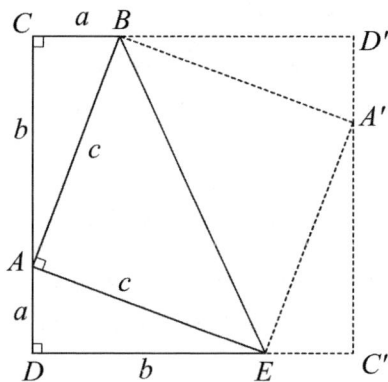

图 2.7   用两个全等的直角梯形拼成一个正方形

第 3 章

尼多斯的欧多克索斯
（前 400—前 347，希腊）

多年来，人们一直认为艾萨克·牛顿（Isaac Newton，1642—1727）和戈特弗里德·威廉·莱布尼茨（Gottfried Wilhelm Leibniz，1646—1716）发明了微积分。牛顿的工作被称为流数，而莱布尼茨发明了如今在微积分中使用的符号。然而现代的研究表明，我们今天所称的微积分的真正"发明者"是尼多斯的欧多克索斯（Eudoxus of Cnidus，见图 3.1）。大约公元前 400 年，他出生在小亚细亚的尼多斯。他的工作被称为穷竭法，现在被认为是微积分的前身。欧多克索斯常常被视为古希腊数学家中最伟大的一位，也许应该除去阿基米德不算。不幸的是，他的所有书面作品似乎都已失传了。不过，在他后面的许多数学家（例如欧几里得）都引用过他的成果。

图 3.1 尼多斯的欧多克索斯

　　我们对欧多克索斯生平的了解大部分来自公元 3 世纪的历史学家第欧根尼·拉尔修（Diogenes Laertius）。他写了一本由传记片段加上一些道听途说的事情构成的汇编，书中提到了许多著名的哲学家和数学家，欧多克索斯也在其中[①]。我们从拉尔修的书中知道，欧多克索斯在 23 岁时去听了柏拉图学院的一些讲座，当时他在希腊雅典。此后不久，他前往埃及，花了 16 个月的时间跟随祭司们学习，并在一个天文台进行天文观测。为了维持生计，他参与了一些教学工作，然后回到小亚细亚，后来又回到雅典，在柏拉图学院教书。最终，他回到了尼多斯，在那里成为了一位立法者，并继续从事研究。他于公元前 347 年去世。

　　在欧几里得的《几何原本》（Elements）的第五卷中，关于比例性的大量讨论似乎都应归功于欧多克索斯。然而，我们并不知道后来的数学家的工作在多大程度上被包括在这一讨论中。在这个时期，希腊数学家通过比例性来度量物体，也就是说两个相似的被测量对象的比值要与以同样方式得出的其他比值进行比较，从而构成一个比例。这不同于我们现在测量各种量的方法，无论是采用数值方法还是解各种方程。人们认为欧多克索斯为两个比值（即一个比例）的相等赋予了意义。《几何原本》第五卷中的定义 5 在很大程度上归功于欧多克索斯，这条定义的内容如下：

　　　　有四个量，如果对第一个量和第三个量取任何相同倍量，又对第二个量和第四个量取任何相同倍量，当第一个量的倍量分别大于、等于或小于第二个量的倍量时，第三个量的倍量按照相应的顺序分别大于、等于或小于第四个量的倍量，那么第一个量与第二个量之比和第三个量与第四个量之比相同。

　　下面用符号来解释，可能更容易理解。考虑四个量 a、b、c、d，我们认为 $\dfrac{a}{b}$ 和 $\dfrac{c}{d}$ 是相等的，即 $\dfrac{a}{b} = \dfrac{c}{d}$。接下来，我们考虑两个任意数，比如说 p 和 q，

---

① *Lives of Eminent Philosophers*, edited by Tiziano Dorandi, Cambridge: Cambridge University Press, 2013（Cambridge Classical Texts and Commentaries, vol. 50, new radically improved critical edition）. Translation by R. D. Hicks.（Eudoxus is in Book 8.）——原注

并构造第一个数和第三个数的倍数，得到 pa 和 pc。类似地，我们构造第二个数和第四个数的倍数，得到 qb 和 qd。如果 $pa > qb$，那么就必定有 $pc > qd$。如果 $pa = qb$，那么就必定有 $pc = qd$。此外，如果 $pa < qb$，那么就必定有 $pc < qd$。请记住，在这些定义中比较的是相似的量，它们不一定具有相似的度量单位。最重要的是，在欧多克索斯的定义中并不要求 a、b、c、d 是有理数，他对两个比值相等的定义也适用于无理数。

此外，毕达哥拉斯学派已经发现存在一些不能表示为比值 $\dfrac{p}{q}$ 的数，其中 p 和 q 是正整数。他们比较两个长度 a 和 b 的方法是找到一个长度 u，使得对于正整数 p 和 q，有 $a = pu$，$b = qu$。人们曾经认为，对于任何两个长度 a 和 b，总是存在某个足够小的单位 u，它既可以不多不少地符合包含长度 a 与正整数 p 的等式，也可以不多不少地符合包含长度 b 与正整数 q 的等式。然而，当毕达哥拉斯学派发现这样一个共同的度量单位并不总是存在时，他们感到不安了。并不是所有的长度都可以用这种方法来比较或度量。例如，对于一个直角边长度为 1 的等腰直角三角形，其斜边与直角边的长度是"不可公度的"，这意味着不存在一个可以同时不多不少地度量斜边和直角边的度量单位 u。根据毕达哥拉斯定理，这个等腰直角三角形的斜边长度是 $\sqrt{2}$。我们说这个数与 1 是不可公度的，意味着不可能存在数 u，使得 $\sqrt{2} = mu$ 和 $1 = nu$ 这两个等式成立，这里 m 和 n 都是正整数。也就是说，$\sqrt{2}$ 和 1 不能被表示为一个共同度量单位的倍数。换言之，$\sqrt{2}$ 不能写成两个正整数之比，因此它不是一个有理数——它是一个无理数。

如上所述，欧多克索斯比较比值的方法使我们也可以比较或度量无理数。从这个意义上来说，他是使无理数可度量的第一人。事实上，德国数学家理查德·戴德金（Richard Dedekind，1831—1916）在他的一些著作中强调，他在建立现在被称为戴德金分割的这一概念时受到了欧多克索斯思想的启发，而这一概念现在是实数的一个标准定义。戴德金分割的思想是，一个无理数将有理数分成两个类（集合），其中一个（较大的）类的所有数严格大于另一个（较小的）类的所有数。例如，$\sqrt{2}$ 将所有负数、零和平方小于 2 的正数分入小类，而将平方大于 2 的正数分入大类。

正如前文所指出的，除了使无理数可度量以外，人们认为欧多克索斯还创立了穷竭法。这种方法是在一个形状中内接一系列边数不断增加的多边形，这些多边形的面积最终收敛到原始图形的面积，从而求出该形状的面积。在直接构造时，第 n 个多边形与要度量的原始形状之间的面积差会随着 n 的增大而减小。当这个差任意小时，原始形状的面积最终会被由多边形系列的成员相继建立的下界面积所"穷竭"。如前所述，穷竭法出现在积分法以前。它既没有使用极限，也没有使用无穷小量。这仅仅是一个逻辑过程，基于这样一种思想：通过使一个给定的量相继减半有限多次，可以使它比另一个给定的量小。采用这种方法的一个例子是证明圆的面积正比于其半径的平方。

尽管真正的微积分研究源于牛顿和莱布尼茨，但是我们必须将建立了如今微积分的前身——穷竭法的功劳归于欧多克索斯。理解欧多克索斯对我们今天所知道和使用的数学所做出的贡献，不仅能让我们真正充分意识到他个人的先见之明和创造才能，还能让我们体会到知识是如何累积起来的。如果没有先人的工作和才华，以及他们为我们一代又一代人继续创新所提供的基础，那么今天我们视为理所当然的这些令人惊叹的巨大成就就不可能或根本不会取得。

第 4 章

欧几里得
（约前 300 以前，希腊）

如果一个杰出数学家合集没有把欧几里得（见图 4.1）包括在内，那么它就是不完整的。他通常被称为亚历山大的欧几里得（Euclid of Alexandria），亚历山大是希腊化埃及的一座城市。尽管关于他的生平几乎没有任何实证，但在几个世纪之后，希腊哲学家普罗克洛斯·吕凯乌斯（Proclus Lycaeus）使他变得家喻户晓[①]。关于他的生平，我们所知的一点是，他很可能是在雅典接受过柏拉图的学生们的数学训练，因为当时大多数几何学家似乎被吸引到

图 4.1　欧几里得

了那里。欧几里得在亚历山大的时间也不是很清楚。大约在公元前 200 年，希腊数学家阿波罗尼奥斯（Apollonius）在他的著作《二次曲线》（*Conics*）的引言中提到了欧几里得。我们由此推断欧几里得一定生活在那个时代之前，而这一参照提供了进一步的证据，表明他的《几何原本》一书的重要性。除了这部论述几何学的著作之外，欧几里得还写了一本关于光学的书，他在其中从几何角度来探究光学。

尽管欧几里得最出名的著作是《几何原本》（见图 4.2），但这本书现在没有原版了。人们一直认为，这部 13 卷本的《几何原本》是欧几里得根据许多

---

① "*Classics of Mathematics*," Ronald Calinger, ed. Oak Park, IL: Moore Publishing, 1982; *Euclid's Elements*, Dana Densmore，ed. Santa Fe, NM: Green Lion Press，2003; *A History of Mathematics*, V. J. Katz，3rd ed. New York: Addison−Wesley/Pearson，2009.——原注

数学家以前已经取得的成果汇编的一部著作。无论如何，《几何原本》都是数学中最重要的著作之一。虽然它主要研究几何，但其中也包含了相当多的数论知识。《几何原本》如此引人注目的首要原因是其材料的组织方式严谨，其次才是这部著作中包含了一些以前未知的数学成果。欧几里得从一些基本定义和五个公设（公理）开始介绍，接着介绍相关定理及其证明。所有的定理都是从开头陈述的那五条公理推导出来的。在整部书中，他保持了非常高的严谨性，这就大大提高了后来数学著作的撰写标准。这些定理的陈述和证明的清晰程度是前所未有的。《几何原本》基本上界定了现代数学文献的风格和文体。

图 4.2 欧几里得的《几何原本》，1704 年版

现今大多数美国高中开设的传统几何课程都是以欧几里得的著作为基础的。因此，它被称为欧几里得几何，这里指的是平面几何，而不是球面几何。欧几里得的第五公设也许是对《几何原本》的其余部分起支配作用的最重要的原理。这条公设的内容是：

如果一条线段与两条直线相交，从而在这条线段的一侧构成两个内角，而且它们的角度之和小于两个直角，那么这两条直线无限延长后就会相交于给定线段的两个内角之和小于两个直角的那一侧。

1795 年，苏格兰数学家约翰·普莱费尔（John Playfair，1748—1819）大大简化了这条公设，他提出了一个等价的假设，即今天所说的普莱费尔公理，其内容为：

在一个平面上，给定一条直线和不在该直线上的一个点，那么通过这个点最多只能画出一条直线与给定的那条直线平行。

正是这条公理支配着欧几里得几何学的基本要素。

美国高中的几何学习在当今世界上是相当独特的，因为有一个学年专门用来研究几何学的逻辑发展。这种做法实质上始于苏格兰数学家罗伯特·西姆森（Robert Simson，1687—1768）的经典几何著作《欧几里得的几何原本》（*The Elements of Euclid*）。这本书出版于 1756 年，是欧几里得的那本经典著作的第一个英文译本，也是英国几何学研究的基础。图 4.3 中展示的是 1787 年出版的该书第 7 版。

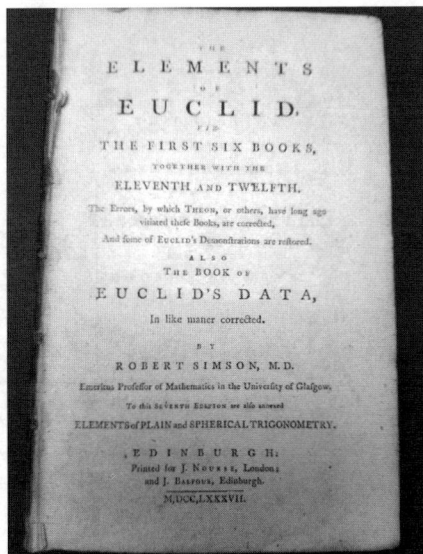

图 4.3　《欧几里得的几何原本》第 7 版，罗伯特·西姆森，1787 年出版

由此我们就可以领会欧几里得的影响超越了几何学研究这样一种见解了。然而，几何学研究通过西姆森的译著走上了自己的路径，后来这种研究路径被法国数学家阿德里安 - 马里·勒让德（Adrien-Marie Legendre，1752—

1833）采纳并加以修改。1794 年，勒让德写了一本教科书，名为《几何学原理》（*Eléments de géométrie*）。这本书的内容转而又成为我们今天所知的美国高中几何课程的模式。1828 年，戴维·布鲁斯特（David Brewster）将勒让德的书由法语翻译成英文，名为《几何学和三角学原理》（*Elements of Geometry and Trigonometry*）。随后美国数学家查尔斯·戴维斯（Charles Davies，1798—1876）将其改编成一门学校课程，尽管在早期这也是一门大学水平的课程。图 4.4 所示为美国第一本几何学教材。西姆森作为一位几何学家如此受欢迎，以至于有一些甚至连他自己都一无所知的定理也以他的名字来命名。例如，以他的名字命名的那条著名的几何定理西姆森线（见图 4.5）是在他去世很久以后，由苏格兰数学家威廉·华莱士（William Wallace）在 1799 年首次提出的。这条定理说，从一个三角形的外接圆的圆周上的一点向这个三角形的三条边作垂线，所得的三个垂足共线（见图 4.5）。

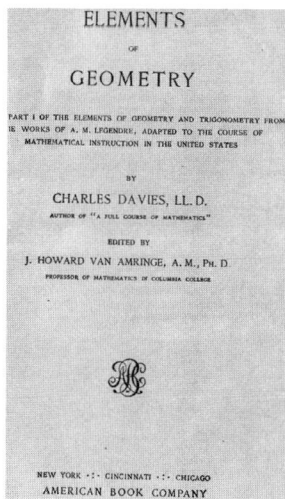

图 4.4　美国第一本几何学教材

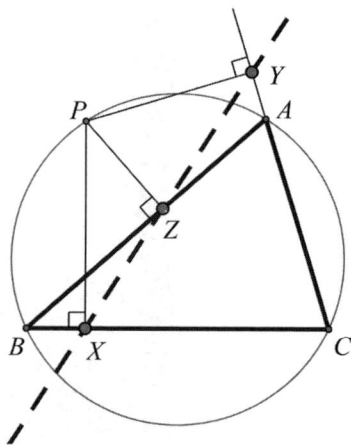

图 4.5　西姆森线

《几何原本》对数学以外的领域也产生了巨大的影响，甚至还影响到美国的历史。亚伯拉罕·林肯（Abraham Lincoln）总统在他于 1860 年出版的自传中写道："到了 23 岁，在与父亲离别以后，我学习了英语语法——当然不是很完美，而这就使我的说话和写作能力能够达到现在的水平。自从成为国会议员以来，我学习并几乎掌握了欧几里得著作的 6 卷。"虽然前 6 卷主要是关于几何的，但它们能使他提高才能，特别是提高了他的逻辑和语言表达能力。1858年，他甚至在南卡罗来纳州的查尔斯顿与斯蒂芬·A. 道格拉斯（Stephen A. Douglas，1813—1861）参议员进行的那场著名的第四次辩论中提到了欧几里得。他说：

> 如果你曾经学习过几何，你就会记得欧几里得通过一个推理过程证明了一个三角形的所有角之和等于两个直角之和。欧几里得已经告诉你如何证明这一点。现在，假设你要着手反驳这条命题并证明它是错误的，难道你会通过称欧几里得为骗子来证明它不成立吗？

当时人们还知道，林肯在骑马旅行时，他的马鞍袋里总是放着一本欧几里得的《几何原本》。虽然林肯没有接受过正规的教育，但我们可以看出他对学习的投入真的非常了不起，而欧几里得对他的影响也特别值得一提。

虽然我们对欧几里得的生平所知甚少，但我们可以看到他的名著《几何原本》所产生的影响。直到今日，这份遗产不仅为我们的高中几何学习奠定了基础，而且正如亚伯拉罕·林肯对欧几里得推理的应用所展示的，它在我们的逻辑思维中也发挥了作用。由此，我们看到这些早期数学家的影响如何超越了数学本身，从而扩展到科学、逻辑、哲学、教育等领域。

第 5 章

阿基米德
（约前 287—约前 212，希腊）

虽然诺贝尔奖不设数学奖，但在数学界中有两个声望相当高的奖项。一个是挪威政府于 2002 年设立的阿贝尔奖，另一个是 1936 年首次颁发的菲尔兹奖。与每年颁发一次的诺贝尔奖和阿贝尔奖不同，菲尔兹奖每四年颁发一次，还有年龄限制——获奖者必须在 40 岁以下。对这样一个有声望的奖项设置一个年龄上的限制，虽说可能是奇特的，但是这样做也有一个原因：该奖项旨在鼓励未来的研究。"菲尔兹奖"的正式名称是"国际杰出数学发现奖"，是为了纪念加拿大数学家约翰·查尔斯·菲尔兹（John Charles Fields，1863—1932）而设立的。他在 20 世纪 20 年代末开始创立这个奖项，甚至为奖章选择了设计。不幸的是，在第一枚奖章颁发前四年，他因中风去世。他在个人遗嘱中留下了一笔 47000 美元的赠款，用于为该奖项设立基金。菲尔兹奖章用黄金制成，正面刻有阿基米德的头像[1]和铭文"TRANSIRE SVVM PECTVS MVNDOQVE POTIRI"（见图 5.1），这句话被认为来自阿基米德的语录，可译为"超越自我，把握世界"。

图 5.1　菲尔兹奖章，图片来自国际数学联合会的斯蒂芬·察霍（Stefan Zachow）

---

[1]　阿基米德的真实肖像没有保存下来，因此设计奖章的加拿大雕刻家 R. 泰特·麦肯齐（R. Tait McKenzie) 不得不想象阿基米德的外貌，他的灵感来自文艺复兴时期的艺术家所绘制的阿基米德早期画像。——原注

　　尽管这句话被刻在有阿基米德肖像的菲尔兹奖章上，但他最出名的事情可能是他大声喊道："尤里卡！尤里卡！"这个独特的短语可以翻译成"我找到了！我找到了！"当时他跨进一个浴缸，突然意识到水位的上升正好可以度量他浸在水中的身体的体积（即排水量）。这个故事的背景是叙拉古的暴君希罗（Hiero，约前 308—前 215）与阿基米德定约，要找到一种方法来估测一顶金冠的纯度（而不弄坏它）。此事的起因是，希罗怀疑他的金匠把他交给他们的一些金子用银替换了。阿基米德之所以能解决这个问题，是因为金比银重。所以，一顶混有银的王冠的体积要比同样重量的纯金王冠的体积大。因此，前者也会排开更多的水。虽然这个故事引人入胜，但其最古老的来源是罗马作家维特鲁威（Vitruvius）写的一本关于建筑的书①，而这本书出现在这一事件发生大约 200 年后，因此这个故事很可能已被大幅修改和润饰。伽利略·伽利雷曾指出，阿基米德本可以根据他自己的浮力定律，即现在所称的"阿基米德原理"，用另一种方法来实现更精确的测量。这就进一步否定了这个故事的真实性。阿基米德被人们记住的另一个原因是，他是一位杰出的机械装置发明家，发明了用来提水的阿基米德螺旋抽水机（见图 5.2）以及古代的多种"超级武器"。

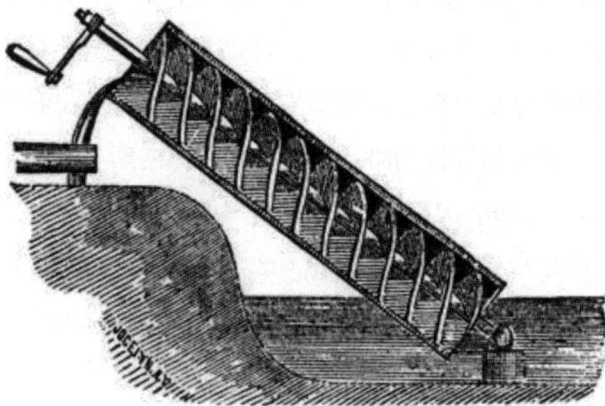

图 5.2　阿基米德螺旋抽水机，图片来自《钱伯斯百科全书》（*Chamber's Encyclopedia*）（Philadelphia: J. B. Lippincott，1875）

---

① Chisholm, Hugh, ed. (1911). "Vitruvius," *Encyclopædia Britannica* (11th ed.). Cambridge University Press.——原注

也许不那么为人所知的事实是，阿基米德通常被认为是古典时代最伟大的数学家，这就是为什么用他的侧面头像装饰菲尔兹奖章。他的数学成就远远超过了其他古希腊数学家，特别是他利用改进的欧多克索斯穷竭法来证明几何定理。他发展出了那些预示到现代微积分出现的方法。不幸的是，我们对阿基米德的生平几乎一无所知，除了他在著作中提到的几件轶事和一些传记信息。

约公元前 287 年，阿基米德出生于西西里岛的锡拉库扎。他的父亲是一位名叫菲迪亚斯（Phidias）的天文学家。除此之外，我们对他的父亲一无所知。据说他曾在埃及的亚历山大学习，那里是古代西方的知识中心。阿基米德的两部著作都有向埃拉托色尼（Eratosthenes，约前 276—约前 194）致敬的序言。埃拉托色尼当时主管名扬四海的亚历山大图书馆，当时西方伟大的学者会在这个地方会面。埃拉托色尼出名的原因是，他通过测量正午时分太阳在亚历山大和另一个城市的仰角，计算出了地球的周长。考虑到埃拉托色尼能使用的只是极其原始的测量工具，因此他得到的就是一个非常精确的结果了（见第 6 章）。

古希腊数学家萨摩斯的科农（Conon of Samos，前 280—前 220）是另一位与阿基米德同时代的数学家，阿基米德在著作中也提到过他。不幸的是，只有阿基米德著作抄本的一些片段保存了下来，他的至少 7 部著作完全丢失了。一些作者提到过这些著作，这就是为什么我们知道它们一定存在。不过，他的其他几部著作的副本幸存至中世纪，对文艺复兴时期的科学家和数学家产生了极大的影响，其中最著名的有伽利略·伽利雷、约翰内斯·开普勒、勒内·笛卡儿（Rene Descartes，1596—1650）和皮埃尔·德·费马。

虽然阿基米德经常通过启发式推理（这要用到逻辑解题方法）来找到数学问题的答案，但他也为他的结果提供了严格的证明。在他的专著《机械定理的方法》（*The Method of Mechanical Theorems*）中，他强调虽然启发式推理通常对获得解的"有根据的猜测"非常有用，但并不能取代数学证明。在古代，阿基米德是以他的发明而闻名的，而他的数学著作在那时并不那么出名。7 个世纪以后，直到公元 530 年左右，米利都的伊西多尔（Isidore of Miletus）首次将阿基米德的著作编纂成一部综合性文集（现在称为《阿基米德古抄本》）。伊西多尔是君士坦丁堡（今伊斯坦布尔）的圣苏菲亚大教堂的建筑师。阿基米德的著作《机械定理的方法》的发现是一个真实的"印第安纳·琼斯"①式故事，值得简短地离题说一说。《阿基米德古抄本》的一个副本是由一位匿名抄写员在公元 950 年誊写的，但在 13 世纪这个副本中的羊皮纸被重新用于抄写基督教的宗教文本。当时羊皮纸非常昂贵，而且不容易买到，因此经常被"回收利用"，方法是把以前写的内容刮掉，然后进行清洗。毫不夸张地说，那些只有少数学者才能读懂的数学文本被认为根本不值得写在它们所使用的"纸"上。经过回收处理的书稿被称为"重写羊皮纸"，它源于一个古希腊语复合词，意思是"刮干净再使用"。《阿基米德古抄本》清洗后的书页被对折，这样每一页就成了一本礼拜书的两页（见图 5.3）。

图 5.3　再度利用的《阿基米德古抄本》书页
（阿基米德的文本按从左到右的顺序书写，比较模糊）

所幸，阿基米德的文本没有被完全擦除。1846 年，德国圣经学者康斯坦丁·冯·蒂申多夫（Constantin von Tischendorf，1815—1874）在君士坦丁堡的一座希腊东正教图书馆中研究古代《圣经》文本时，在一本古老的祈祷书中发现了一份被宗教文字所掩盖的模糊数学文本。他剪下了一个样页并随身带走了，但他无法确定隐藏在祈祷文字之下的数学文本的价值及意义。蒂申多夫去世后，

---

① 印第安纳·琼斯（Indiana Jones）是美国系列探险电影《夺宝奇兵》（*Indiana Jones*)中的主角。——译注

剑桥大学从他的遗产中购买了一批手稿，其中包括这张羊皮纸。在剑桥大学里，这张未被识别出的书页得到了一个编号并被归档。这原本可能就是故事的结尾了。1899 年，一位希腊学者制作了君士坦丁堡图书馆的一份书籍目录，也发现了祈祷书中的模糊数学文本。他抄写了其中几行，这引起了世界上研究阿基米德的最主要的一位专家的注意。这位专家意识到这些羊皮纸确实来自阿基米德的一部著作。他在 1906 年参观该图书馆时获准为这些羊皮纸拍摄了照片，随后他又用这些照片制作了抄本。这部重写本包括了阿基米德的一些被认为已经轶失的著作。这一轰动性的发现登上了全世界各大报纸的头条新闻。在希腊－土耳其战争（1919—1922）期间，这些羊皮纸被盗，后来被卖给了一位商人。他把它藏在地窖里，在那里存放了几十年，其间遭到了水和霉菌的损坏。1971 年，保存在剑桥大学的那一张书页被确认属于君士坦丁堡图书馆收藏的那本祈祷书。1998 年，在佳士得拍卖会上，它再次出现在公众的视线中，被以 200 万美元的价格卖给了一位匿名买家。这本严重受损的书随后被带到巴尔的摩的沃尔特艺术博物馆进行保护。这是一项极具挑战性的任务，耗时数年[1]。在把这本书归还给新主人[2]之前，人们使用高度复杂的成像技术为它制作了一份数字副本。这本书是包含了阿基米德的著作《机械定理的方法》的唯一副本，这是一个极其重要的发现，因为它为阿基米德如何获得他的那些结果提供了新的深刻见解。

在这部著作中，阿基米德展示了如何通过将一个图形分解成无穷多个无穷小的部分（无穷小量）来确定该图形的面积或体积，从而预见了现代的积分概念。不过，由于阿基米德认为无穷小的使用不是严格的数学方法，因此他还基于已经建立的那些方法提供了证明。他在著作中给出的证明依赖穷竭法和归谬法，他完善了这两种技巧。在归谬法这种推理方法中，我们证明一个命题必然

---

[1] 这位买家的女儿知道它在哪里，并试图把它卖掉。剑桥大学只有一页（蒂申多夫剪下来的那一页）。*The Archimedes Codex: How a Medieval Prayer Book Is Revealing the True Genius of Antiquity's Greatest Scientist*, by Reviel Netz and William Noel, Da Capo Press, 2007.——原注

[2] 据代表这位匿名买家的西蒙·芬奇（Simon Finch）称，这本书的新主人是"一名在高科技行业工作的、不愿暴露身份的美国人"。——原注

会导致一个"荒谬"的结论（比如说 1 = 0 这样的结果），从而证明该命题不正确。这种论证方法可以追溯到古希腊哲学，特别是亚里士多德。它也曾被欧几里得用于证明数学定理。归谬法不仅限于数学推理，而且适用于哲学，而穷竭法则具有纯粹的数学性质。用现代的术语说，穷竭法是通过在一个图形的内部内接一系列边数递增的多边形（或多面体）来求出该图形的面积（或体积），这些多边形的面积（或多面体的体积）收敛于给定图形的面积（或体积）。为了更详细地展示这两种方法，我们将简述阿基米德在他的著作《圆的测量》中给出的一个结论的证明。这部著作只残存了一小部分。这个结论由三个命题组成，第一个命题指出任何圆的面积等于一个满足如下条件的直角三角形的面积：它的一条直角边等于该圆的半径，而另一条直角边等于该圆的周长（见图 5.4），即面积 $= \dfrac{1}{2} r(2\pi r) = \pi r^2$。

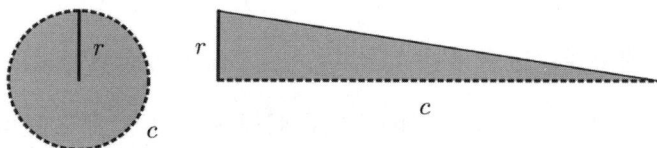

图 5.4 圆与特定的直角三角形

阿基米德证明的基本方法是用内接于圆的一系列正多边形来逼近圆。图 5.5 显示了内接于圆的一个正方形和一个正八边形。

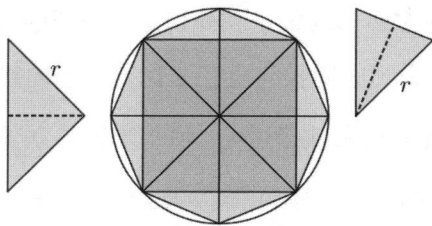

图 5.5 圆的内接正多边形

通过在正方形（使其顶点与圆接触）的每条边上作一个等腰三角形，就可以获得这个正八边形。对这个正八边形重复此过程，将生成一个正十六边形。边数每增加一倍，内接正多边形的面积就会增大一点，但它始终小于外接圆的面积。不过，只要 n 足够大，就可以用内接正 n 边形的面积以任意精度逼近圆的面积。类似地，我们也可以使用各边都与圆相切的外切正 n 边形来逼近圆的面积。一个正 n 边形可以拆分成 n 个等腰三角形，因此它的面积就是 $A_n = n \cdot \dfrac{a \cdot h}{2} = \dfrac{1}{2} c_n h_n$，其中 a 和 h 分别是等腰三角形底边和高的长度，c_n 是该正 n 边形的周长，h_n 是它的边心距（从正 n 边形的中心到它的一条边的中点的距离）。将图 5.4 中所示的圆和直角三角形的面积分别记为 $A_\bigcirc$ 和 $A_\triangle$，我们要证明 $A_\bigcirc = A_\triangle$。为此，阿基米德使用了一种双重归谬法。首先，他假设 $A_\bigcirc > A_\triangle$。如果 n 足够大，那么内接正 n 边形的面积将介于圆的面积和该三角形的面积之间，即 $A_\bigcirc > A_n > A_\triangle$（请回想一下，我们可以用正多边形尽可能逼近圆，但 A_n 总是小于 $A_\bigcirc$）。由于直角三角形的两条直角边的长度分别为 r（圆的半径）和 c（圆的周长），因此有 $A_\triangle = \dfrac{1}{2} rc$。内接正 n 边形的周长必定小于圆的周长，其边心距必定小于圆的半径，这意味着 $A_n = \dfrac{1}{2} c_n h_n < \dfrac{1}{2} rc = A_\triangle$，这与 $A_n > A_\triangle$ 矛盾。因此，$A_\bigcirc > A_\triangle$ 这一假设一定是错误的。现在假设 $A_\bigcirc < A_\triangle$，那么就可以构造一个圆的外切正 n 边形，于是 $A_\bigcirc < A_n < A_\triangle$。由于对于任何外切于圆的正 n 边形，都有 $c_n > c$ 和 $r_n > r$，因此可以得到 $A_n = \dfrac{1}{2} c_n h_n > \dfrac{1}{2} rc = A_\triangle$，这与 $A_n < A_\triangle$ 矛盾。这意味着 $A_\bigcirc < A_\triangle$ 这一假设也一定是错误的。由此，我们证明了 $A_\bigcirc > A_\triangle$ 和 $A_\bigcirc < A_\triangle$ 都不可能成立，于是我们可以得出的结论就是 $A_\bigcirc = A_\triangle$。

阿基米德利用将正多边形内接于和外切于一个圆的方式，以惊人的精度确定了 π 的值。π 被定义为圆的周长与直径之比。对于内接或外切正 n 边形，随着 n 越来越大，$\dfrac{c_n}{2h_n}$ 就会越来越接近 π。阿基米德建立了一种计算内接和外切正 n 边形周长和边心距的数值程序，并对 $n = 12, 24, 48, 96$ 的情况进行了计算，从而得到了 π 的下限和上限：

$$3\frac{10}{71} < \pi < 3\frac{1}{7} = \frac{22}{7} = 3.142\cdots$$

其中 $\pi = 3.14159265\cdots$。用分数 $\dfrac{22}{7}$ 来近似表示 π 的做法在古代非常流行，直到

中世纪还广泛地用于计算。现在，这种近似值的应用在低年级学生中也相当
普遍。

　　阿基米德在《论球和圆柱》（*On the Sphere and Cylinder*）中指出，球的
表面积是大圆（球面上的圆，其圆心位于球心）的四倍。换言之，球的表面
积 $S=4\pi r^2$，其中 r 是球的半径。球的体积是外切圆柱体积的 2/3，可以用符号
来表示：球的体积 $V=\dfrac{4\pi r^2}{3}$，圆柱的体积 $V'=2\pi r^3$。阿基米德对这一结果感到
非常自豪，并因此留下指示，要求在他的墓碑上刻一个内切于圆柱的球。公元
前 75 年，即阿基米德去世 137 年后，罗马哲学家西塞罗（Cicero，前 106—前
43）在西西里岛寻访过阿基米德的墓。经过一番寻找，他发现了墓地"四周都
是荆棘和灌木丛"。他写道：

　　　　"我注意到灌木丛上方一点点的地方竖起了一根小柱子，上面刻
　　有一个球和一个圆柱的形状……"

　　不幸的是，阿基米德墓的位置现在已不得而知。为了再度向这位杰出的数
学家致敬，菲尔兹奖章的背面展示的是一个内切于圆柱的球（见图 5.6）。

图 5.6　菲尔兹奖章的背面，图片来自国际数学联合会的斯蒂芬·察霍

　　阿基米德对于球与其外切圆柱的体积之间的关系的证明是一项数学杰作。
不过，下面给出的并不是他的详细证明过程，而是一个不那么严格的版本，因
为这个版本更易于直观地理解。我们需要锥体的体积公式，因此我们首先提供

一个启发式论证来表明如何计算锥体的体积。考
虑一个正四棱锥，它的高是底面边长的一半。我
们可以用6个这样的棱锥组合成一个立方体，如
图5.7所示。

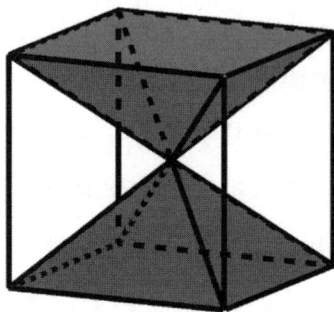

图5.7　棱锥与立方体

　　因此，一个正四棱锥的体积必定为图5.7中
的立方体体积的1/6。如果 a 是立方体的边长，那
么我们就得到正四棱锥体积 $V = \frac{1}{6}a^3 = \frac{1}{3}a^2(\frac{a}{2}) =$
$\frac{1}{3}Bh$ ，其中 B 是正四棱锥的底面积，h 是其高的长度。我们现在论证这个公式
对于任意棱锥都成立。为了达到这个目的，我们要用到卡瓦列里原理[①]。它是以
意大利数学家博纳文图拉·卡瓦列里（Bonaventura Cavalieri，1598—1647）的
名字命名的，实际上它只是阿基米德的穷竭法的现代实现形式。如果我们考虑
两个平行的平面所包含的空间中的两个区域，那么卡瓦列里原理指出，如果平
行于这两个平面的每个平面与这两个区域相交的横截面具有相等的面积，那么
这两个区域的体积就相等。卡瓦列里原理非常直观，可以用一摞硬币很好地阐
明，如图5.8所示。即使我们没有把这摞硬币对齐，它的体积也不会改变。

图5.8　硬币的体积

　　事实上，我们也可以将一枚硬币熔化后做成一个三角形或者任何其他形状。
只要一个区域的各个横截面的面积保持不变，它的体积就保持不变。这意味着

①　中国古代著名数学家祖冲之、祖暅父子对该原理的发现和运用要比卡瓦列里早1000多
年，因此该原理又称为祖暅原理。——译注

假设我们有两个具有相同底面积 B 和高 h 的棱锥，无论它们是倾斜的还是不规则的，它们的体积都必定相同。圆锥也是如此（当 n 接近无穷大时，圆锥可以被认为是底面为正 n 边形的棱锥的极限情况）。对于圆锥和任何棱锥，底面积和高是计算其体积时仅有的两个相关量，其体积始终等于底面积与高的乘积的 1/3。我们现在可以像阿基米德那样，考虑一个球内切于一个圆柱的情况。阿基米德注意到，此时圆柱的体积减去球的体积正好等于双圆锥的体积（见图 5.9）。

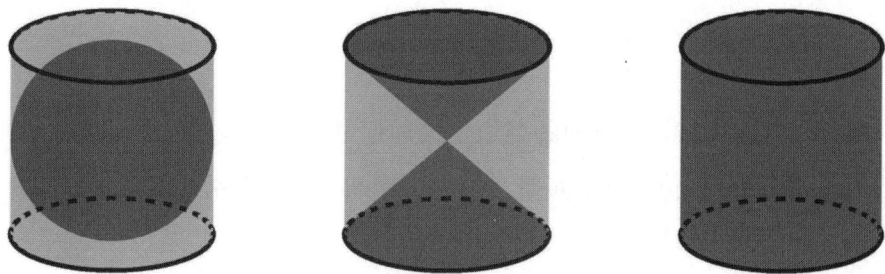

图 5.9　圆柱、球与圆锥的体积的关系

为了证明这是正确的，我们只需要确信，在任何高度，球的横截面和双圆锥的横截面的面积之和等于圆柱的横截面的面积。在图 5.10 中，我们展示了一个半径为 r、内切于一个圆柱的球的垂直投影，也展示了那个双圆锥的投影。球在高度为 h 处（以球心为基准）的横截面是一个半径（即 AD）为 $\sqrt{r^2-h^2}$ 的圆，双圆锥在高度为 h 处的横截面是一个半径（即 BD）为 h 的圆。由于一个半径为 R 的圆的面积等于 πR^2，因此球和双圆锥在高度为 h 处的横截面面积之和为 $\pi(r^2-h^2)+\pi h^2=\pi r^2$，而这正是圆柱的横截面面积。根据卡瓦列里原理，圆柱的体积正好等于球和双圆锥的体积之和。由于双圆锥的体积为 $2\times\frac{1}{3}\pi r^2\times r=\frac{2}{3}\pi r^3$，而圆柱体的体积为 $=\pi r^2\cdot 2r=2\pi r^3$，因此球的体积必为 $2\pi r^3-\frac{2}{3}\pi r^3=\frac{4}{3}\pi r^3$，即球的体积为圆柱体体积的 2/3，正如阿基米德所表明的。

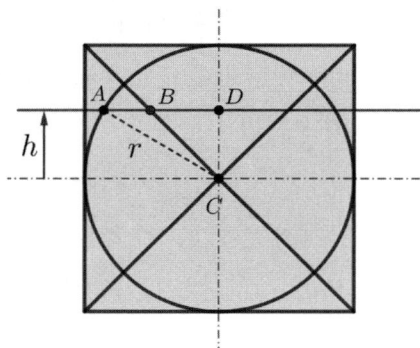

图 5.10　球与双圆锥的横截面面积的计算

　　阿基米德在机械发明方面的名声要远远超过他在数学方面杰出而又影响深远的工作，但是他坚信纯数学是唯一值得追求的。罗马作家普鲁塔克（Plutarch，46—120）精彩地描述了他对几何学的迷恋：

　　　　常常会出现的情况是，阿基米德的仆人违背他的意愿让他去浴室，给他洗澡，为他涂抹油膏。而在那里，他甚至可以在烟囱的灰烬里画出几何图形。当他们为他涂抹油膏和香料时，他用手指在他赤裸的身体上画着线条，完全沉浸在几何学研究所带给他的快乐之中，或狂喜或恍惚，浑然忘我①。

　　公元前 212 年，马库斯·克劳迪亚斯·马塞勒斯（Marcus Claudius Marcellus）将军率领的罗马军队在第二次布匿战争中占领锡拉库扎，阿基米德被杀害。关于他的被杀，普鲁塔克叙述了三种稍有不同的说法，其中流传最广的一种是当这座城市被占领时，阿基米德正在思考一个数学图形。一个罗马士兵命令他去觐见马塞勒斯将军，但阿基米德拒绝了，说他必须先解决这个数学问题。人们认为阿基米德很著名的最后一句话是"不要弄乱我的那些圆"，这大概指的就是他正在研究的那个数学图形中的那些圆。

---

① 这句话来自普鲁塔克的《平行生活》（*The Parallel Lives*）一书中的"马塞勒斯的生活"一章。《平行生活》再版于 1917 年出版的洛布古典文库第 5 卷，引文摘自第 481 页。——原注

第 6 章

埃拉托色尼
（约前 276—约前 194，希腊）

当回顾古希腊的那些杰出数学家时，我们对他们的个人生活的了解是相当有限的，而这也是可以理解的。以埃拉托色尼为例，他主要由于在数学和地理方面的成就而为人所知，而关于他的生活细节，我们同样没有多少记录。尽管缺乏个人信息，但我们确实知道，他惊人的地理测量技能使他那个时代的人们能够得知并明白地球的大小。稍后我们将介绍他的绝妙测量方法，在此之前让我们介绍一下他的生平，至少是我们所知甚少的那一点点。

埃拉托色尼（见图 6.1）于公元前 276 年出生在昔兰尼，昔兰尼现在是利比亚的一部分[①]。他的父亲名叫阿戈拉奥斯（Aglaos），他年轻时在当地的一所教授基础学科的学校里学习。后来，他在雅典继续做研究，研究集中在哲学方面。在那里，他还写诗，其中一首是《赫尔墨斯》（*Hermes*）。这是一首以宗教为主题的诗，专注于描写众神的生命史。他的写作内容也包括历史题材，这些作品在当时很受欢迎。公元前 245 年，他被任命为亚历山大图书馆的馆员。他在接受这个职位之后搬到了亚历山大，并在那里度过了余生。不出 5 年，他就被任命为图书馆馆长，其职责之一就是辅导皇室子弟。在担任图书馆馆长期间，他大大扩充了图书馆的藏书量。他希望自己的图书馆被认为是希腊最好的图书馆，这一想法激励着他。我们从他的著作中可以看出，他认为所有人都是好人。这一思想与亚里士多德的观点相矛盾，亚里士多德认为本质上只有希腊人是好人。

[①] 昔兰尼是古希腊和后来罗马的一个城市，靠近现在利比亚的夏哈特。——原注

图 6.1　埃拉托色尼，这是一幅 18 世纪的铜版画

公元前 195 年，埃拉托色尼罹患眼炎，这是一种眼部炎症，最终导致失明。此后他变得非常消沉，试图饿死自己。一年后，死亡确实降临了。公元前 194 年，他以 82 岁高龄辞世。

埃拉托色尼的两项贡献使他留名于世，至今仍然享有盛名。正如我们以前约略提到的，埃拉托色尼发明了一种非常聪明的技术来测量地球的周长。如今，这样的任务并不十分困难，然而在几千年前，这可是一项了不起的壮举。他对地球的测量是几何学最早的应用形式之一。事实上，几何学（geometry）这个词就源于希腊语中的"地球测量"。大约在公元前 230 年，他测量了地球的周长，而且结果非常精确，误差不到 1%。

他是如何取得这样的成就的？为了进行这项测量，埃拉托色尼依靠的是平行线的内错角之间的关系，以及他作为亚历山大图书馆馆长所拥有的资源。借助图书馆，埃拉托色尼可以查阅到按日期记载的事件。在研究了这些记录之后，他发现在尼罗河边的一个叫塞尼（现称阿斯旺）的小镇上，在一年中特定的一天的正午，太阳从正上方直射下来。由于太阳的位置，塞尼的一口深井的底部会被完全照亮，而竖直的竿（与射向它的光线平行）不会投下任何阴影。

与此同时，亚历山大的一根竖直的竿却投下了阴影。当这一天再次到来时，埃拉托色尼测量了这样的一根竿和通过竿的顶端到阴影远端的太阳光线所成的角度（图 6.2 中的 ∠1）。他发现这个角度大约是 7°12′，或者说约是 360° 的 1/50。

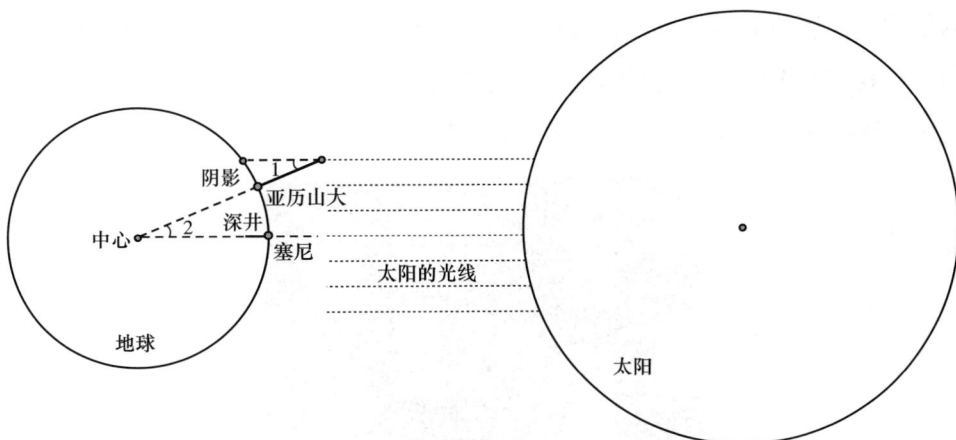

图 6.2　埃拉托色尼的测量示意图（未按比例）

　　假设太阳光线是平行的，他就得出了地球中心处的∠2 必定与∠1 相等，因此，其大小必定也大约是 360° 的 1/50。由于塞尼和亚历山大几乎在同一条子午线上，所以塞尼必定位于此子午线确定的圆的与太阳光线平行的那一条特定的半径上。埃拉托色尼由此推断出，塞尼与亚历山大之间的距离是地球周长的 1/50。当时人们认为，塞尼到亚历山大的距离约为 5000 斯塔德（斯塔德是一个度量单位，相当于一个奥林匹克运动场或埃及体育场的长度）。由此，埃拉托色尼得出结论：地球的周长约为 250000 斯塔德，即约 39686 千米。这个数值与现代计算结果非常接近，现在已经确定地球的周长为 40076 千米。这才是真正的几何学！

　　埃拉托色尼为我们理解数字做出了贡献。更具体地说，他建立了一种我们可以用来生成素数的方法。素数就是恰好只有两个因数（1 和这个数本身）的数。下面介绍一下埃拉托色尼筛选法。从一张由连续自然数构成的表格开始（你想列出多少个数字就列出多少个数字），划去某些数字的倍数，最后剩下的就是素数。让我们考虑 1~100，如图 6.3 所示。埃拉托色尼建议的程序是从数字 2 开始，划掉表格中 2 的倍数（除了 2 本身，下同），然后转到下一个还没有被划掉的数字 3，划掉这个数字的所有倍数。重复这个过程，我们来到下一个数字 5，划掉表格中 5 的倍数。我们考虑的下一个数字是 7，再次划掉表格中 7

的倍数。采用他的这种方法，我们最后得到的就是素数。请注意，尽管数字 1 最初在我们的表格中，但根据定义，它不是一个素数。这是因为一个素数只有两个因数，而 1 只有一个因数，所以它不是素数。

1	**2**	**3**	4	**5**	6	**7**	8	9	10
11	12	**13**	14	15	16	**17**	18	**19**	20
21	22	**23**	24	25	26	27	28	**29**	30
31	32	33	34	35	36	**37**	38	39	40
41	42	**43**	44	45	46	**47**	48	49	50
51	52	**53**	54	55	56	57	58	**59**	60
61	62	63	64	65	66	**67**	68	69	70
71	72	**73**	74	75	76	77	78	**79**	80
81	82	**83**	84	85	86	87	88	**89**	90
91	92	93	94	95	96	**97**	98	99	100

图 6.3　埃拉托色尼筛选法

这里，我们介绍了埃拉托色尼对我们理解数学的两个贡献，一个是在几何学领域，另一个是在数论领域。考虑到获得这些发现的时代以及它们至今仍有生命力这一事实，我们可以说它们是相当惊人的。

第 7 章

克罗狄斯·托勒密
（约 90—168，罗马）

埃及在公元前 30 年成为罗马的一个省。大约公元 90 年，克罗狄斯·托勒密（Claudius Ptolemy，见图 7.1）出生在埃及的亚历山大。托勒密很快就成为了著名的数学家、天文学家和地理学家。他今天以其名作《天文学大成》（*Almagest*）而闻名，这是一部 13 卷本的古代天文学专著。虽然我们同样缺乏关于这位古代杰出数学家的详细资料，但我们可以推断出关于他生平的一些信息。由于《天文学大成》是用希腊语写的，因此我们认为他是一个住在埃及的希腊人的后裔。我们

图 7.1　一幅早期巴洛克风格的作品所再现的克罗狄斯·托勒密 [西奥多·德·布里（Theodor de Bry）的蚀刻画]

现在知道的是，他所有的天文观测都是公元 127—141 年在亚历山大进行的。

托勒密的行星运动理论认为地球是宇宙的中心。这种想法一直到文艺复兴时期才有所动摇，当时波兰天文学家尼古拉·哥白尼（Nicolaus Copernicus，1473—1543）提出了日心说，把太阳放到了宇宙的中心，并指出地球是围绕太阳运行的行星之一。德国数学家和天文学家约翰内斯·开普勒用他的行星运动三大定律描述了这些行星围绕太阳运行的轨道（见第 13 章）。

为了进行行星运动的数学计算，托勒密创建了一张弦表。这是三角函数的早期形式，在很大程度上相当于正弦函数。我们了解托勒密的工作也许正是由于他关于这些弦值的发现。他需要根据圆的半径和弦所截的角度来近似表示这些弦的长度。为了推导出他的弦表，他构造了一条定理。

他得到了 $\pi = 3 \dfrac{17}{120} \approx 3.1416$ 这一近似值。他所使用的方法是用一个有 360 条边的圆内接正多边形和弦来处理，他还提到了 60° 弦[①] 为 $\sqrt{3}$，约等于 1.732。

他还以建立了一些几何定理而闻名，其中包括圆内接规则形状之间的一种相当不寻常的关系。例如，在《天文学大成》第 1 卷第 10 章中，托勒密提出了一些几何定理，他用这些定理来计算上面讨论的弦。他声称，如果正五边形、正六边形和正十边形都内接于同一个圆，这些形状之间就会有一种出乎意料的关系。当正五边形、正六边形和正十边形内接于圆时，以正五边形的一条边为边长的正方形的面积等于以正六边形的一条边为边长的正方形和以正十边形的一条边为边长的正方形的面积之和。

此外，我们熟知托勒密还因为他建立了一条以他的名字命名的定理——托勒密定理。这条定理指出，在一个循环四边形（即内接于一个圆的四边形）中，两条对角线长度的乘积等于两对对边长度的乘积之和。这条定理的逆定理也成立，即如果一个四边形的两条对角线长度的乘积等于两对对边长度的乘积之和，那么这个四边形就可以内接于一个圆（这意味着它的四个顶点在同一个圆上）。

我们将在图 7.2 中对此进行探究，图中有一个四边形 ABCD 内接于圆 O，于是就有 $AC \cdot BD = AB \cdot CD + AD \cdot BC$。

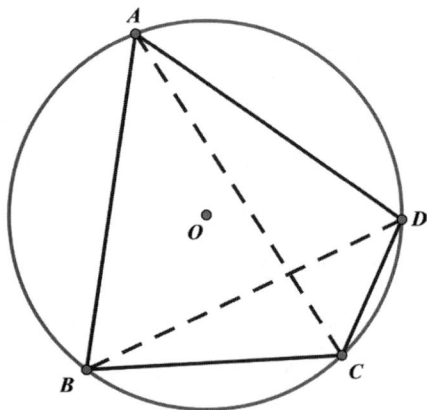

图 7.2　圆及其内接四边形

---

① 60° 的弦是一条两端在单位圆上、对圆心的张角为 60° 的线段的长度。——原注

　　托勒密定理只对刚性图形（由给定信息只能描述出一个图形）成立。例如，边长给定的四边形可以呈现各种形状，但是如果这个四边形内接于一个圆，那么它就是刚性的，因为它只能呈现一种形状。我们注意到所有三角形都是刚性图形，一旦它们被恰当定义，它们就会处于一个固定的状况。四边形不一定处于固定的状况，因为它们的形状不一定由其边长确定。然而，循环四边形是刚性图形。如果一个四边形不是循环四边形，则以下关系（有时称为托勒密不等式）成立：$AC \cdot BD < AB \cdot CD + AD \cdot BC$。

　　如果我们将托勒密定理应用于一个矩形（它总是一个循环四边形，因为它很容易内接于一个圆），那么得到的结果就是毕达哥拉斯定理（$a^2 + b^2 = c^2$）。如果将托勒密定理应用于图 7.3 所示的矩形 $ABCD$，我们就得到 $dd = ll + ww$，或者 $d^2 = l^2 + w^2$。这是将毕达哥拉斯定理应用于三角形 ABC 而得到的结果。

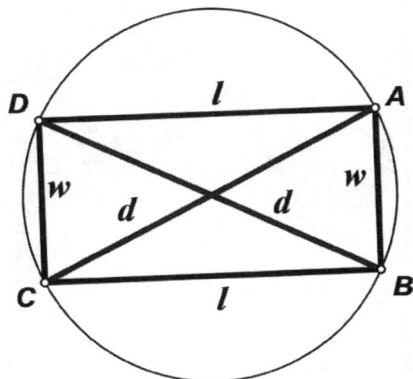

图 7.3　由托勒密定理导出毕达哥拉斯定理

　　如果将托勒密定理应用于一个圆内接正五边形，就可以找到关于这条定理的另一个有趣之处。考虑图 7.4 所示的正五边形 $ABCDE$，注意到正五边形的所有边都一样长（s），所有对角线也一样长（d）。将托勒密定理应用于四边形 $ABCD$，我们发现 $dd = sd + ss$，或者 $d^2 = sd + s^2$。该式的两边同时除以 s^2，就得到 $\dfrac{d^2}{s^2} = \dfrac{d}{s} + 1$。

　　设 $\dfrac{d}{s} = g$，有 $g^2 - g - 1 = 0$。因此，$g = \dfrac{1 + \sqrt{5}}{2} \approx 1.618034$，而 0.618034 就是

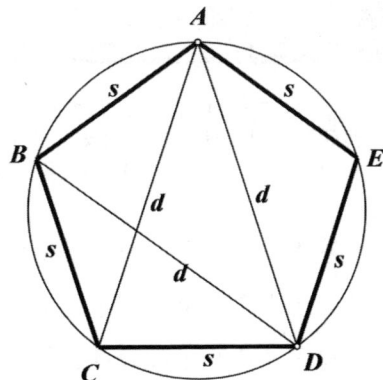

图 7.4　由托勒密定理导出黄金比例

黄金比例。对此感兴趣的读者可能想去发现黄金比例的各种奇妙之处，所以我们推荐 A.S. 波萨门蒂尔（A. S. Posamentier）和 I. 莱曼（I.Lehmann）合著的《辉

煌的黄金比例》（*The Glorious Golden Ratio*）一书。

　　托勒密的另一部伟大的著作是他的八卷本地理学著作。由于当时人们对罗马帝国以外的世界知之甚少，而且猜测之风盛行，因此这部著作的准确性受到严重限制。15 世纪，人们基于托勒密对世界地图的描述和他在《天文学大成》一书中的工作，画出了托勒密的世界地图，如图 7.5 所示。

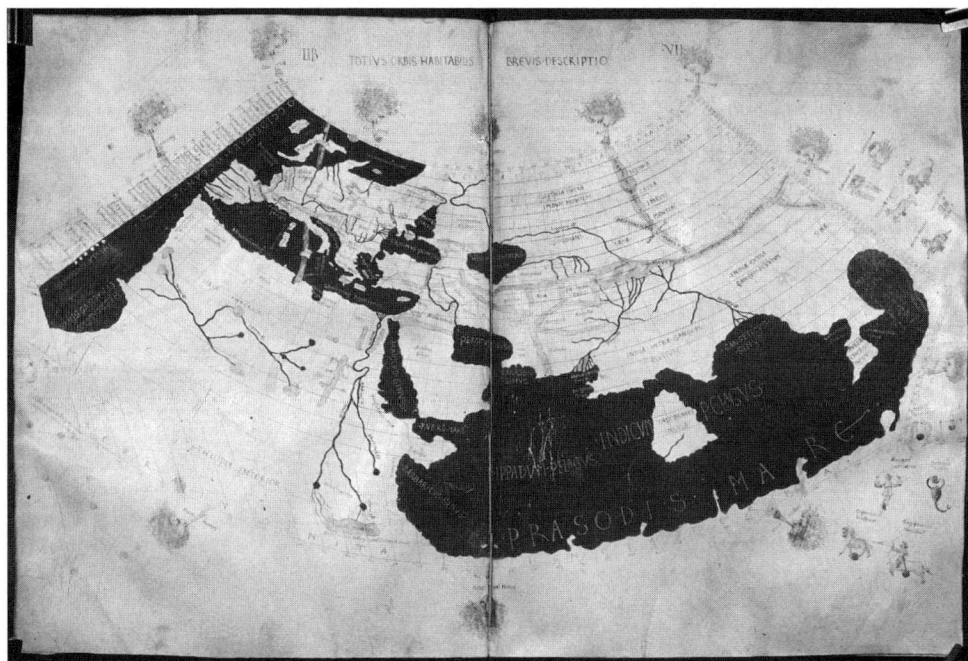

图 7.5　15 世纪人们描绘的托勒密的世界地图，基于托勒密的作品和描述
[弗朗西斯科・迪・安东尼奥・德尔・切里科（Francesco di Antonio del Chierico，1433—1484），文艺复兴早期的艺术家，佛罗伦萨]

　　不幸的是，我们对托勒密生平的细节所知甚少。托勒密于公元 168 年在埃及的亚历山大去世。鉴于他的那些辉煌的几何定理，以及他在天文学和地理学上的显著差错和不准确性，他成为了一个令人感兴趣的人物。这里，我们对他的成就的两个方面都予以承认，同时也因为他的著名几何定理而向他致敬，事实证明这条定理直至今日仍然有用。

第 8 章

亚历山大的丢番图
（约 201—285，希腊）

在初等代数学习中，当看到像 $x+y=7$ 这样的方程时，我们通常的反应是需要有一个与 x 和 / 或 y 有关的第二个方程，否则的话，我们就会觉得找不到解。这个方程实际上有很多组解。如果我们把解限制为整数值，那么一组可能的解就是 $x=2$ 和 $y=5$，因为 $2+5=7$。这种思维方式最早是由希腊化时代的希腊数学家丢番图（Diophantus，见图 8.1）引入的，他生活在埃及的亚历山大，据说他活了大约 84 岁。不幸的是，与古代的其他杰

图 8.1 亚历山大的丢番图

出人物一样，人们对他的生平知之甚少。他如今闻名于世的原因是他常被称为"代数之父"。他在《算术》（*Arithmetica*）一书中首次提出了我们今天所知道的代数，而且他是研究数论的先驱。

在《算术》一书中，丢番图首先介绍了一些数字概念，并解释了一种新的表示法，用一个符号来表示一个变量。这种表示法可能在此后的 1000 年里都没有流行起来，而如今我们已经将其视为普通的代数。他引入了正数和负数，而且是第一个把分数看作实际的数的人。他在《算术》第 1 卷中以一些简单的问题开头，然后介绍那些有多重解的问题——尽管只是整数形式。此后，他又继续纳入了一些涉及数的更高幂次的问题。

例如，一个丢番图方程（它可能有很多解，但所有解都是整数）可以是这样的：$\dfrac{1}{x}+\dfrac{1}{y}=\dfrac{1}{n}$。当 $n=4$ 时，该方程有以下三组整数解：

$$\frac{1}{8}+\frac{1}{8}=\frac{1}{4}, \quad \frac{1}{6}+\frac{1}{12}=\frac{1}{4}, \quad \frac{1}{5}+\frac{1}{20}=\frac{1}{4}$$

丢番图的著作的声誉无疑传得很远。1621 年，法国数学家克劳德·加斯帕德·巴切特·德·梅齐利亚克（Claude Gaspard Bachet de Méziriac，1581—1638）出版了《算术元素》(*Les éléments arithmétiques*)，这就是将丢番图的《算术》从希腊语翻译成拉丁语的译本。

法国数学家皮埃尔·德·费马拥有巴切特的这一译本。在这本书中一页的空白处，费马写道，他证明了方程 $x^n+y^n=z^n$（其中 $n\geqslant 3$）没有整数解。但他声称页边空白处没有足够的空间让他写出其证明。有趣的是，这个陈述也出现在丢番图《算术》的 1670 年版中，如图 8.2 中的倒数第二段所示，在标题"费马的评注"（*OBSERVATIO DOMINI PETRI DE FERMAT*）的下方。这个陈述后来被称为费马大定理，它困扰了数学家长达 358 年之久，直到英国数学家安德鲁·怀尔斯在 1994 年提出了一个证明（见第 15 章）。

图 8.2　丢番图的《算术》1670 年版的一页，其中包含费马的评论

丢番图方程在我们的日常计算中确实发挥着作用。假设我们想知道用 5 美元可以多少种方式买 6 美分和 8 美分邮票，大多数人会很快意识到这里有两个变量，它们可以用 x 和 y 来表示。设 x 表示 8 美分邮票的数量，y 表示 6 美分邮票的数量，于是我们就会得到方程 $8x + 6y = 500$。然后将方程的两边同时除以 2，就会将其转换成 $4x + 3y = 250$。在这个关头，我们意识到，尽管这个方程似乎有无穷多组解，但它也可能没有无穷多组整数解。此外，根据原始问题的上下文，它也可能没有无穷多组正整数解（因为邮票的数量必须是正整数）。

首先考虑的是，整数解是否确实存在。我们在这里使用一条有用的定理，它指出如果 a 和 b 的最大公因数也是 k 的一个因数，其中 a、b 和 k 是整数，那么对方程 $ax + by = k$ 而言，就存在 x 和 y 的无穷多组整数解（既包括正整数解也包括负整数解）。这里我们就有了一个丢番图方程，因为我们正在寻找整数解。

由于 3 和 4 的最大公因数是 1，而 1 也是 250 的一个因数，因此方程 $4x + 3y = 250$ 就有无穷多个整数解。回到我们的原始问题，此时我们想知道存在多少组正整数解（如果有的话）。瑞士数学家莱昂哈德·欧拉提出了一种可能的方法，这通常被称为欧拉方法。根据这种方法，我们首先求解系数的绝对值最小的那个变量，在本例中是 y。因此，我们得到 $y = \dfrac{250 - 4x}{3}$，然后从中分出整数部分：$y = 83 + \dfrac{1}{3} - x - \dfrac{x}{3} = 83 - x + \dfrac{1-x}{3}$。现在我们引入另一个变量 t，并设 $t = \dfrac{1-x}{3}$，这样我们就会得到 $x = 1 - 3t$。由于该方程中不存在分数系数，因此这个过程无需重复。现在将 x 代入原方程，我们就得到 $y = \dfrac{250 - 4(1 - 3t)}{3} = 82 + 4t$。对于 t 的不同整数值，由含 x、y 的表达式会得到 x 和 y 的对应值。根据原始问题，我们意识到 x 和 y 的值必须是正整数。因此，$x = 1 - 3t > 0$，或者 $t < \dfrac{1}{3}$，而 $y = 82 + 4t > 0$，由此可得 $t > -20\dfrac{1}{3}$。把这两个不等式结合起来，我们得到 $-20\dfrac{1}{3} < t < \dfrac{1}{3}$。这就告诉我们用 5 美元买 6 美分和 8 美分邮票时共有 21 种可能

的组合。

　　这是一个简单的例子，说明了如何用欧拉方法求解丢番图方程。当然，对于这个方程，我们只考虑了整数解，更具体地说，只考虑了正整数解（因为问题的性质是关于购买邮票的数量）。解丢番图方程的方法有很多种，其中一些可能要通过许多步骤才能得到解。不过，我们要感激丢番图构造了这些方程，从而形成了代数的基础。

　　在公元 5 世纪后期，有一道数字游戏形式的趣味数学问题，这道题有时被认为源于丢番图的墓志铭。

　　　"这儿埋葬着丢番图。"这位奇人在注视。

　　　通过代数艺术，这块石头在诉说他的年龄：

　　　"上帝将他的生命的六分之一给了童年，

　　　还有十二分之一是变得胡子拉碴的青年；

　　　又过去七分之一后他结了婚，

　　　五年后迎来了新生的健壮儿子。

　　　可怜这个天赐的爱子，

　　　只活到他父亲生命的一半便不敌冷酷的命运，憾然离世。

　　　此后关于数字的学问给他的命运带来一些抚慰，四年后他的生命

也终结了。"

　　这道谜题暗示丢番图活到大约 84 岁，这是我们掌握的关于他的实际年龄的唯一证据。

　　尽管丢番图所能使用的数学工具有限，但他确实解决了许多数学问题，他的著作《算术》给像阿拉伯数学家阿尔－卡拉吉（al-Karaji，约 980—1030）这样的数学家带来了灵感，也为法国数学家皮埃尔·德·费马搭建好了舞台，而费马可以被认为是现代数论的奠基人。

第9章

婆罗摩笈多
（约 598—约 668，印度）

众所周知，我们目前的数系最初起源于印度，而它通过阿拉伯人传到了西欧，因此，我们把它称为印度－阿拉伯数字。传播这种数系的最重要的人物可能是数学家婆罗摩笈多（Brahmagupta，见图 9.1）。他大约于公元 598 年出生在印度的毗罗摩罗（今宾马尔），那里是印度西部第二大王国瞿折罗国的首都。婆罗摩笈多的

图 9.1　婆罗摩笈多肖像

主要兴趣在天文学方面，但他在数学方面也表现出了极大的创造力。正因为如此，我们将在这里重点介绍他的一些发现。不过，在我们继续讨论他的数学成就之前，应该先提到他的一些天文发现，其中包括他确定月地距离小于日地距离，计算出地球的周长约为 36210 千米（地球的实际周长是 40076 千米）他还发现一年的长度是 365 天 6 小时 12 分 19 秒，这很接近我们今天所知道的一年的实际长度——365 天 5 小时 48 分钟 45 秒。

公元 628 年，婆罗摩笈多写了一本书，名叫《婆罗摩修正体系》（*Brāhmasp-huṭasiddhānta*）。这本书基于前人的著作，但也包含了他的许多新思想。我们稍后介绍其中的一些内容。这本书首次提到零是一个数字，而不是一个占位符。

在这本书的后半部分，他描述了负数的算术运算。他甚至深入研究了零除以零的问题，他把结果定义为等于零。不过，正如我们今天所知道的，这种除法至今仍然没有得到定义。

这本书包括 24 章，其中关于计算的第 18 章提出了一种方法，既可以用来求数的平方和平方根，又可以用来计算数的立方和立方根。他还引入了我们今天所使用的分数的写法，提出了分数的加法和乘法运算，例如 $\dfrac{a}{c} + \dfrac{b}{d} \cdot \dfrac{a}{c} = \dfrac{a(d+b)}{cd}$。

他提出了一个求解线性方程的公式，然后导出了一个二次方程的解。这样，他就给出了二次方程 $ax^2 + bx + c = 0$ 的一个求解公式，只是他所给出的公式与我们所熟知的 $x = \dfrac{-b \pm \sqrt{b^2 - 4ac}}{2a}$ 在形式上有所不同。

婆罗摩笈多得出了计算前 n 个自然数的平方和的公式 $\dfrac{n(n+1)(2n+1)}{6}$，以及计算前 n 个自然数的立方和的公式 $\left[\dfrac{n(n+1)}{2}\right]^2$。他还建立了一种生成毕达哥拉斯三元组的方法：令 $a = mx$，$b = m + d$，$c = m(1+x) - d$，其中 $d = \dfrac{mx}{x+2}$。通过简单的代数，我们就可以证明此时 $a^2 + b^2 = c^2$ 成立。

婆罗摩笈多建立的最著名的关系也许要算他为了求循环四边形（即四个顶点都在同一个圆上的四边形）的面积而建立的公式。对于图 9.2 中的四边形 $ABCD$，其中各边的长度标记为 a、b、c、d，婆罗摩笈多表明循环四边形 $ABCD$ 的面积可用公式 $\sqrt{(s-a)(s-b)(s-c)(s-d)}$ 求得，其中 s 是半周长，即

$$s = \frac{a+b+c+d}{2}。$$

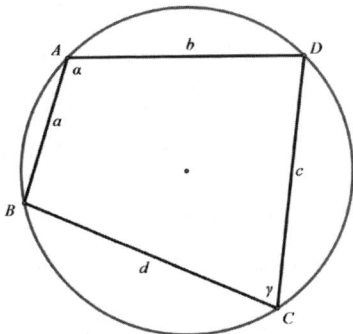

图 9.2　循环四边形面积的计算

这是对罗马数学家亚历山大的耶罗（Hero of Alexandria，10—70）建立的著名公式的一个有趣的扩展。耶罗公式[①]用于计算三角形的面积，只要给定各边的长度 a、b、c，就能用 $\sqrt{s(s-a)(s-b)(s-c)}$ 计算出此三角形的面积，其中 s 仍然是半周长。实际上，把三角形当作 d 为 0 的四边形的这一特殊情况，就由婆罗摩笈多的公式得到了耶罗公式。

婆罗摩笈多的公式也能推广到一般四边形：任何（凸）四边形的面积都等于 $\sqrt{(s-a)(s-b)(s-c)(s-d)-abcd\cdot\cos^2\left(\dfrac{\alpha+\gamma}{2}\right)}$，其中 a、b、c、d 仍然是四边形的边长，$s=\dfrac{a+b+c+d}{2}$，而 α 和 γ 是该四边形的一对对角的大小。

这个公式表明，在由四条给定边长所构成的所有四边形中，面积最大的是循环四边形。当 $abcd\cdot\cos^2\left(\dfrac{\alpha+\gamma}{2}\right)=0$ 时，就能求出这个最大面积，此时 $\alpha+\gamma=180°$。这一事实仅对于循环四边形成立。

婆罗摩笈多还发现，如果一个循环四边形的各边的长度分别为 a、b、c、d，两条对角线的长度分别为 m 和 n，那么以下关系就成立：

$$m^2=\frac{(ab+cd)(ac+bd)}{ad+bc}$$

$$n^2=\frac{(ac+bd)(bd+bc)}{ab+cd}$$

关于循环四边形的另一个归功于婆罗摩笈多的有趣关系是：如果在一个循环四边形中有两条对角线相互垂直，那么通过这两条对角线的交点且垂直于该四边形的一条边的直线将平分其对边。

这一点的证明相当简单，并且会使我们对循环四边形有进一步的理解。考虑图 9.3，其中循环四边形 $ABCD$ 的对角线 AC 在点 G 与 BD 垂直，且 $GE\perp AD$。我们只需证明 GE 平分 BC 于 P 点。在直角三角形 AEG 中，$\angle5$ 是 $\angle1$ 的余角，$\angle2$ 也是 $\angle1$ 的余角。因此，$\angle5=\angle2$。而 $\angle2=\angle4$，因此 $\angle5=\angle4$。由于 $\angle5$ 和 $\angle6$ 的都对应于弧 DC，因此它们相等。由此，$\angle4=\angle6$，

---

① 耶罗公式又称海伦公式、海伦－秦九韶公式。秦九韶（1208—1268）是我国南宋时期的著名数学家。——译注

$BP = GP$。同样，$\angle 7 = \angle 3$，$\angle 7 = \angle 8$，所以 $\angle 3 = \angle 7$，$GP = CP$。这样就得到 $BP = CP$。

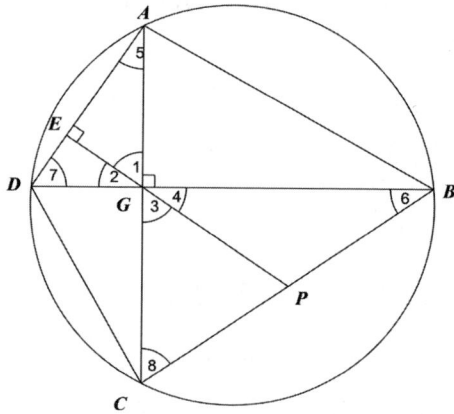

图 9.3　求证 $BP = CP$

　　婆罗摩笈多利用他的数学天赋，也成为了天文学发展过程中的一位主要参与者。他在 667 年出版的一部天文学著作就证明了这一点，这本专著的名字是《婆罗摩修正体系》。因此，婆罗摩笈多在天文学和数学领域都很有名。此后不久，他于 668 年在印度的乌贾因去世。他存留至今的遗产主要是将耶罗的三角形面积公式推广到了求循环四边形的面积。

第 10 章

比萨的莱昂纳多
（1170—约 1250，意大利）

13 世纪初，数学领域和欧洲都开始形成它们的现代形象。这在很大程度上要归功于意大利数学家比萨的莱昂纳多（Leonardo Pisano Bigollo），他的较为人们熟知的名字是斐波那契（见图 10.1）。斐波那契永远地改变了西方的计算方法，促进了贸易的发展。不仅如此，他还向数学家提出了一些至今仍未解决的挑战。这些挑战出现在无数的图书中，并为自 1963 年以来由斐波那契协会出版的一份季刊提供了素材。

图 10.1　斐波那契

斐波那契这个名字可能来源于拉丁语 *filius Bonacci*，意思是波那契的儿子，但更大的可能是它来源于 *de filis Bonacci*，指的是波那契家族。他的父亲是意大利港口城市比萨的富有商人古列尔莫·波那契（Guglielmo Bonacci）。他出生于大约 1170 年，当时著名的钟楼（如今被称为比萨斜塔）刚开工不久。那时是欧洲的动荡时期。比萨、热那亚、威尼斯和阿马尔菲等城邦之间的战争频发，它们都是海上共和国，拥有通往各地中海国家和更远地区的特定贸易路线。比萨从罗马时代起就在商业中发挥了强大的作用，它在更早的时候还是希腊商船的停靠港。早些时候，比萨已在殖民地之间和贸易路线上建立了贸易前哨站。

1192 年，古列尔莫·波那契成为比萨共和国海关的一名公职人员，被派驻位于非洲巴巴里海岸的比萨殖民地布吉亚（今阿尔及利亚的首都贝贾亚）。在到达那里以后不久，他就把儿子斐波那契接到身边，好让这个男孩学习计算技巧成为一名商人。计算能力是非常重要的，因为每个共和国都有自己的货币单位，商人必须计算出他们应得的钱款，这就需要每天确定货币的汇率。正是在布吉亚，斐波那契第一次知悉了"9 个印度数字"，这是他对"印度人的数字"的称呼。他还知悉了"阿拉伯人称为 zephyr 的符号 0"。他最有名的著作是《计算之书》（*Liber Abaci*）（见图 10.2）。他于 1202 年撰写了此书，并于 1228 年进行了修订。这是我们知道他的生平的唯一来源。在这本书的序言中，他宣称自己对使用这些数字进行计算的方法非常着迷。这是印度 – 阿拉伯数字第一次出现在欧洲。在他不在比萨的这段时间里，他接受了一位穆斯林教师的指导。这位教师向他介绍了一本对他产生了巨大影响的著作，书名为《代数学》（*al Kitāb al-mukhtaṣar fīḥisāb al-jabr wal-muqābala*），作者是阿拉伯数学家穆罕默德·伊本·穆萨·阿尔花拉子密（Muḥammad ibn Mūsā al-Khwārizmī，约 780—约 850）。顺便说一下，"代数"（algebra）一词就来自这本书的书名。

斐波那契在一生中曾游历过埃及、叙利亚、希腊、西西里岛和普罗旺斯，他在那些地方经商，还与数学家会面，学习他们的数学方法。斐波那契大约在 1200 年回到比萨，开始在他的《计算之书》中撰写将印度数字应用于商业的计算方法。这本书主要由需要更抽象的数学的"现实世界"中的各种代数问题所组成。斐波那契想把这些新发现的技术传播给他的同胞。

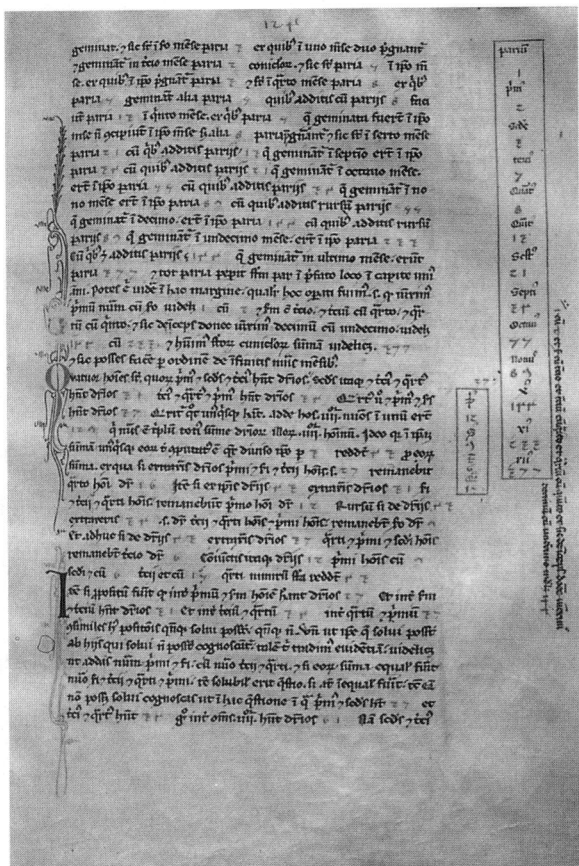

图 10.2　斐波那契的《计算之书》中的一页（来自佛罗伦萨国家图书馆），
在右边空白处显示的是斐波那契数

　　请记住，在那个时代，印刷机还没有发明，因此书籍必须由抄写员手写。如果要复制一份，那也必须靠手写。斐波那契还写过其他著作，比如《几何实践》（*Practica Geometriae*，1220）。这是一本关于几何学应用的图书，涵盖了几何学和三角学，其严谨程度堪比欧几里得的《几何原本》，其中的思想以证明形式和数字形式呈现，而数字形式就采用了这些"新的"、非常方便的数字。在这本书中，斐波那契不仅用代数方法来解决几何问题，也用几何方法来解决代数问题。1225 年，他写了《花朵》（*Flos*）和《平方数之书》（*Liber quadratorum*），后者真正确立了斐波那契作为一位天才数学家的地位，并使他在数论学家中有很高的排名。斐波那契很可能还写了其他著作，但如今已找不到它们的踪迹。他关于商业算术的《小方法》（*Di minor guisa*）一书以及他对欧几里得的《几何原本》第 10 卷的评注都已经失传了。他对《几何原本》第 10 卷的评注包含了对无理数的数字处理，这与欧几里得对无理数的几何处理形成了对照。

13 世纪 30 年代，政治和学术的融合使斐波那契接触了神圣罗马帝国皇帝腓特烈二世（Frederick II，1194—1250）。直到 1227 年，腓特烈二世一直在意大利巩固他的权力。他在 1198 年加冕为西西里国王，在随后的 1212 年加冕为德国国王，1220 年又由罗马圣彼得大教堂的教皇加封为神圣罗马帝国皇帝。在与热那亚的海上冲突以及与卢卡和佛罗伦萨的陆上冲突中，腓特烈二世支持当时约有 1 万人口的比萨。作为科学和艺术的坚定赞助人，腓特烈二世通过宫廷里的学者了解到了斐波那契的著作。斐波那契在 1200 年回到比萨后，这些学者就开始与他通信。这些学者中有宫廷占星家迈克尔·斯科特斯（Michael Scotus，斐波那契的著作《计算之书》就题献给他）、宫廷哲学家塞奥多罗斯·菲塞克斯（Theodorus Physicus）以及多米尼克·希斯帕努斯（Dominicus Hispanus）。1225 年，腓特烈二世的朝廷在比萨集会时，希斯帕努斯建议腓特烈二世与斐波纳契会面。会面在当年如期进行。

巴勒莫的约翰内斯（Johannes of Palermo）是腓特烈二世的另一名宫廷成员，他向伟大的数学家斐波那契提出了许多问题作为挑战。斐波那契解决了其中的三个问题，他在《花朵》一书中给出了这些解答，并将这本书寄给了腓特烈二世。他能解决的其中一个问题是解方程 $x^3 + 2x^2 + 10x = 20$，这个问题选自波斯数学家奥马尔·海亚姆（Omar Khayyam，1048—1131）关于代数的著作。斐波那契知道，用当时所使用的数字系统（罗马数字）是不能解决这个问题的。他给出了一个近似的答案，指出这一方程的解既不是整数也不是分数，更不是分数的平方根。他在不做任何解释的情况下，以一个六十进制数的形式给出了近似解 1.22.7.42.33.4.40。这个数等于 $1 + \frac{22}{60} + \frac{7}{60^2} + \frac{42}{60^3} + \frac{33}{60^4} + \frac{4}{60^5} + \frac{40}{60^6}$，约为 1.3924。不过，利用现在的计算机和代数系统，我们可以确定其正常解——这绝非小事！与斐波那契的近似解 1.3924 相比，这个解是 $x = \sqrt[3]{\frac{2\sqrt{3930}}{9} - \frac{352}{27}} +$

$$\sqrt[3]{\frac{2\sqrt{3930}}{9} + \frac{352}{27}} - \frac{2}{3} \approx 1.3688081075。$$

我们可以在这里探讨一下他能够解决的另一个挑战，因为解决这个问题只需要一些基本代数知识。请记住，尽管这些方法也许在我们看来是初等的，但在斐波那契那个时代鲜为人知，因此这在当时被认为是一个真正的挑战。这个问题是要找到一个完全平方数，当加上 5 或减去 5 时，它仍然是一个完全平方数。

斐波那契发现这个问题的解是 $\frac{41}{12}$。为了检验这个解，我们必须将这个数字加上 5 和减去 5，然后看看结果是不是一个完全平方数。

$$\left(\frac{41}{12}\right)^2 + 5 = \frac{1681}{144} + \frac{720}{144} = \frac{2401}{144} = \left(\frac{49}{12}\right)^2$$

$$\left(\frac{41}{12}\right)^2 - 5 = \frac{1681}{144} - \frac{720}{144} = \frac{961}{144} = \left(\frac{31}{12}\right)^2$$

由于相加和相减得出的结果都是完全平方数，因此我们已经证明了 $\frac{41}{12}$ 符合问题中所设定的条件。幸运的是，这个问题要求将一个完全平方数加上 5 和减去 5，如果当时要求他加减 1、2、3 或 4，而不是 5，那么这个问题就不可能解决了。

斐波那契在《花朵》中给出了第三个问题的解。这是要解决以下问题：三个人按照 $\frac{1}{2}$、$\frac{1}{3}$ 和 $\frac{1}{6}$ 的比例分享一笔钱。每个人都从这笔钱中拿走一些钱，直到全部拿光为止。然后第一个人归还他拿走的 $\frac{1}{2}$，第二个人归还他拿走的 $\frac{1}{3}$，第三个人归还他拿走的 $\frac{1}{6}$。当这三个人平均分配归还的总额时，每个人都得到正确的份额，即 $\frac{1}{2}$、$\frac{1}{3}$ 和 $\frac{1}{6}$。试问最初的金额是多少？每个人从最初的金额中得到了多少？

对于这三个问题中的任何一个，斐波那契的竞争者都无法解答。他对最后一个问题确定了 47 为原始金额的可能的最小值，但他声称这个问题具有不确定性。

1240 年，比萨共和国授予斐波那契终身薪金，以表彰他为人民做出的服务，因为他为人们提供的会计方面的咨询通常是无偿的。我们不知道斐波那契去世的确切日期，但据信他于 1240 年到 1250 年间的某个时候在比萨去世。

斐波那契被认为是他那个时代最伟大的数学家之一，他如今的名声在很大程度上归功于《计算之书》。这本书的内容广泛，充满了非常有趣的问题。《计算之书》以斐波那契在旅途中积累的算术和代数知识为基础。此外，它还被广泛复制和模仿。在接下去的两个世纪中的较长时间里，这本书得到了越来越广泛的传播——它成为了一本畅销书！《计算之书》的开头如下所述。

这 9 个印度数字是：

9、8、7、6、5、4、3、2、1。

有了这 9 个数字，再加上阿拉伯人称为 zephyr 的符号 0，就可以写出任何数字，如下所示。一个数字是一些单位的和，通过单位相加，数字一步步增大，没有尽头。首先，由 1 组成了从 1 到 10 的数字。其次，由 10 组成了从 10 一直到 100 的数字。再次，由 100 组成了从 100 到 1000 的数字……因此，经过一系列步骤，任何数都可以通过连接前面所说的这些数字来构造。写出数字时，第一位在右边，第二位在左边紧挨着第一位。

斐波那契用"印度数字"这个词来指代这样写出的数字。尽管这些数字使用起来相对方便，但并没有被商人广泛接受，他们对知道如何使用这些数字的人心存疑虑。这些商人只是害怕被骗。我们可以有把握地说，这些数字花了300 年时间才流行起来，跟建成比萨斜塔所需的时间一样长。

有趣的是，《计算之书》还包含解线性方程组。斐波那契考虑的许多问题都与阿拉伯文献中出现的问题相似，然而这并没有减损这本书的价值，因为正是把这些问题的解答汇集在一起才确立了《计算之书》对数学的发展所做出的重大贡献。事实上，今天常见的一些数学术语都是斐波那契在这本著作中首次引入的。在这些文字中，他提到了 *factus ex multiplicatione*。我们现在谈到的"乘法因子"就是由此而来的。顺便说一下，现在的数学词汇中的另外两个名词似乎也源于这本名著，这两个名词是"分子"和"分母"。

《计算之书》的第二部分包括大量针对商人的问题，涉及商品的价格、地中海沿岸各国所用货币的兑换、交易利润的计算，以及可能起源于中国的一些问题。

斐波那契意识到，商人想绕过教会关于收取贷款利息的禁令。因此，他设计了一种方法，将利息隐藏在高于实际贷款的初始金额中，然后按照复利进行计算。

这本书的第三部分包括许多问题，例如：

速度按算术方式增大的猎犬追赶速度也按算术方式增大的兔子，在猎犬抓住兔子之前，它们要跑多远？

一只蜘蛛每天白天沿着墙向上爬几英尺[①]，每天晚上又会向下滑固定的英尺数，那么它爬上这堵墙要用多少天？

计算两个人完成一定数量的交易后拥有的金额，增减比例是给定的。

还有一些问题涉及完全数（这些数字的真因子之和等于这个数本身）。斐波那契还在一些问题中应用了中国剩余定理[②]。该定理指出，如果我们知道一个数除以不包括 1 的不同整数所得的余数，且这些除数互素，那么我们就可以确定该数除以这些整数的乘积所得的余数。同样，这也远远早于正式的数论研究。他还介绍了涉及算术数列和几何数列之和的问题。斐波那契在这本书的第四节中处理像 $\sqrt{15}$ 这样的数字时，既用到了有理逼近，又用到了几何构造。对无理数的这种处理方法直到几个世纪后才真正得到研究，所以我们可以说斐波那契远远走在他的时代之前！

今天被认为是趣味数学的一些经典问题最早就是经由《计算之书》的介绍才出现在西方世界中的。我们之所以对这本书特别感兴趣，是因为它是西方文化中第一本用印度数字代替笨拙的罗马数字的出版物，是因为斐波那契第一次使用了水平分数线，也是因为它不经意地包含了一道趣味数学问题。这道题使斐波那契在后世享有盛名，这就是兔子繁殖问题（见图 10.3）。

---

① 　1 英尺 =0.3048 米。——译注
② 　中国剩余定理又称孙子定理、大衍求一术。——译注

开始	1
第 1 个月	2
第 2 个月	3
第 3 个月	5
第 4 个月	8
第 5 个月	13
第 6 个月	21
第 7 个月	34
第 8 个月	55
第 9 个月	89
第 10 个月	144
第 11 个月	233
第 12 个月	377

"某人在一个封闭的地方养了一对兔子，人们想知道一年之内由这对兔子会产生多少对兔子。兔子的天性是一对兔子每个月会生出另一对兔子，而在第 3 个月里，第 1 个月生出来的那对兔子也会生出另一对兔子。由于上面写到的那对兔子在第 1 个月生育，因此你会将其数量加倍，即一个月后会有 2 对兔子。其中一对，即第 1 对，在第 2 个月又会生育，因此在第 2 个月就会有 3 对。一个月后，其中有 2 对生育，于是第 3 个月有 2 对出生，因此这个月有 5 对。第 4 个月有 3 对生育，因此这个月就有 8 对。第 5 个月，其中 5 对再生育 5 对，再加上上个月的 8 对，共有 13 对。本月出生的 5 对本月不交配，但第 6 个月另外 8 对生育，因此本月有 21 对。第 7 个月出生 13 对，加上去以后本月将有 34 对。第 8 个月出生 21 对，加上去后本月将有 55 对。第 9 个月出生 34 对，加上去后本月将有 89 对。第 10 个月出生 55 对，加上去后本月将有 144 对。第 11 个月出生 89 对，加上去后本月将有 233 对。除此之外，最后一个月还会出生 144 对，加上去后将有 377 对。这么多对兔子就是在一年结束时由上面写到的第一对兔子所产生的。

"你可以从页边空白处看到我们是如何计算的，也就是说我们把第 1 个数与第 2 个数相加，即把 1 与 2 相加，把第 2 个数与第 3 个数相加，把第 3 个数与第 4 个数相加，把第 4 个数与第 5 个数相加。这样一个接一个，直到把第 10 个数与第 11 个数相加，即把 144 与 233 相加，我们就得到了上面写出的兔子总数，即 377 对。因此，对于一直持续下去的各月，你也可以按此规则求出总数。"

图 10.3　兔子问题，按照当时的表述（包括页面左边空白处的注释）

要想了解每个月的情况如何，请考虑图 10.4。假设一对幼兔（B）在一个月内长大成为能生育后代的成年兔（A），那么我们可以得到下列数列：

1、1、2、3、5、8、13、21、34、55、89、144、233、377……

如今，这个数列被称为斐波那契数列。乍一看，除了这些数字之间的关系能使我们很容易地生成更多的数字以外，它并没有什么了不起的地方。我们注意到，这个数列中的（前两个数之后的）每个数都等于它前面的两个数的和。斐波那契数列可以写成以下形式，从而使其递归定义变得清晰——每个数都等于它前面的两个数的和。

1

1

$1 + 1 = \textbf{2}$

$1 + 2 = \textbf{3}$

$2 + 3 = \textbf{5}$

$3 + 5 = \textbf{8}$

$5 + 8 = \textbf{13}$

$8 + 13 = \textbf{21}$

$13 + 21 = \textbf{34}$

$21 + 34 = \textbf{55}$

$34 + 55 = \textbf{89}$

$55 + 89 = \textbf{144}$

$89 + 144 = \textbf{233}$

$144 + 233 = \textbf{377}$

$233 + 377 = \textbf{610}$

$377 + 610 = \textbf{987}$

$610 + 987 = \textbf{1597}$

图 10.4　斐波那契数列的另一种表示形式

斐波那契数列是已知最古老的递归序列。虽然没有直接证据表明斐波那契知道这种关系，但我们可以有把握地假设一个具有像他这样的才华和洞察力的人肯定会认识到这一点。又过了 400 年，这种关系才在他的这本书以外的出版物中出现。

在斐波那契写《算术之书》的时候，这些数字并没有被认为有任何特殊之处。德国数学家和天文学家约翰内斯·开普勒在 1611 年的一份出版物中提到了这些数字①，他说："5 与 8、8 与 13、13 与 21 的比值都差不多。"几个世纪过去后，这些数字仍然没有引起人们的注意。19 世纪 30 年代，C.F. 申佩尔（C.F. Schimper）和 A. 布劳恩（A.Braun）注意到松果上的苞片螺旋数符合斐波那契数列。19 世纪中期，斐波那契数列开始引起数学家的兴趣，其现在的名字（斐波那契数列）是由法国数学家弗朗索瓦 – 爱德华 – 阿纳托利·卢卡斯（François-Édouard-Anatole Lucas，1842—1891，见图 10.5）给出的，人们通常把他称为爱德华·卢卡斯。他后来根据斐波那契设定的模式设计出了他自己的序列——卢卡斯数。它们构成了一个很像斐波那契数列的数列，而且与斐波那契数列密切相关。卢卡斯数不是从 1、1、2、3、5、8、13、21……开始，而是从 1、3、4、7、11、18、29……开始。

图 10.5　弗朗索瓦 – 爱德华 – 阿纳托利·卢卡斯

---

① 　Maxey Brooke, "Fibonacci Numbers and Their History through 1900," *Fibonacci Quarterly* 2（April 1964）: 149.——原注

大约就是在这个时候，法国数学家雅克·菲利普·马里·比奈（Jacques Philippe Marie Binet，1786—1856）建立了一个通项公式，可以利用它根据任意一个斐波那契数在该数列中的位置求出其数值。也就是说，利用比奈的公式，我们可以得出第 118 个斐波那契数，而不需要先列出前面的 117 个数。这个公式为：

$$F_n = \frac{1}{\sqrt{5}}\left[\left(\frac{1+\sqrt{5}}{2}\right)^n - \left(\frac{1-\sqrt{5}}{2}\right)^n\right]$$

其中，F_n 是第 n 个斐波那契数。斐波那契数列很可能是数学中最著名、最无处不在的数列了，因为它们几乎出现在各个方面。

仍然有人会问，这些数字有什么特别之处？让我们简单地看一下这个著名的数列和它所具有的一些非凡性质，做一个蜻蜓点水式的了解。

如上所述，我们用符号 F_7 表示第 7 个斐波那契数，用 F_n 表示第 n 个斐波那契数。考虑前 30 个斐波那契数。

$$F_1 = 1$$
$$F_2 = 1$$
$$F_3 = 2$$
$$F_4 = 3$$
$$F_5 = 5$$
$$F_6 = 8$$
$$F_7 = 13$$
$$F_8 = 21$$
$$F_9 = 34$$
$$F_{10} = 55$$
$$F_{11} = 89$$
$$F_{12} = 144$$
$$F_{13} = 233$$
$$F_{14} = 377$$
$$F_{15} = 610$$

$$F_{16} = 987$$

$$F_{17} = 1597$$

$$F_{18} = 2584$$

$$F_{19} = 4181$$

$$F_{20} = 6765$$

$$F_{21} = 10946$$

$$F_{22} = 17711$$

$$F_{23} = 28657$$

$$F_{24} = 46368$$

$$F_{25} = 75025$$

$$F_{26} = 121393$$

$$F_{27} = 196418$$

$$F_{28} = 317811$$

$$F_{29} = 514229$$

$$F_{30} = 832040$$

由于这些可爱的斐波那契数似乎有着无穷无尽的应用，因此必须有一种简单的方法来获得指定数量的斐波那契数之和。相对于把到某个数的所有斐波那契数都加起来，一个简单的公式会很有用。为了推导出前 n 个斐波那契数之和的公式，我们将采用一种技术生成一个公式。根据斐波那契数的定义，我们可以将其写成 $F_{n+2} = F_{n+1} + F_n$，其中 $n > 1$。该式可以改写为 $F_n = F_{n+2} - F_{n+1}$。通过对 n 代入递增的值，我们得到以下结果：

$$F_1 = F_3 - F_2$$

$$F_2 = F_4 - F_3$$

$$F_3 = F_5 - F_4$$

$$F_4 = F_6 - F_5$$

$$\cdots\cdots$$

$$F_{n-1} = F_{n+1} - F_n$$

$$F_n = F_{n+2} - F_{n+1}$$

通过将这些等式相加，你会注意到这些等式的右边有许多项会被消去（由于你要加上和减去相同的数，因此它们的和为零），保留下来的是 $F_{n+2} - F_2$，即 $F_{n+2} - 1$。左边为前 n 个斐波那契数之和：$F_1 + F_2 + F_3 + F_4 + \cdots + F_n$，因此，我们得到如下结论：$F_1 + F_2 + F_3 + F_4 + \cdots + F_n = F_{n+2} - 1$。这意味着前 n 个斐波那契数之和等于第 $n+2$ 个斐波那契数减 1。这也可以表示为 $\sum_{i=1}^{n} F_i = F_{n+2} - 1$。

为了消遣，请看看下面这个示例。

任意 10 个连续斐波那契数之和都可被 11 整除。我们可以看一些随机选择的例子，例如以下 10 个连续斐波那契数之和：$13 + 21 + 34 + 55 + 89 + 144 + 233 + 377 + 610 + 987 = 2563$，可被 11 整除，因为 $11 \times 233 = 2563$。我们可以对任意其他 10 个连续斐波那契数之和重复此操作，例如从 F_{21} 到 F_{30} 这 10 个连续斐波那契数之和是 $2160598 = 11 \times 196418$。要使自己确信这个"猜想"成立，一种方法是继续取几组 10 个连续斐波那契数之和，检验它们的和是不是 11 的倍数。你也可以尝试从数学上来证明这一说法。列出前几个斐波那契数除以 11 后的余数：

1、1、2、3、5、8、2、10、1、0、1、1、2、3、5、8、2、10、1、0……

我们看到，这些余数以长度为 10 的周期重复出现。由于一个数除以 11 的余数决定了它被 11 整除的可能性，因此我们所要做的就是将数列 1、1、2、3、5、8、2、10、1、0、1、1、2、3、5、8、2、10、1、0……中的任意 10 个数相加，检查它们的和能否被 11 整除。由于这个数列的循环长度正好是 10，因此将这个数列中的任何 10 个连续数字相加，总会得到与 1、1、2、3、5、8、2、10、1、0 这 10 个数字相加相同的结果。

可以这样想象：这 10 个数字绕着一个圆沿顺时针方向排列（见图 10.6），前面这个数列是绕着这个圆一圈又一圈后得到的。于是你可以看到，如果求和是从循环内部的某个地方开始的，那么在循环开始处缺失的数字都会在下一个循环中重新获得。这 10 个数字的和是 33，它确实能被 11 整除。（请参见 *The Fabulous Fibonacci Numbers*，A. S. Posamentier and I. Lehmann，Prometheus Books，2007.）

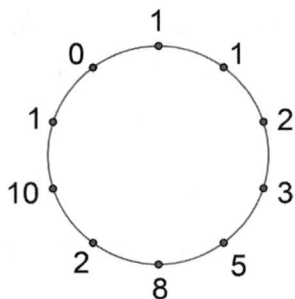

图 10.6 余数的循环

斐波那契对十进制数系以及我们现在使用的数字符号的普及都起到了重要作用。1202 年，他将它们引入了西方世界。他今天被人们所铭记主要是因为那些以他的名字命名的、无处不在的数字——斐波那契数。

第 11 章

吉罗拉莫·卡尔达诺
（1501—1576，意大利）

"你知道那个家伙怎么说？在波吉亚家族统治下的 30 年里，意大利人经历了战争、恐怖、谋杀和流血，但他们也造就了米开朗基罗（Michelangelo）、列奥纳多·达·芬奇（Leonardo da Vinci）和文艺复兴。在瑞士，他们有兄弟般的爱，他们有 500 年的民主与和平。但这又产生了什么？布谷鸟钟。"说这些台词的是奥森·威尔斯（Orson Welles），他在 1949 年由卡罗尔·里德（Carol Reed，1906—1976）执导的英国黑色电影《第三人》（The Third Man）中饰演恶棍哈里·莱姆（Harry Lime）。英国小说家格雷厄姆·格林（Graham Greene，1904—1991）创作了这部电影的剧本，但他把这些台词归功于奥森·威尔斯，很可能是因为威尔斯在电影拍摄过程中需要一些额外的对话时加上了这些台词①。虽然这种对比不完全符合历史事实，而且经过了戏剧性的夸张，但其中包含了一些不容否认的事实。如果没有那些掌握大量财富的暴君的资助，文艺复兴不会带来那么多建筑、雕塑和绘画杰作。

文艺复兴时期意大利最有影响力的数学家可能是吉罗拉莫·卡尔达诺（Gerolamo Cardano，见图 11.1），他的传记非常符合奥森·威尔斯对波吉亚家族统治时期的意大利的描述。1501 年 9 月 24 日，卡尔达诺出生在意大利伦巴第的帕维亚，他是法齐奥·卡尔达诺（Fazio Cardano）的私生子。法齐奥·卡尔达诺是一位具有数学天分的法学家，也是达·芬奇的密友。在卡尔达诺出生

---

① Gerolamo Cardano, "A Point of View: Are Tyrants Good for Art?" BBC, August 10, 2012. ——原注

前，他的母亲奇亚拉·米切里亚（Chiara Micheria）为了躲避瘟疫，不得不从米兰移居到了帕维亚。她的另外三个孩子都死于这场瘟疫。除了从事法律工作以外，老卡尔达诺还在帕维亚大学和米兰的皮亚蒂基金会讲授几何学。奇亚拉和老卡尔达诺分开生活了很多年，但在晚年结婚了。卡尔达诺小时候经常生病，生活不快乐。他从专横的父亲那里接受教育，并成为了他的助手。老卡尔达诺希望儿子学习法律，但卡尔达诺更喜欢科学和哲学。父亲的几何课唤起了他对这门学科的兴趣。他在与父

图 11.1　吉罗拉莫·卡尔达诺，17 世纪的铜版雕刻，作者不详

亲的一场争吵之后，于 1520 年进入帕维亚大学学习医学。1524 年，由于意大利战争，这所大学不得不关闭，卡尔达诺转到帕多瓦大学完成他的学业。他于 1525 年毕业，获得了医学博士学位。卡尔达诺是一个极有才智的学生，但他古怪的行事风格没有为他赢得很多朋友。他的父亲去世后给他留下的一小笔遗产很快就被他吃光用尽了。为了改善经济状况，卡尔达诺开始赌博。他对概率的理解使他比对手更有优势。有一段时间，他确实靠打牌、掷骰子和下棋得以维持生计。在获得博士学位后，他多次申请加入米兰的医师学会。尽管具有高超的专业技能，但他没有被录取，这是因为他作为一个态度强硬、难以相处的人已经名声在外。该学会发现了卡尔达诺的私生子身份，于是就有了正当理由来拒绝他的申请。由于没有取得医师学会的会员资格，因此他无法在米兰执业。于是，他去了帕多瓦附近的一个小村庄，在那里开了一家小诊所。1531 年，卡尔达诺与邻居的女儿露西亚·班达里尼（Lucia Bandarini）结婚。卡尔达诺通过行医并没有挣到足够的钱来养家糊口，他尝试获得内科医师学会的批准也失败了。为了改善经济状况，他又开始赌博，但此时他输多赢少。在一连输了多次以后，他不得不典当妻子的珠宝来支付赌债。由于在乡下已经没有更多的指望，因此卡尔达诺和妻子搬到了米兰，希望这能改变他们的处境。

　　经过一番挣扎之后，卡尔达诺幸运得到了他父亲以前在皮亚蒂基金会担任的数学讲师职位。这份工作的要求不高，所以他有足够的空闲时间私下治疗几个病人。他的成功治疗稳步提高了他作为一名医生的声誉，甚至连医师学会的会员也开始向他咨询。此外，他还通过那些赏识他的上流社会的病人获得了财富和影响力。他当时已经可以辞去教职，但他没有放弃研究数学。1539 年，在一些有影响力的支持者的帮助下，他终于获得了内科医师学会的批准。同一年，他出版了他最初的两本数学著作，并与塔尔塔利亚（Tartaglia，见图 11.2）取得了联系。塔尔塔利亚是一位自学成才的数学家，他在博洛尼亚大学举办的一次求解三次方程的公开竞赛中获胜，一举成名。

图 11.2　塔尔塔利亚，铜版雕刻，创作于 1572 年，作者未知，现藏于荷兰国家博物馆

　　1499 年，塔尔塔利亚出生于意大利的布雷西亚，名叫尼科洛·丰塔纳（Niccolò Fontana）。他的父亲是一名信使，经常到邻近的城镇投递邮件。不幸的是，他的父亲被劫匪杀害了，留下他的母亲、6 岁的他和另两个孩子陷入贫困之中。当法国军队入侵布雷西亚时，这个可怜的家庭遭受了更大的痛苦。当法国人最终攻破布雷西亚时，他们大规模地屠杀这座城市的居民。尼科洛和他的家人在当地的一座大教堂中避难，法国人进入了教堂，一名士兵用军刀割开了尼科洛的下巴和上颚。尼科洛幸运地活了下来，但是由于受到伤害，他的语言表达能力永久受损，因此他得到了"塔尔塔利亚"（意为"结巴"）这一绰号。

　　成年后，塔尔塔利亚留起了胡子来掩盖伤疤。他在威尼斯共和国当过工程师和簿记员，他也是一位雄心勃勃、自学成才的数学家。当时，意大利学者必须在与其他学者的公开竞争中证明自己的学术能力。1535 年，塔尔塔利亚在一次著名的公开竞赛中获胜，他表明了他能够解一种特殊类型的三次方程（以 x^3 作为最高幂次项）。这在以前被认为是不可能的。他发现了一种方法来求解形如 $x^3+bx+c=0$ 以及 $x^3+ax^2+c=0$ 的方程，而不是三次方程的一般情况 $x^3+ax^2+bx+c=0$。塔尔塔利亚的方法引起了卡尔达诺的注意。卡尔达诺也寻求解答过此类方程，在遭到失败之后便一直试图说服塔尔塔利亚透露他的方法。塔尔塔利亚最终同意把他的解答方法告诉卡尔达诺，不过卡尔达诺必须保证保守秘密。塔尔塔利亚以诗歌的形式透露了他的公式，以使其他数学家更难阅读，从而防止秘密落入居心不良的人的手里[1]。

When the cube and things together	当把立方和其他东西放在一起，
Are equal to some discrete number,	它们等于某个不相关的数时，
Find two other numbers differing in this one.	你去找到另外两个数，它们的差等于这个数。
Then you will keep this as a habit	然后你将此作为一个习惯：
That their product should always be equal	使它们的乘积总是正好等于
Exactly to the cube of a third of the things.	这些东西的三分之一的立方。
The remainder then as a general rule	于是作为一般规则，
Of their cube roots subtracted	它们的立方根相减所得的余数
Will be equal to your principal thing	将等于你主要的东西。
In the second of these acts,	对于这些节目中的第二幕，
When the cube remains alone,	当立方项单独在一边时，
You will observe these other agreements:	你会注意到其他的一致性：

① 卡尔达诺的意大利语原文有不同的英译版本，中文根据本书给出的英译版本译出，故在此将中英文对照给出。——译注

You will at once divide the number into two parts	你立即将这个数分成两部分，
So that the one times the other produces clearly	用其中一部分乘以另一部分，
The cube of the third of the things exactly.	就可以精确地生成这些东西的三分之一的立方。
Then of these two parts, as a habitual rule,	然后对于这两部分，作为一个习惯性的规则，
You will take the cube roots added together,	你将它们的立方根相加，
And this sum will be your thought.	而这个和就是你的期望。
The third of these calculations of ours	如果你非常小心，
Is solved with the second if you take good care,	我们这些计算的第三种情况
As in their nature they are almost matched.	会和第二种情况一起解得，
These things I found, and not with sluggish steps,	因为在它们的本性之中，它们几乎是一致的。
In the year one thousand five hundred, four and thirty.	我发现了这些事情，脚步毫不迟缓。
With foundations strong and sturdy	基础结实而坚固，
In the city girdled by the sea.	在这座被大海环绕的城市里[①]。

　　这首诗指的是解三次方程的一种特殊情况 $x^3 + bx + c = 0$（在一般情况下，一个三次方程还可能包含一个带 x^2 的项）。卡尔达诺知道了塔尔塔利亚的解法之后，很快就成功地解出了三次方程的一般情况 $x^3 + ax^2 + bx + c = 0$。不久之后，卡尔达诺的学生兼秘书卢多维科·法拉利（Ludovico Ferrari，1522—1565）想出了一种类似的方法来解四次方程（四次方程是以 x^4 为最高阶项的方程）。

---

① MacTutor History of Mathematics archive, School of Mathematics and Statistics University of St Andrews, Scotland; Benjamin Wardhaugh, *How to Read Historical Mathematics*（Princeton, NJ: Princeton University Press, 2010).——原注

卡尔达诺急于在他的下一本书中介绍这些结果，并将其中的一些决定性步骤的确立归功于塔尔塔利亚。但是他发过誓，不会透露塔尔塔利亚的方法。1543年，卡尔达诺前往博洛尼亚，在那里看到了已故数学家西皮奥尼·德尔·费罗（Scipione del Ferro，1465—1526）的笔记本。卡尔达诺发现德尔·费罗早在塔尔塔利亚之前就已经解出了三次方程（不过是在不那么一般的情况下），因此他觉得自己不再受为这种解法保密的约束了。1545 年，卡尔达诺出版了他的著作《大术，或论代数法则（第一册）》（*Artis Magnae, Sive de Regulis Aalgebraicis Liber Unus*，见图 11.3）。这本书更为人所知的名字是《大术》（*Ars Magna*），被认为是文艺复兴早期最伟大的科学论著之一。

图 11.3 《大术》的扉页，第一次出版于 1545 年

　　这本书包括求解各种三次方程的方法，卡尔达诺对它们的发现历史做了如下解释："在我们这个时代，博洛尼亚的西皮奥尼·德尔·费罗已经解决了三次幂和一次幂等于一个常数的情况，这是一项非常优雅而令人钦佩的成就……我的朋友、布雷西亚的尼科洛·塔尔塔利亚不想被超越，在与他（西皮奥尼）的学生安东尼奥·玛丽亚·菲奥（Antonio Maria Fior）的一场竞赛中解决了同样的问题。在我的多次恳求下，塔尔塔利亚把解法告诉了我。"[①] 这本书还包括一般四次方程的解法，卡尔达诺将其归功于他的学生卢多维科·法拉利。尽管塔尔塔利亚的功劳得到了恰当的肯定，但他还是觉得被卡尔达诺出卖了，因为卡尔达诺违背了诺言，发表了塔尔塔利亚的解法。翌年，塔尔塔利亚出版了一本书，在书中阐述了自己的观点，并对卡尔达诺发起了人身攻击。这场争论持续了很多年，高潮是塔尔塔利亚和法拉利在米兰举行了一场公开的比赛。塔尔塔利亚很快就意识到法拉利比他更能理解三次和四次方程式，于是在这场比赛结束前离开了米兰。这样，法拉利因对方弃权而取得了胜利，而塔尔塔利亚的声誉则急剧下降。由于这场比赛的失利，他作为一名数学家实际上已经失业了，因此不得不在威尼斯重操旧业，此后在那里因穷困潦倒而去世。不过，求解三次方程并不是塔尔塔利亚对数学的唯一贡献。他还因为最早将欧几里得的《几何原本》翻译成现代语言（意大利语）而被人们铭记，他也是将数学应用于弹道曲线（炮弹飞行路径）研究的第一人。

　　卡尔达诺的《大术》使他成为了那个时代最顶尖的数学家之一，而三次方程和四次方程的求解方法显然是这部著作中最重要的内容。如今，大多数数学家承认德尔·费罗、塔尔塔利亚和卡尔达诺解出了三次方程，因为他们都做出了决定性的贡献。现在让我们用现代数学符号来展示他们的求解方法。我们可以考虑一个一般的三次方程 $x^3 + ax^2 + bx + c = 0$。请注意，任何三次方程都可以写成这种形式。代入 $x = y - \dfrac{a}{3}$，将方程写成：

$$\left(y - \frac{a}{3}\right)^3 + a\left(y - \frac{a}{3}\right)^2 + b\left(y - \frac{a}{3}\right) + c = 0$$

① John Stillwell, *Mathematics and Its History* (Science & Business Media, 2013), Section 5.5, p. 54.——原注

将这些幂展开，我们就得到：

$$y^3 - 3y^2 \cdot \frac{a}{3} + 3y\left(\frac{a}{3}\right)^2 - \left(\frac{a}{3}\right)^3 + a\left[y^2 - 2y \cdot \frac{a}{3} + \left(\frac{a}{3}\right)^2\right] + b\left(y - \frac{a}{3}\right) + c = 0$$

这个方程可以简化为 $y^3 = py + q$，其中

$$p = \frac{a^2}{3} - b, \quad q = 4\left(\frac{a}{3}\right)^3 + \frac{ab}{3} - c$$

设 $y = z + w$。将方程 $(z+w)^3 = p(z+w) + q$ 的左边展开，得到 $z^3 + w^3 + 3zw(z+w) = p(z+w) + q$。如果 $z^3 + w^3 = q$，而 $3zw = p$，这个方程成立的条件就满足了。我们将第二个方程写成 $w = \frac{p}{3z}$，并将其代入第一个方程，于是得到：

$$z^3 + \left(\frac{p}{3z}\right)^3 = q$$

在这个方程的两边乘以 z^3，我们得到：

$$z^6 + \left(\frac{p}{3}\right)^3 = qz^3$$

此式可写成 $\left(z^3\right)^2 - qz^3 + \left(\frac{p}{3}\right)^3 = 0$，这是一个关于 z^3 的二次方程，其根为

$$\frac{q}{2} \pm \sqrt{\left(\frac{q}{2}\right)^2 - \left(\frac{p}{3}\right)^3}。$$

由于 $z^3 + w^3 = q$，因此其中一个根代表 z^3，另一个根代表 w^3。请回想一下，$y = z + w$，于是我们最终得到：

$$y = \sqrt[3]{\frac{q}{2} + \sqrt{\left(\frac{q}{2}\right)^2 - \left(\frac{p}{3}\right)^3}} + \sqrt[3]{\frac{q}{2} - \sqrt{\left(\frac{q}{2}\right)^2 - \left(\frac{p}{3}\right)^3}}$$

这实际上是三次方程 $y^3 = py + q$ 的解。不过，这也意味着我们已经解出了原始方程 $x^3 + ax^2 + bx + c = 0$，因为通过 $x = y - \frac{a}{3}$，很容易求出 x。

卡尔达诺的妻子露西亚于 1546 年去世。他们有三个孩子：乔瓦尼·巴蒂斯塔（Giovanni Battista）、奇亚拉·巴蒂斯塔（Chiara Battista）和阿尔多·巴蒂斯塔（Aldo Battista）。卡尔达诺成为帕多瓦大学的一名医学教授，也是贵族

圈子里最受欢迎的医生之一。他后来写道，他甚至拒绝了丹麦国王、法国国王和苏格兰女王的邀请。与他在事业上的巨大成功相反，他的个人生活被种种不幸蒙上了阴影。卡尔达诺的长子乔瓦尼·巴蒂斯塔因毒害妻子而被处死，他的小儿子阿尔多·巴蒂斯塔成了一名赌徒，与一些品质可疑的朋友为伍。大约 1563 年，卡尔达诺写了另一部重要的数学专著《论赌博游戏》（*Liber de Ludo Aleae*）。这本书直到 1663 年才得以出版，其中包含了对概率的第一次系统处理（将掷骰子游戏作为一个例子），还有一节内容是关于有效的作弊方法的。他还对我们认识内摆线（一个圆在另一个圆内滚动时，圆上的一点绘制出的曲线）做出了重大贡献，相关内容于 1570 年发表在《论比例》（*De proportionibus*）一书中。卡尔达诺是一位极其多产的作家，也是文艺复兴时期最后一批博学家之一。他写了 230 多部不同领域的书籍，其中 138 本当时已经出版。除了数学和医学，他还对物理、生物、化学、天文学甚至占星术感兴趣。他因为给耶稣算命而被判以异端罪，锒铛入狱。他在获释后去了罗马，教皇不仅原谅了他，甚至还给了他一笔补助金。卡尔达诺在罗马度过了他生命的最后几年，1576 年 9 月 21 日在那里去世。据称他准确地预测了自己的确切死亡日期，但有人声称他是通过自杀做到这一点的。

第 12 章

约翰·纳皮尔
（1550—1617，苏格兰）

数学中使用小数点和对数进行计算，这在很大程度上受到了苏格兰数学家约翰·纳皮尔（John Napier，见图 12.1）的影响。纳皮尔于 1550 年 2 月 1 日出生于苏格兰爱丁堡的默契敦城堡。他的出身显赫，在 13 岁以前一直接受私人家庭教育，此后他进入圣安德鲁斯大学圣萨尔瓦多学院。我们不知道他在那里待了多久，但据信他在欧洲游历多年，直至 1571 年才回到苏格兰。1572 年，纳皮尔娶了 16 岁的伊丽莎白·斯特林（Elizabeth Stirling）。她的出身也很高贵。这段婚姻给他带来了两个孩子，但是很不幸，他的妻子伊丽莎白于 1579 年去世。不久之后，纳皮尔娶了艾格尼丝·奇泽姆（Agnes Chisholm），和她又生了 10 个孩子。

当纳皮尔的父亲在 1608 年去世后，他就举家移居到了爱丁堡的默契敦城堡，他的余生都在那里度过。1614 年，纳皮尔出版了一本书，名为《奇妙的对数表的描述》（*Mirifici Logarithmorum*

图 12.1　约翰·纳皮尔
雕版画，塞缪尔·弗里曼（Samuel Freeman）于 1835 年创作，基于 1616 年爱丁堡大学的一幅油画，发表在 Robert Chambers, ed., *A Biographical Dictionary of Eminent Scotsmen*, vol. 4 [Glasgow: Blackie & Son, 1835], facing page 88.

Canonis Descriptio）。该书共有147页，其中90页是与自然对数相关的各种数表。这项工作开始于1594年左右，当时他计算了数百万个条目，花费了令人难以置信的时间。我们可以从图 12.2 中看到这些列表的第一页是什么样子，这使我们足以意识到这项工作必定要付出大量的劳动。有人要求纳皮尔说明对数系统的好处。作为应答，他证明了用对数来计算几何平均值要比直接计算高效得多，尤其是在数字非常大的情况下。纳皮尔还意识到，通过使用对数，通常的乘法和除法运算可以简化为指数的加减运算，或者说在这种情况下简化为对数计算。

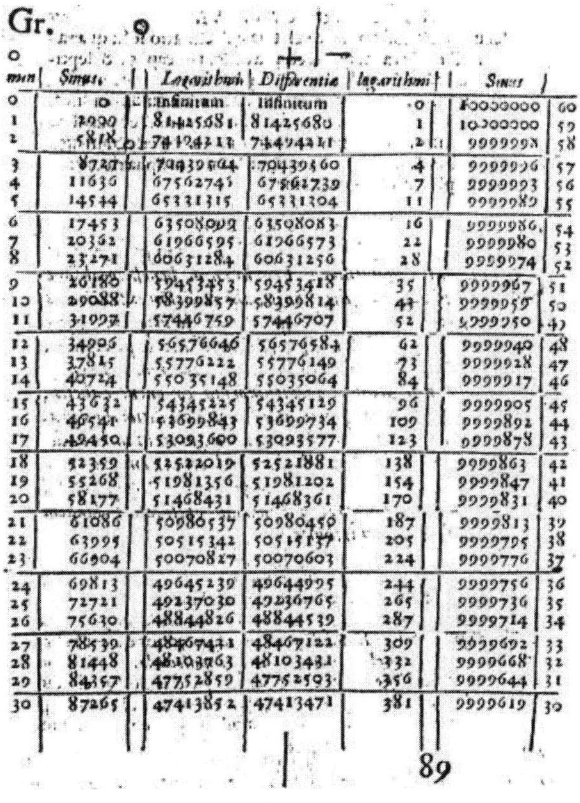

Gr.	0					9				
min	Sinus		Logarithmi	Differentiæ		Logarithmi		Sinus	
0	0		infinitum	infinitum		0		10000000		60
1	2909		81425681	81425680		1		10000000		59
2	5818		74494213	74494211		2		9999998		58
3	8727		70439644	70439560		4		9999996		57
4	11636		67562745	67562739		7		9999993		56
5	14544		65331315	65331304		11		9999989		55
6	17453		63508092	63508083		16		9999986		54
7	20362		61966595	61966573		22		9999980		53
8	23271		60631284	60631256		28		9999974		52
9	26180		59453853	59453818		35		9999967		51
10	29088		58399857	58399814		43		9999959		50
11	31997		57446759	57446707		52		9999950		49
12	34905		56576646	56576584		62		9999940		48
13	37813		55776222	55776149		73		9999928		47
14	40722		55035148	55035064		84		9999916		46
15	43632		54345225	54345129		96		9999905		45
16	46541		53699843	53699734		109		9999892		44
17	49450		53093600	53093577		123		9999878		43
18	52359		52522012	52521881		138		9999863		42
19	55268		51981356	51981202		154		9999847		41
20	58177		51468431	51468261		170		9999831		40
21	61086		50980539	50980450		187		9999813		39
22	63995		50515342	50515137		205		9999795		38
23	66904		50070827	50070603		224		9999776		37
24	69813		49645239	49644995		244		9999756		36
25	72721		49237030	49236765		265		9999736		35
26	75630		48844826	48844539		287		9999714		34
27	78539		48467431	48467122		309		9999692		33
28	81448		48103763	48103431		332		9999668		32
29	84357		47752852	47752593		356		9999644		31
30	87265		47413852	47413471		381		9999619		30

89

图 12.2　纳皮尔的对数表的第一页
（图片来自 Landmarks of Science Series，News Bank–Readex）

此外，他的这本书还讨论了球面三角学这一主题。1615 年，亨利·布里格斯（Henry Briggs）拜访他并帮助他修改对数表，此时他发明的对数才首次流行起来。从本质上讲，纳皮尔在数学计算方面的工作对他那个时代的科学家产生了很大的影响，其中包括著名的丹麦天文学家第谷·布拉赫（Tycho Brahe，1546—1601）。可悲的是，就在这本书越来越受欢迎的时候，纳皮尔于 1617 年 4 月 4 日在爱丁堡去世。

让我们介绍一下纳皮尔的著作在 17 世纪及其后所产生的影响。在那个时代，数学家非常关心计算，以及如何将计算简化或机械化。为此，纳皮尔开发了一种机械系统，称为纳皮尔杆，我们可以把它看作计算器的早期版本[①]。这个系统通过使用一些构造特殊的条带，仅用加法便可以执行乘法运算，如图 12.3 所示。这种装置可以用纸板、木头或纳皮尔发明这种乘法运算系统时所使用的材料——骨头制成，因此也可以称为纳皮尔骨。在阅读下面的内容之前，你可能需要花一点时间来研究图 12.3，理解这个装置的逻辑原理。

0	1	2	3	4	5	6	7	8	9
0/0	0/2	0/4	0/6	0/8	1/0	1/2	1/4	1/6	1/8
0/0	0/3	0/6	0/9	1/2	1/5	1/8	2/1	2/4	2/7
0/0	0/4	0/8	1/2	1/6	2/0	2/4	2/8	3/2	3/6
0/0	0/5	1/0	1/5	2/0	2/5	3/0	3/5	4/0	4/5
0/0	0/6	1/2	1/8	2/4	3/0	3/6	4/2	4/8	5/4
0/0	0/7	1/4	2/1	2/8	3/5	4/2	4/9	5/6	6/3
0/0	0/8	1/6	2/4	3/2	4/0	4/8	5/6	6/4	7/2
0/0	0/9	1/8	2/7	3/6	4/5	5/4	6/3	7/2	8/1

图 12.3　纳皮尔杆的结构示意图

图 12.3 中共有 10 根竖直的杆，其中每根杆都以一种特殊的方式显示乘法表中特定的一列。请注意顶部标有数字 5 的那根杆是如何继续向下排列数字的，5 的每一个倍数（10、15、20 等）是这样写入的：十位数写在对角线上方，个位数写在对角线下方。在其他杆上也可以观察到相同的规则，标有数字 7 的那

① 接下去的几段文字摘自 Alfred S. Posamentier and Bernd Thaller, *Numbers: Their Tales, Types, and Treasures*（Amherst, NY: Prometheus Books, 2015），pp. 212 - 20.——原注

根杆上的第 5 项是 35，这与乘积 $5 \times 7 = 35$ 相同。（请注意，在乘积小于 10 的项中，纳皮尔在斜线上方放置一个 0。）

这些杆可以自由地重新排列，从而允许我们构造出我们想要相乘的数，然后只使用加法就可以计算出乘积。这怎么可能呢？让我们通过一个例子来了解纳皮尔精心设计的方法。

我们随机地选择两个乘数，在本例中是 284 和 572，然后选出几根杆，其顶部数字允许我们构造其中一个乘数。在这两个乘数中先选择哪一个并不重要。在本例中，我们先构造 572，选择编号为 2、5 和 7 的杆，然后按照正确的顺序排列，以与乘数 572 相匹配（见图 12.4）。

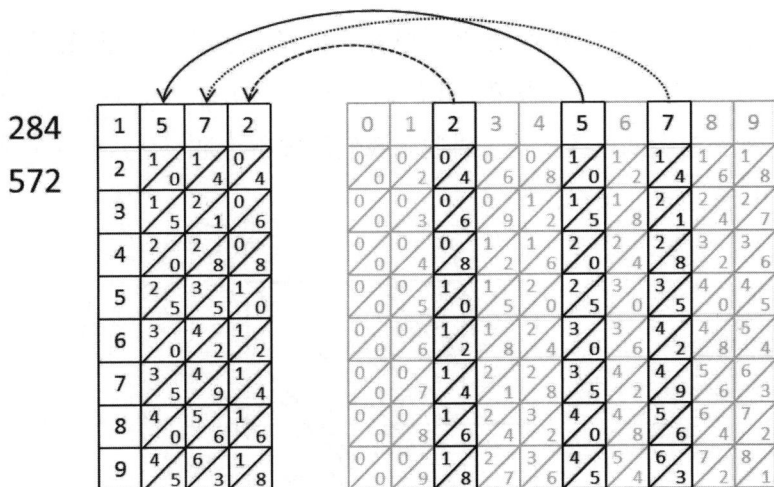

图 12.4　设计乘数 572

我们已把数字 1 到 9 在左边写成一列（在纳皮尔最初的设计中，这些数字写或雕刻在一个浅盒子的一侧），再把各根杆紧凑地装进盒子里。如果你想再现这个例子，那么你只要把这些数字写在一张纸上即可。注意，在放置这些杆的时候，应确保把它们的顶部对齐。

正如你可能已经猜到的那样，下一步是识别出那些用以构造第二个乘数的行。如果用实物杆操作，那么是不可能取出这些行的，但为了便于说明，我们重新排列它们，以形成乘数 284（再次保持数字对齐，见图 12.5）。

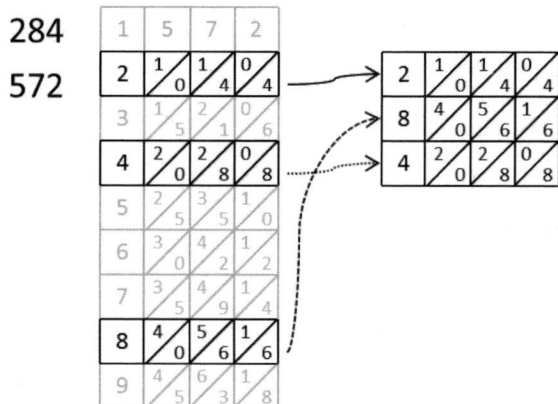

图 12.5　设计乘数 284

　　为了说明下一步，我们淡化各根杆之间的边界，同时突出对角线（见图 12.6）。在每条对角线的末尾，我们创建了一个空间，可以在其中书写求和的结果，如带箭头的虚线所示。看起来我们的乘积会是一个六位数，因为在我们最后的计算中有 6 条对角线。

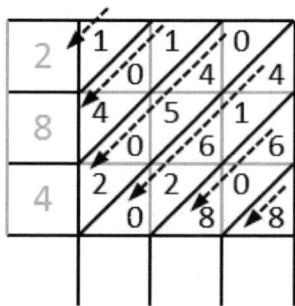

图 12.6　检查对角线上的数字

　　从最下面的对角线到最上面的对角线，求出每条对角线上的数字的和。每当这个和大于 9 时，我们就把要进位的数字用稍小的字号写在方框内，同时将其写在下一条对角线的开头，同样也是从最下面的对角线进行到最上面的对角线。请观察倒数第二条对角线，你可以看到它的求和结果为 $8+0+6=14$。这意味着最终乘积的十位上的数字会是 4，而 1 被进位到第三条对角线的开头，并与其他数字相加，如图 12.7 所示。

我们看到沿着每条对角线求和的结果分别是 8、14、14、12、6、1。按照从上到下、从左至右的顺序读取这些数（不包括那些用于进位的数字），我们得到 162448。这表明最终乘积是 162448。你可以用你的计算器来验算一下，以证实它确实是正确的！

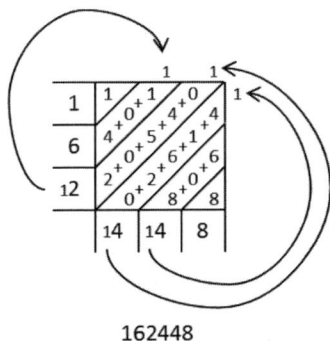

图 12.7　计算各条对角线上的数字的和

这种方法的原理是什么？当按照通常小学里教的方法做乘法时，你会把一个乘数放在另一个乘数的上面，并在它们的下方画一条线，然后使各位数字分别相乘。在这样做的过程中，把每个乘积的个位数写在线下，必要时将十位进上去，最后计算各部分乘积的和。为了说明纳皮尔杆是如何工作的，我们将一步一步分解这个过程。请记住，我们的问题是求 572 与 284 的乘积。

第一步，用 572 乘以 4。

这些乘法的乘积为 $4 \times 2 = 8$，$4 \times 7 = 28$，$4 \times 5 = 20$。把第二个乘积中的 2 进位到第三个乘积的个位上，然后将它们加在一起，我们就得到了一个部分和 2288（参见图 12.8 的左侧）。请注意，2288 与我们将图 12.4 中的第 4 行沿着对角线相加所得的结果相同（参见图 12.8 的右侧）。

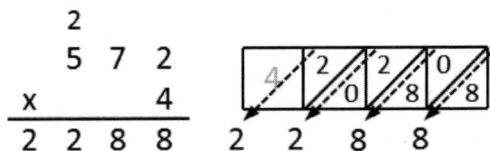

图 12.8　计算 572 与 4 的乘积

对第二个数字 8 重复此过程，我们得到 $8 \times 572 = 4576$，这又与图 12.4 中第 8 行中各对角线上各项相加所得的结果相同。根据在小学里学到的算法，我们在个位数的那一列插入一个 0，于是在新的最后一行中得到 45760（见图 12.9）。

$$
\begin{array}{r}
5\ 1 \\
5\ 7\ 2 \\
\times\qquad 8\ 4 \\
\hline
2\ 2\ 8\ 8 \\
4\ 5\ 7\ 6\ 0 \\
\end{array}
$$

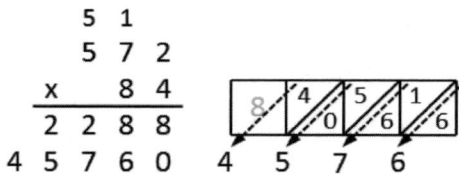

图 12.9　计算 572 与 8 的乘积

接下来，我们计算 2×572，并插入两个 0，得到 114400。我们认出其中的前 4 个数字就是纳皮尔杆的第二行（见图 12.10）。

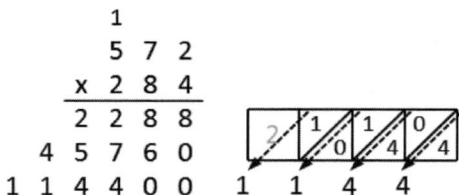

$$
\begin{array}{r}
1 \\
5\ 7\ 2 \\
\times\ 2\ 8\ 4 \\
\hline
2\ 2\ 8\ 8 \\
4\ 5\ 7\ 6\ 0 \\
1\ 1\ 4\ 4\ 0\ 0 \\
\end{array}
$$

图 12.10　计算 572 与 2 的乘积

最后，我们把这三个数字（2288、45760 和 114400）加起来，再次得到了 162448，而这确实是一个正确的结果，如图 12.11 所示。

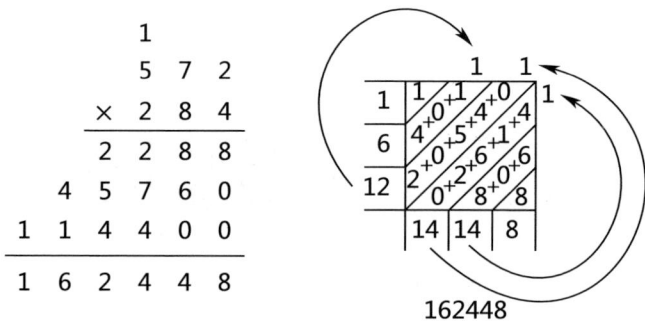

$$
\begin{array}{r}
1 \\
5\ 7\ 2 \\
\times\ 2\ 8\ 4 \\
\hline
2\ 2\ 8\ 8 \\
4\ 5\ 7\ 6\ 0 \\
1\ 1\ 4\ 4\ 0\ 0 \\
\hline
1\ 6\ 2\ 4\ 4\ 8 \\
\end{array}
$$

图 12.11　得到结果 162448

不像传统乘法所做的那样，将得出的三个乘积相加，而是像我们在构建纳皮尔杆时那样写出各个乘积，对于得出的任何小于 10 的数字，前面都加一个 0。书写每个乘积时都做适当的偏移，但顺序与执行前面的操作时的顺序相同。

　　除此之外，我们还会绘制纳皮尔杆的相关部分，这次旋转四分之一圈，如图 12.12 所示。

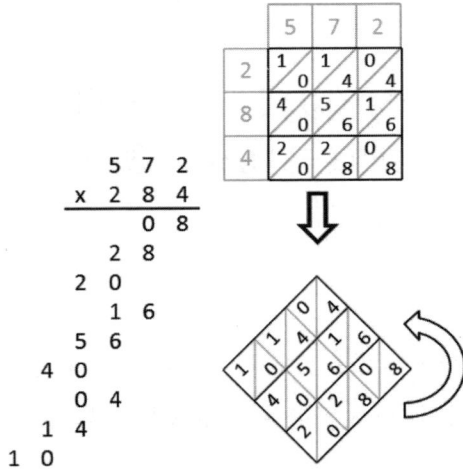

图 12.12　572 与 284 相乘的另一种写法

　　你注意到什么有趣的事了吗？是的，我们用传统乘法得到的每一个数字都出现在纳皮尔杆的示意图中。

　　正如我们注意到的，纳皮尔杆的使用方法在技巧上与我们在小学中学习的算法完全相同，但它可以更清楚地显示每一位数字的位置。它还能帮助我们避免出错，毕竟我们大多数人做加法比做乘法要熟练得多！

　　虽然以今天的标准来看，这种计算方法相当原始，但我们必须记住，在纳皮尔发明这种方法的 17 世纪，这被视为向前迈进了一大步，以致现在纳皮尔更出名的可能是他发明的纳皮尔杆，而不是他所引入的对数。

第13章

约翰内斯 · 开普勒
（1571—1630，德国）

在天文学领域，与太阳系有关的两个最重要的方面是：太阳是太阳系的中心，而行星沿着椭圆轨道绕太阳公转。在这两项杰出的发现中，前一项的发现者是波兰数学家尼古拉 · 哥白尼，后一项的发现者是约翰尼斯 · 开普勒（见图 13.1）。开普勒于 1571 年 12 月 27 日出生在魏尔德斯达特（位于现在德国斯图加特市以西约 32 千米处）。虽然他的祖父是该市的市长，但这个家庭的经济拮据。开普勒的父亲离开了这个家庭，不久就去世了。这一切发生在开普勒年仅 5 岁的时候。小时候，他以惊人的记忆力和数学能力给邻居们留下了深刻的印象。他早年接触的那些天文事件，如 1577 年的大彗星和 1580 年的月食，对他以后的人生产生了不可磨灭的影响，并引起了他对这一领域的兴趣。

开普勒小时候患过天花，因此他的视力受到了损害，双手也从此丧失了灵活性。这在一定程度上妨碍了他的天文观测工作。尽管有身体上的这些缺陷，但他仍然以非凡的成就登上了这个领域的顶峰。1589 年，他开始在图宾根大学学习。他最初的研究重点是哲学和神学，但他的数学天赋使他的兴趣转向了那个研究领域。他对哥白尼的日心说十分着迷，这种理论在他那个时代还没有被普遍接受。1594 年，23 岁的他在完成了大学学业后，接受了位于奥地利

图 13.1　约翰尼斯 · 开普勒
（一位不知名的画家于 1610 年绘制的肖像画）

格拉茨的一所新教学校的数学和天文学教师职位。1596 年，开普勒在格拉茨出版了一部重要著作《宇宙的奥秘》(*Mysterium Cosmographicum*)，进一步支持哥白尼的日心说 。

必须说明的是，开普勒对于太阳位于宇宙中心的兴趣部分缘于他对上帝的坚定信仰。他在这本书中试图定义各个行星的大小以及它们绕太阳运行的轨道。开普勒使用了一个相当奇怪的模型来描述行星围绕太阳的运动，如图 13.2 所示。

根据开普勒的说法，外面的球代表土星的轨道。有一个立方体内接于这个球，而另一个球内切于该立方体，这个球代表木星的轨道。然后他又给这个较小的球内接了一个正四面体，而另一个内切于该正四面体的球则代表火星的轨道。这个球有一个内接正十二面体，它将火星与地球分开。一个正二十面体又把地球与金星分开。最后，一个内接于最后一个球的正八面体将金星与水星分开。尽管这在现代人看来十分令人困惑，但它

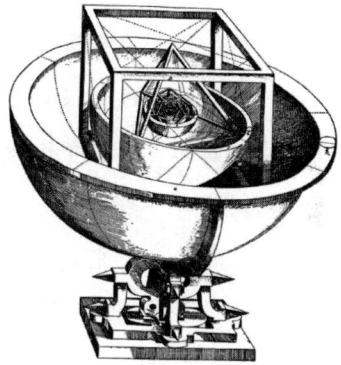

图 13.2　开普勒的太阳系模型

给开普勒带来了某种新的名声。他的著作在图宾根出版后，有一本被送到了住在布拉格的丹麦天文学家第谷·布拉赫的手里。第谷是当时最权威的天文学家之一，正在寻找一位数学家来支持他的研究。1600 年，开普勒在伊泽拉河畔的贝纳特基镇遇见了第谷。那里距离布拉格大约 35 千米，第谷的天文台正在那里建造。在那里，开普勒花时间分析了已发现的数据。随着时间的推移，他有了更多的机会接触那些最初受到管控的发现。起初，他俩的关系摇摆不定，但最终他们在薪酬和生活安排上达成了一致。

开普勒接受了这个职位。过了不久，第谷于 1601 年去世，开普勒接替了第谷的工作。接下去的 11 年是开普勒一生中最富有成效的一段时间。第谷假设行星沿着圆形轨道运行。开普勒以第谷的结论为基础，发现火星沿着一条椭圆轨道运行，太阳位于该椭圆的一个焦点。这个发现被称为开普勒行星运动第一定律，他为此进行了大量天文观测。这些观测随后又扩展到其他行星的运动。开普勒行星运动第二定律指出，连接行星和太阳的线段在相等的时间间隔内在

其椭圆轨道上扫过的面积相等。1609 年，他在一本名为《新天文学》（*Astronomia Nova*）的书中介绍了这一定律。1990 年，美国科学史学家威廉·H. 多纳休（William H. Donahue）将这本书翻译成了英语，并发现开普勒的计算中有一些错误，或者正如我们现在可能会说的那样，他为了得出后来为他带来显赫声名的那些结论而对数据进行了一点修改。多纳休说，开普勒的发现不会因此而逊色[1]。更可能的是，这种修改对开普勒在 17 世纪不得已使用的那些原始工具是一种弥补。下面是 1990 年 1 月 23 日《纽约时报》（*New York Times*）的报道。

> 在伽利略望远镜的基础上，当时已经对光学着迷的开普勒提出了一种新的望远镜设计方案。这一方案使用两片凸透镜，而最终的图像是倒置的。这种望远镜最初被称为开普勒望远镜，而如今则被称为天文望远镜。1611 年，他在他的著作《折射光学》（*Dioptrice*）中发表了他的这一研究成果。

现在，我们来回顾一下开普勒的个人生活。1597 年，开普勒娶了芭芭拉·穆勒（Barbara Müller），一个家境富裕的寡妇。婚后不久，他们生了两个孩子，但都在出生时就夭折了。后来，他们又生了几个孩子。1611 年，开普勒 7 岁的儿子去世了，这令他非常沮丧。更糟糕的是，不久之后，他的妻子也离世了。在当时的布拉格，人们对新教徒的容忍度并不高。一开始，开普勒被授予了自行遵循路德教的特权，但最终他决定不改信天主教，而是带着孩子们离开了布拉格，在奥地利的林茨镇定居下来。这时他有孩子要照顾，但又没有妻子，因此他要寻找一个人来填补这个角色。在接下来的两年里，他考虑过 11 个不同的人选。1613 年，他娶了第二任妻子——24 岁的苏珊娜·鲁廷格（Susanna Reuttinger）。她来到了这个家庭，出色地照顾他的三个孩子，并且又为他生了六个孩子，但其中只有三个活了下来。

开普勒在他与苏珊娜的婚礼上注意到，酒桶的容量是用一根斜插进酒桶内的杆来测量的（见图 13.3）。这种测量方式令开普勒大为吃惊，因此他开始更科学地思考这个问题。

---

[1] William J. Broad, "After 400 Years, A Challenge to Kepler: He Fabricated His Data, Scholar Says," *New York Times*, Science Section, January 23, 1990, p. 1.——原注

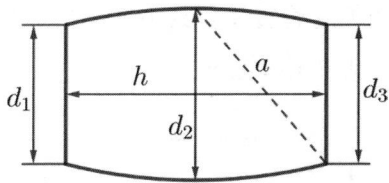

图 13.3　酒桶容量的测量

　　当时是按 $V \approx 0.6a^3$ 来计算酒桶的容积的，其中 a 是测量杆在酒桶内的长度。这种方法也被应用于不同形状的桶，开普勒认识到这个公式不可能在所有情况下都给出正确的结果，因为酒桶的确切容积与 a 的大小之间的精确数学关系必定取决于其比例。这个问题令他着迷，于是他开始对体积进行研究，体积可以看作一个平面旋转而产生的立体形的大小。首先，让我们考虑圆柱形桶的情况，此时 $d_1 = d_2 = d_3$。一个直径为 d、高为 h 的圆柱体的体积为 $V = \dfrac{\pi d^2 h}{4}$。根据毕达哥拉斯定理，我们有 $a^2 = \left(\dfrac{h}{2}\right)^2 + d^2$。开普勒所研究的酒桶的高 h 与直径 d 之间的典型关系是 $h = 2d$。将这一关系用于那个关于 a^2 的方程，我们就得到 $a = \sqrt{2}\,d$，或者 $d = \dfrac{a}{\sqrt{2}}$。此外，还有 $h = \sqrt{2}\,a$。在那个体积公式中用 a 表示 d 和 h，就得到 $V = \dfrac{\sqrt{2}\pi\, a^3}{8}$，而 $\dfrac{\sqrt{2}\pi}{8} = 0.55536\cdots$，这就解释了近似公式 $V \approx 0.6a^3$。开普勒发现了一个精确得多的公式，用一条抛物线来近似表示桶的曲率。这个公式现在一般被称为辛普森法则 [①]（在德国和奥地利，它也被称为开普勒法则）：

$$V = \frac{\pi\, h}{24} \cdot \left(d_1^2 + d_2^2 + d_3^2\right)$$

　　为了推出这个公式，我们必须计算一段抛物线所围起的区域的面积。这个问题是阿基米德用与现代微积分学中的积分概念在本质上等价的方法来解决的。我们不去证明开普勒法则（或辛普森法则），而是通过考虑不使用抛物线的一个特殊近似来给出结果，从中也可以得到开普勒的酒桶容积公式。为此，

---

① 英国数学家托马斯·辛普森（Thomas Simpson）在开普勒之后100年重新发现了开普勒定律。不过，他还建立起了更精细的近似公式，从而推广了开普勒发现的那些公式。——原注

我们将桶分成三个高度相等的旋转体，其中底部是一个圆台 [1]，中间是一个圆柱，顶部是另一个圆台（见图 13.4）。

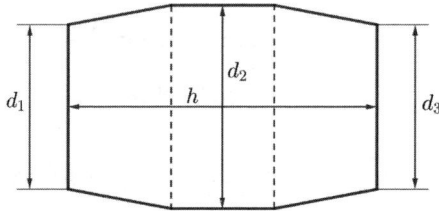

图 13.4　酒桶的分割

圆柱的体积等于底面积乘以高，即 $\dfrac{\pi d_2^2}{4} \cdot \dfrac{h}{3} = \dfrac{\pi d_2^2 h}{12}$。为了得到圆台体积的近似值，我们用一个圆柱来代替它，而该圆柱的底面积等于圆台的平均横截面积。请注意，如果圆台的下底面积与上底面积相差不太大（即圆台接近圆柱形），那么就不会得到圆台的精确体积，但是会得到一个相当好的近似。第一个圆台的平均横截面积是：

$$S_1 = \frac{1}{2} \cdot \left(\frac{\pi}{4} \cdot d_1^2 + \frac{\pi}{4} \cdot d_2^2 \right) = \frac{\pi}{8} \left(d_1^2 + d_2^2 \right)$$

第二个圆台的平均横截面积是：

$$S_2 = \frac{\pi}{8} \left(d_2^2 + d_3^2 \right)$$

将这两个表达式乘以 $\dfrac{h}{3}$，再加上中间圆柱部分的体积，我们就得到了酒桶总容积的一个很好的近似，前提是它与圆柱的形状相差不大。

$$V = \frac{h}{3} \cdot \left[\frac{\pi}{8} \left(d_1^2 + d_2^2 \right) + \frac{\pi}{8} \left(d_2^2 + d_3^2 \right) \right] + \frac{h \cdot \pi}{12} \cdot d_2^2 = \frac{h \cdot \pi}{24} \cdot \left(d_1^2 + 4d_2^2 + d_3^2 \right)$$

这与开普勒提出的法则完全一致。开普勒在 1615 年发表了他关于生成体积的发现，后来意大利数学家博纳文图拉·卡瓦列里对其进行了改进。如

---

[1]　圆台是指一个正圆锥的顶端被一个垂直于它的高的平面截去后，该圆锥的剩余部分。——原注

今我们将这个结论称为卡瓦列里原理[①]。1619年，开普勒在林茨出版了他的第二部宇宙学著作，名为《世界的和谐》第 5 册（*Harmonices mundi*，Book V，见图 13.5）。

这本出版物中特别重要的部分是我们现在所称的开普勒行星运动第三定律。这条定律指出，对于任何两颗行星，其周期（即完成一次完整公转的时间）的平方之比等于其轨道平均半径的立方之比。1621 年，开普勒发表了他的这些观点的第二个版本（其形式要简短得多），并纠正了他后来发现的原先工作中的许多不准确之处。开普勒仍然非常积极地进行着以对数为基础的计算，而这些计算全然没有受到苏格兰数学家约翰·纳皮尔关于对数的著作的影响。1627 年，他在《鲁道夫星表》（*Rudolphine Tables*，见图 13.6）中发表了他的计算结果，其中包括 8 位数的对数。

他的这本关于各种表格的著作常常被认为是他最伟大的著作之一，但是这本书直到 1627年才首次出版。这是因为他与第谷·布拉赫的继承人在这本书的著作权上存在法律分歧。1625 年，欧洲天主教徒和新教徒之间的关系紧张，开普勒的藏书大部分被查封。1626 年，林茨遭到围困，开普勒被迫迁往德国的乌尔姆，《鲁道夫星表》最终在那里印刷。战争于 1628年结束，开普勒成为波希米亚将军阿尔布雷赫

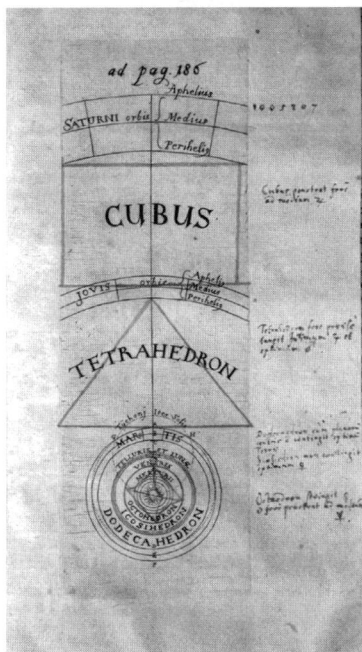

图 13.5　《世界的和谐》

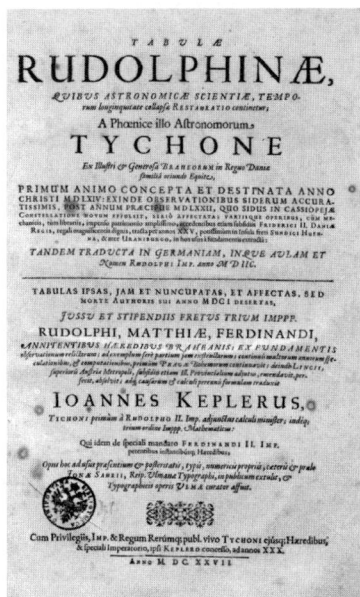

图 13.6　《鲁道夫星表》

[①]　参见本书第 5 章。——译注

特·冯·瓦伦施泰因（Albrecht von Wallenstein，1583—1634）的官方顾问。他以这种身份为各种占星家提供天文计算。他在晚年经常往返于布拉格、林茨和乌尔姆之间。他在德国雷根斯堡病倒，于 1630 年 11 月 15 日去世。他被埋葬在那里，但几年后墓地被毁。因此，开普勒没有墓址，但布拉格和林茨都有他的纪念碑。

现在让我们回顾一下开普勒最负盛名的行星运动三定律。

开普勒行星运动第一定律：行星绕着太阳沿椭圆轨道运行，太阳位于该椭圆的一个焦点（见图 13.7）。

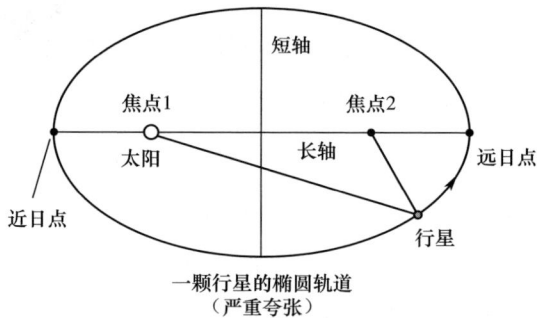

图 13.7　开普勒行星运动第一定律，图片来自 Brian Ventrudo，*The One Minute Astronomer*[Mintaka，2008]，ebook

开普勒行星运动第二定律：一颗行星沿着椭圆轨道（太阳位于一个焦点）运行时，连接太阳和行星的线段在相同的时间间隔内扫过相同的面积（见图 13.8，其中两块阴影区域的面积相等）。

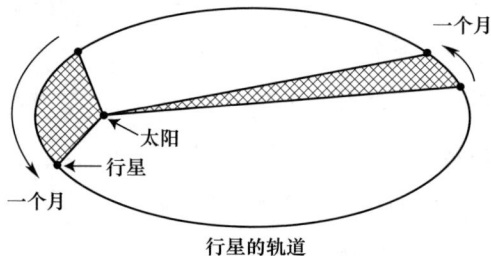

图 13.8　开普勒行星运动第二定律，图片来自 Brian Ventrudo，*The One Minute Astronomer*[Mintaka，2008]，ebook

开普勒行星运动第三定律：行星轨道周期的平方与其轨道半长轴的立方成正比，如图 13.9 所示。

$$\frac{p_1^2}{p_2^2} = \frac{a_2^3}{a_2^3}$$

第一颗行星　　　　　第二颗行星

p_1：轨道周期　　　　p_2：轨道周期
a_1：半长轴　　　　　a_2：半长轴

图 13.9　开普勒行星运动第三定律

必须说明的是，开普勒发现的这三条定律确实令人惊叹，尤其是考虑到他那个时代可用的天文工具的种种局限性。正如前文提到过的，我们可以认为他异常聪明，以至于他在测量数据不准确的情况下探索出了这些关系。

第 14 章

勒内·笛卡儿
（1596—1650，法国）

2017 年诺贝尔生理学或医学奖颁给了杰弗里·C. 霍尔（Jeffrey C. Hall）、迈克尔·罗斯巴什（Michael Rosbash）和迈克尔·W. 杨（Michael W. Young），因为"他们发现了控制昼夜节律的分子机制"。昼夜节律泛指一个以大约 24 小时为周期振荡的生物过程，这意味着这些过程与地球的自转周期相适应。地球上的生命已经发展出生物钟，生物钟负责调节新陈代谢、激素水平、睡眠，以及我们的生理活动的其他方面。我们体内的生物钟独立于阳光，即使我们生活在完全黑暗之中或地下，没有任何自然光源，我们也能保持以大约 24 小时为一个周期的睡眠和清醒循环状态。如果我们的生物钟与我们的环境或生活方式不匹配，就会对我们的健康和生产产生不利影响。例如，当我们穿越多个时区时，可能会产生时差反应，这是由我们体内的生物钟所保持的时间与环境所指示的外部时间之间的巨大差异所造成的一种生理现象。不过，并不是生活在同一时区的所有人的生物钟都同步，由于生活方式、工作日程和生物因素的不同，会存在一些个体差异。例如，我们的昼夜节律会在青春期发生转变，使我们习惯晚睡。这就解释了为什么大多数青少年都是"夜猫子"，然而由于生理原因，青少年比成年人需要更多的睡眠时间。如果上学时间早，青少年就很难获得足够的睡眠。此外，当你的生物钟要求你再睡两三个小时的时候，起床就会是一个相当大的挑战。

笛卡儿（见图 14.1）是法国哲学家、数学家。大约 10 岁时，他被送到拉弗莱舍的耶稣会学院寄宿。这所学院是法国国王亨利四世（Henri IV）于 1604

年建立的。在那里，他得到了一项不同寻常的特权。对于那些经常要与凌晨的起床铃声做斗争的青少年来说，这很可能算是梦想成真了。寄宿学校的其他男生早上 5 点就要起床，而笛卡儿身体虚弱，健康问题频发，因此他被允许在床上待到 11 点。年轻时的笛卡儿喜欢睡懒觉，即使在醒来后，他也经常在床上一躺就是几小时。他会在独自一人、没有任何干扰的情况下陷入沉思，思考在拉弗莱舍学到的知识和科目，包括古典研究、传统的亚里士多德哲学、科学和数学。他后来这样描述他在拉弗莱舍受教育的情况：

图 14.1　勒内·笛卡儿肖像，画布油画，弗兰兹·哈尔斯（Franz Hals）创作

　　"我得到了保证，可以对生活中一切有用的东西获得清晰的、确定的知识。我有强烈的求知欲。在一门课程结束后，学生通常会被授予博学者的头衔。然而我一旦完成了这门课程的学习，就会完全改变自己的看法。因为我发现自己在面对这么多的疑虑和错误时感到窘迫，以致我认为我在尝试自学的过程中，除了越来越发现自己无知之外，一无所获[①]。"

学校里只有一门课是笛卡儿认为很有吸引力的，他说：

　　"我尤以学习数学为乐，因为它的道理都是确定的和绝对的。不过，我还没有发现它的真正用途。我认为它只为机械艺术服务，因此令我惊讶的是，它的基础是如此坚实和牢固，然而在它们之上从来没有建立起比这些基础更崇高的东西[②]。"

　　笛卡儿在一生中一直保持着一个习惯：白天有相当长的时间都待在床上，思考基本的哲学和科学问题。在与周围世界隔绝的情况下，他能够集中注意力，进入一种沉思状态，与自己争论"我们知道什么，以及我们能知道什么"。如

[①]　R. E. Langer, "Rene Descartes," *The American Mathematical Monthly* Vol. 44, No. 8 (October, 1937): pp. 495 - 512. 这句引言摘自第 497 页。——原注

[②]　Descartes, *Discourse on the Method* (Duke Classics, 2012), p. 34.——原注

今他最出名的一句话是 "*cogito ergo sum*"。这句话翻译成中文就是 "我思故我在"，意思是说我们在怀疑的同时就不会怀疑自己存在，即思考这种行为本身就起了证明了自己的思维是真实存在的作用。笛卡儿赞赏数学中使用的严格演绎推理和数学结果的绝对确定性。他认为所有的科学和哲学都应该以数学为基础。这意味着我们不能理所当然地接受任何东西，除非它能从已经确知的知识或对自然和科学实验的观察中，通过完整而严格的证据链推断出来。笛卡儿在其最重要的出版物之一《科学中正确运用理性和追求真理的方法论》(*Discours de la méthode pour bien conduire sa raison et chercher la vérité dans les sciences*，简称《方法论》) 中写道：

> "几何学家习惯于通过简单的推理长链，得出他们的那些难以论证的结论。这引导我想象在人类能力所及的知识范围内，所有的事物都是以同样的方式相互联系在一起的。只要我们避免以伪乱真，并且在我们的思想中始终保留从一条真理中推断出另一条真理所必需的秩序，就没有什么东西是离我们太远以至于我们鞭长莫及的，也没有什么东西是太隐蔽以至于我们无法发现的[①]。"

不过，为了由一些真理推断出另一些真理，首先需要一个起点或一个前提，以此作为进一步推理的基础。提供这一基础的必须是那些被认为是真实的命题，或者是那些毫无争议、毫无疑问地被接受的命题。这类命题被称为公设或公理，它们不能由一些更基本的命题推导出来。现代数学的建立是以最小公理为基础的。例如，算术中的许多事实可以从更基本的事实推导出来。然而，当我们由这些基本事实追溯到更基本的事实并持续推进这个过程时，最终会得到一些无法进一步简化的命题。事实证明，数论（对整数的研究）可以建立在以朱塞佩·皮亚诺（Giuseppe Peano，1858—1932）的名字命名的皮亚诺公理之上（参见第 39 章）。这些公理由五条命题组成，它们是用数学逻辑语言表述的，并用一些独立于其具体表示的性质来定义自然数集。皮亚诺公理可以看作数论的基本原理。笛卡儿的名言 "我思故我在" 对现代西方哲学也起着类似的作用。在

---

① R. E. Langer, "Rene Descartes," *The American Mathematical Monthly* Vol. 44, No. 8 (October, 1937), pp. 495 – 512. 这句引言摘自第 498 页。——原注

《哲学原理》（*Principia Philosophiae*）一书中，他将基本原理描述如下：

> "首先，它们必须如此清晰、如此明显，以至于人类的头脑在仔
> 细考虑它们时不可能怀疑它们的真实性。其次，对其他事物的认识必
> 须依赖这些原理，这样它们就可以在没有其他事物的情况下被认识，
> 但反之则不然①。"

笛卡儿不仅试图把哲学置于数学基础之上，而且对数学本身也做出了重要
贡献，这使他成为当时最有影响力的数学家之一。我们将介绍他在数学方面取
得的一些成就以及一些被归功于他的数学符号和概念，同时对他的生平做一个
简要介绍。

勒内·笛卡儿于 1596 年 3 月 31 日出生在位于法国图兰省拉雅（1802 年更
名为拉雅 – 笛卡儿，1967 年又更名为笛卡儿）的外祖母家中。他的父亲约阿希
姆（Joachim）曾经学过法律，是法院的一名顾问。笛卡儿年仅一岁时，他的
母亲珍妮（Jeanne）死于难产。他被送回外祖母身边，由她来照顾。他的父亲
于 1600 年再婚，他继续与外祖母及两个兄姊一起生活。在拉弗莱舍的学习结
束后，他进入普瓦捷大学学习法律，沿袭了父亲和舅舅勒内·布罗查德（René
Brochard）的道路。他的舅舅曾是普瓦捷三级会议②的代表和法官。笛卡儿于
1616 年获得学位和法律从业执照。直到 1981 年，人们才知道他写的毕业论文
的内容。当时，普瓦捷的圣克洛瓦博物馆的馆长在重新装裱一幅悬挂在博物馆
餐厅中的 17 世纪版画。他发现版画的背面塞有一张 1616 年印刷的大幅告示，
上面介绍了笛卡儿的口头论文答辩（见图 14.2）。

这张告示上印着他对舅舅勒内·布罗查德的深情献词，以及一份由 40 句
话构成的要点，总结了他的论文内容。然而，笛卡儿并没有从事律师和法官职
业。虽然法律理论与数学有一些相似之处（因为演绎推理也用于从法律文本中
得出结论），但它们也有一个根本的区别：数学陈述具有普遍性，而法律文本是

---

① Valentine Rodger Miller, *René Descartes: Principles of Philosophy*, translated, with explan-
atory notes, Collection des Travaux de L'Académie Internationale D'Histoire des Sciences No 30
（Netherlands: Springer), p. xvii.——原注

② 三级会议是法国中世纪的等级代表会议，参加者为教士、贵族和市民三个阶级的代
表。——译注

人类创造的，与自然无关。笛卡儿决定不再把他的时间和精力用在研究那些他完全无法从中了解自然的著作上。他在《方法论》中回忆道：

> "我完全放弃了对文字的研究，决心除了在我自己身上或在世界这本伟大的著作中能找到的知识以外，不去寻求任何其他知识①。"

图 14.2　1616 年公布笛卡儿口头论文答辩的大幅告示

1618 年，笛卡儿进入荷兰布雷达的一所军事学校学习数学和物理，目标是成为一名军事工程师。在拿索的莫里斯和巴伐利亚的马克西米利安的军队中服役结束后，他在 1620 年至 1628 年间花了大量时间游历欧洲北部和南部，并形成了基于数学证明概念的一种哲学思想。在巴黎，他与法国牧师和数学家马兰·梅森（Marin Mersenne，1588—1648）②保持着定期的联系。梅森也曾在拉弗莱舍学习，并鼓励他发表他在哲学和科学方面的思想。尽管巴黎是当时世界知识中心之一，但笛卡儿还是于 1628 年离开巴黎，回到了荷兰，寻找一个不受干扰的僻静之地，致力于研究一种新哲学思想。1633 年，他根据波兰天文学家尼古拉·哥白尼提出的关于太阳和行星的日心说模型，完成了他的第一部重要物理学专著《世界》（*Traité du monde et de la lumière*）。当笛卡儿得知伽利

---

① Rene Descartes, *Discourse on the Method*, translated by John Veitch（Cosimo, Inc.,2008), p. 15.——原注

② 马兰·梅森是 17 世纪法国著名数学家和牧师，最早系统研究了 $2p-1$ 型的数——现在称为梅森数。若此数为素数，则称为梅森素数。——译注

略·伽利雷因在《对话》一书中为哥白尼学说辩护而受到天主教会的谴责后，便决定不出版他的这部著作。不过，这部著作中的一些片段与他的那本著名的《方法论》一同出现在 1637 年。这些片段是以三篇论文的形式出现的，分别是《气象学》（"Les Météores"）、《屈光学》（"La Dioptrique"）和《几何学》（"La Géométrie"）。《方法论》由六部分组成，是现代哲学中最具影响力的著作之一，也是第一部不是用拉丁语撰写的重要现代哲学著作。笛卡儿用法语撰写这部著作，是为了让人们都能理解他的作品，而不仅仅是学者。他提出了一种普遍适用于所有科学的演绎推理方法。在第二部分中，笛卡儿介绍了他的方法的四个基本规则，揭示了他从数学证明中得到的启示。

（1）只接受不证自明的东西，其余一概不接受。

（2）把问题分成几个最简单的部分。

（3）按照从简单到复杂的程序解决问题。

（4）重新检查推理过程。

在那三篇论文中，《几何学》显然是最重要的。笛卡儿将欧几里得几何和代数结合在一起，形成了现在所称的解析几何，这就使数学发生了革命性的变化。在笛卡儿之前，几何和代数在本质上是两个独立的领域，其中几何被认为是基础。笛卡儿发现，借助由两条相互垂直的有向直线所定义的坐标系，几何图形就可以用代数方程来描述。图 14.3 显示了两条直线和一个以原点为中心的圆，以及它们所对应的方程。

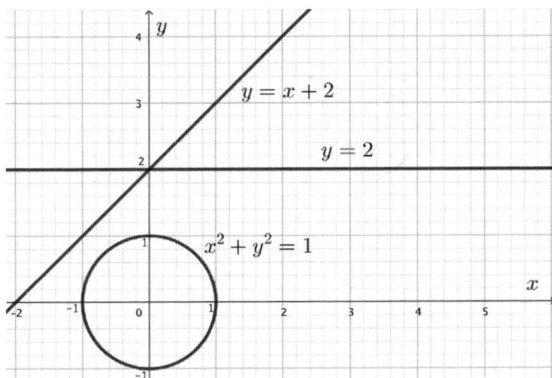

图 14.3　可以用代数方程来表示曲线

为了纪念笛卡儿，具有一些垂直轴的坐标系被称为笛卡儿坐标系。通过用代数方程描述直线、圆和其他曲线等几何对象，几何问题就可以用代数方法解决了，反之亦然。几何对象之间的几何关系（如相切、交点等）都可以用相应的代数方程来描述。例如，笛卡儿用他的坐标方法为阿波罗尼奥斯问题[①]的一个特例找到了下面所要介绍的代数解。这个特例是要作一个圆，使其与三个彼此相互外切的圆都相切，如图 14.4 所示。

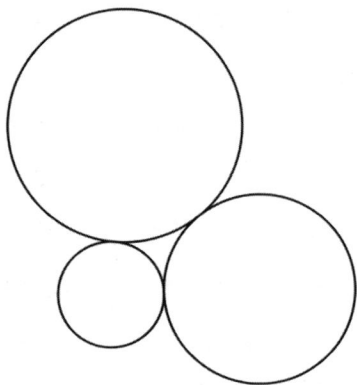

图 14.4　三个相互外切的圆

如果给定的三个圆的半径分别为 r_1、r_2 和 r_3，则第四个与它们相切的圆的半径可由以下方程确定：

$$\frac{1}{r_4} = \frac{1}{r_1} + \frac{1}{r_2} + \frac{1}{r_3} \pm 2\sqrt{\frac{1}{r_1 r_2} + \frac{1}{r_2 r_3} + \frac{1}{r_3 r_1}}$$

上式中的正负号表示这个问题有两个解，如图 14.5 中的两个虚线圆所示。这一命题被称为笛卡儿定理。

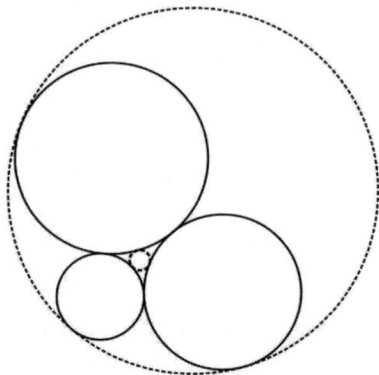

图 14.5　两个虚线圆与三个实线圆都相切

① 参见《神奇的圆——超越直线的数学探索》，阿尔弗雷德·S. 波萨门蒂尔、罗伯特·格列施拉格尔著，涂泓译，冯承天译校，上海科技教育出版社，2021年。——译注

笛卡儿坐标的引入是数学史上的一个里程碑，也是牛顿和莱布尼茨建立微积分所需要的一个基本要素。

用字母 x、y 和 z 表示变量，而用字母 a、b、c 等表示已知量，使用上标表示幂或指数（例如 x^2），这些约定也都被归因于笛卡儿。

笛卡儿在出版了他的那本开创性的著作《方法论》之后，接下去又撰写了一些有关数学和哲学的重要著作，其中最全面的是 1644 年在阿姆斯特丹出版的《哲学原理》。到 1649 年，笛卡儿虽然没有任何学术职位，但已成为欧洲最著名的哲学家和科学家之一。不过，他总是愿意一个人待着，与世隔绝，不受干扰地工作。他对自己在荷兰的住所保密，只通过与马兰·梅森的书信与科学界保持联系。梅森是极少数知道笛卡儿住址的人之一。

1649 年，瑞典女王克里斯蒂娜（Christina）邀请笛卡儿在位于斯德哥尔摩的宫廷里组织一个科学院，并担任她的老师。一番劝说自然是免不了的，笛卡儿最终接受了这一邀请，并在那年的隆冬季节移居瑞典。在此之前，他始终保持着在床上躺到 11 点的习惯，但 22 岁的克里斯蒂娜坚持要在早上 5 点上哲学课。当时已经 53 岁的笛卡儿不得不打破他习惯的节奏，与他体内的生物钟做斗争。这使他变得虚弱，也使他更容易受到感染。在瑞典寒冷的冬天里，他每天早晨要步行到女王的宫殿，这更是雪上加霜。他很快就感冒了，进而又患上了肺炎。1650 年 2 月 11 日，勒内·笛卡儿在患病仅 10 天后，便在斯德哥尔摩去世了。

第 15 章

皮埃尔·德·费马
（1601—1665，法国）

今天，数学已被分割成大量的分支和次分支，它们都有属于自己的明确的数学家群体。仅在纯数学方面就有 100 多种声誉极佳的期刊，它们专注于研究特定的领域，只发表包含重要新发现的高质量文章。数学家参加国际会议，介绍他们的工作，制订合作计划，交换想法。在一次会议上，除非专门讨论一个非常特殊的主题，否则大多数演讲都只有一小部分听众能理解。这完全是高度专业化的结果。数学家为了有机会在他们的研究领域中做出新的贡献，就必须坚持高度专业化。事实上，即使是最杰出的数学家，要同时成为几个不同分支的专家，也几乎是不可能的。不消说，一个不是专业数学家的人能够在接近当前研究前沿的任何方面获得重要的新见解，这是完全不可想象的。17 世纪，数学还没有发展到彼此隔离的程度，至少在原则上，"业余数学家"仍然有可能获得足够的知识和能力。他们不仅在学术上与著名数学家相当，赢得他们的尊重，甚至还能成功地追求自己的想法，做出开创性的工作。法国数学家皮埃尔·德·费马（见图 15.1）的情况无疑就是这样的。虽然他实际上是一位律师，只能在完成法国图

图 15.1 皮埃尔·德·费马肖像
（17 世纪）

卢兹议会^①分配给他的专业工作之后埋头研究数学，但是他如今仍以他的数学成就闻名于世。

　　1601 年秋，费马出生在法国博蒙－德－洛马涅。他的父亲多米尼克·费马（Dominique Fermat）是一位富有的皮革商人，曾三次担任管理那个镇的四位执政官之一，每次任期为一年。费马的母亲克莱尔·德·朗（Claire de Long）出身于贵族。1615 年，她死于难产。关于费马所接受的学校教育，我们几乎找不到什么证据，也不知道他在学校里是否有过一位数学导师，或者是什么激发了他对数学的兴趣。我们确实知道，他曾在奥尔良大学学习，并于 1626 年在那里获得民法学士学位。此后，他移居到波尔多从事律师工作。在波尔多，费马接触了线描家^②和数学家让·德·博格朗（Jean de Beaugrand），还与艾蒂安·德帕涅（Etienne d'Espagnet）结下了终生的友谊。艾蒂安·德帕涅从他的父亲、文艺复兴时期的博学家让·德帕涅（Jean d'Espagnet）那里继承了一座设备齐全的大图书馆。图书馆的数学分部收藏了欧几里得、佩尔加的阿波罗尼奥斯（Apollonius of Perga）和弗朗索瓦·韦达（Franciscus Vieta，1540—1603）的著作。弗朗索瓦·韦达实际上是让·德帕涅的朋友。费马如饥似渴地阅读这些书，深入研究其中所提供的材料，并在页边的空白处写下了自己的种种注释（见图 15.2）。

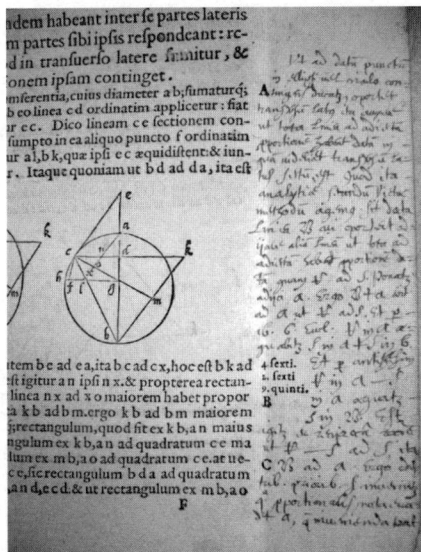

图 15.2　皮埃尔·费马在阿波罗尼奥斯的一本拉丁文版的《圆锥曲线》（Conics）中写下的注释

　　费马在获得了广博的数学知识后，就开始从事自己的数学研究。他关注的是代数曲线的切线以及求函数的最小值和

---

① 议会是法国旧政权执政期间的省级上诉法院。1789 年，法国有 13 个议会，其中最重要的是巴黎议会。虽然英语中的"议会"（parliament）一词来自法语，但当时的议会并不是立法机构。这些议会由十几名或更多的上诉法官组成。——原注

② 线描是一种绘画艺术，起源于 17 世纪初，而到 19 世纪已被废弃。1960 年随着蚀刻素描的流行，再次复兴。——译注

最大值。同时，他还重建了阿波罗尼奥斯失传的著作《论平面轨迹》（*De Locis Planis*），亚历山大的帕普斯（Pappus of Alexandria）曾对这本著作做过一些详细的描述。费马的书中包含了一些与直线和圆的轨迹有关的命题。1628 年，费马的父亲去世，他继承了一笔财产。他买下了图卢兹议会的一位已故议员的职位，成为他的继任者。1631 年，他就任政府官员后，便有权将自己的名字从皮埃尔·费马改为皮埃尔·德·费马，但他本人从未利用过这一权力。同年，他娶了表妹路易丝·德·朗（Louise de Long），他们的表亲关系要追溯到四代之前。他们有 8 个孩子，其中 5 个活到成年。1636 年，费马的朋友皮埃尔·德·卡卡维（Pierre de Carcavi）去了巴黎，遇到了马林·梅森，向他讲述了费马的数学研究。梅森随后写信给费马，于是他们开始通信，并一直持续到 1648 年梅森去世。费马的余生都住在图卢兹，只是偶尔去附近的城镇转转。因此，他与其他数学家的交流仅限于书信来往。在梅森的协调下，费马与伽利略·伽利雷、布莱斯·帕斯卡（Blaise Pascal，1623—1662）、约翰·沃利斯（John Wallis）、克里斯蒂安·惠更斯（Christiaan Huygens）和勒内·笛卡儿都有书信往来。费马很快就成了当时著名的数学家，尽管他很少发表自己的研究结果，因为他不想花太多的时间来润色书稿以备出版。不过，存留下来的信件连同他死后出版的著作和笔记都清楚地表明他在数学的数个领域都做出了开创性的工作。费马与笛卡儿分别独立创建了解析几何。费马和笛卡儿之间就他们的数学方法的可靠性有过一场著名的争论，最终结果是笛卡儿让步，并给费马写了以下文字：

　　"……看到你所采用的求曲线切线的最后一种方法，我只能说它非常好，如果你一开始就这样解释的话，我就根本不会反驳它了[①]。"

　　费马求曲线切线的方法基于对曲线函数的微分，本质上与如今初等微积分课程中计算微商的方法相同。不过，费马缺乏极限的概念来证明他的计算是正确的。30 年后，牛顿和莱布尼茨建立了现代微积分在数学上一致的表示。有趣

① Michael Sean Mahoney, *The Mathematical Career of Pierre de Fermat, 1601—1665*, Second Edition（Princeton, NJ: Princeton University Press, 2018), p. 192. ——原注

的是，牛顿写道，引导他发明微积分的思想灵感来自"费马作切线的方法"[1]。此外，费马还被认为是物理学中最小作用量基本原理的历史发展过程中的一位关键人物。现在的最小作用量原理是费马的最小时间原理的推广，所以为了纪念费马，最小时间原理被命名为费马原理。该原理指出，光在两个给定点之间沿时间最短的路径传播。费马能从他的最小时间原理推导出斯涅尔折射定律。

令人惊讶的是，费马并不是真的对物理学感兴趣，但在阅读笛卡儿关于光学的论文《屈光学》时，他发现笛卡儿对折射定律的启发式推导基于循环推理。笛卡儿对费马对其工作的批评感到愤怒，这是他们争论的开始。费马与其他数学家的数学通信在 1644 年至 1653 年间中断了，也许是因为他在议会的职责使他无法在这段时间内继续从事数学研究。不过，费马在 1654 年收到了一封来自布莱斯·帕斯卡的信。帕斯卡想就他关于概率的一些计算与费马进行讨论。他们之间接下去的通信为概率论的发展奠定了基础（参见第 16 章）。然而，费马的主要兴趣（如果不是说痴迷的话）是研究数论。不幸的是，与他接触的数学家中竟然没有一个像他这样对这一主题充满热情，因为当时人们并不认为这一主题十分重要。他试图说服帕斯卡和惠更斯加入他的数论研究，但没有成功。费马确实对数论做出了一些重要的贡献，但他没有兴趣发表他的成果。关于他与帕斯卡针对概率计算的讨论，费马写信给卡卡维说：

> "我很高兴能与帕斯卡有一致的观点，因为我对他的天才无比尊敬……你们二人可以着手发表这一工作，对此我赞同你们是这项工作的行家。你们可以对任何看起来过于简洁的内容加以澄清或补充，减轻我因职责而无法承担的负担[2]。"

费马喜欢向他那个时代的那些顶尖数学家提出问题。然而，他很少为自己的定理提供完整的证明。通常，他只是粗略地描述方法，而留待别人来填补空白。数论在当时并不十分流行，100 多年过去后莱昂哈德·欧拉重拾费马的研

---

[1] George F. Simmons, *Calculus Gems: Brief Lives and Memorable Mathematics*（Washington, DC: Mathematical Association of America, 2007), p. 98. ——原注

[2] Michael Sean Mahoney, *The Mathematical Career of Pierre de Fermat，1601—1665*, 2nd ed.（Princeton, NJ: Princeton University Press, 2018), p. 61. ——原注

究。费马提出了一些结论和猜想，而没有提供严格的证明，欧拉对此给出了完全的证明。1659年，费马给卡卡维写了一封信，请他转交惠更斯。在信中，他简要地总结了他在数论方面的成就，并透露了他的一些方法，特别是无限递降法[①]。在信中的最后一段中，他写道：

"后人也许会感谢我，因为我证明了古人并非无所不知，并且这里的阐述会进入一些"火炬传递者"的心目之中，再由他们传播到下一代，进入后人的思想[②]。"

1653年，费马因染上瘟疫而病倒，虽然他活了下来，但这一经历可能对他的健康产生了长期的影响。1660年，他给帕斯卡写了一封信。在信中，费马写道，他建议他俩在两个城镇中间的地方见面，因为他的健康状况并不比帕斯卡好多少[③]。当时，帕斯卡住在离图卢兹大约380千米的克莱蒙－费朗。1664年，费马觉得自己的生命快要到头了，于是写下了遗嘱。他尽力坚持履行在议会中担任的法官之职。1665年1月12日，他在法国卡斯特罗斯去世。这离他最后一次履行法庭判决之责仅一周时间。

费马至今仍为人们所铭记的最著名的定理有一段迷人的历史，在许多方面

---

① 无限递降法是反证法的一种特殊变形。为了证明一个问题无解，我们可以这样证明：如果一个解（该解在某种意义上与一个或多个自然数有关）存在，这就必然意味着另一个与更小的自然数相关的解也存在。这个解的存在又必然意味着存在另一个与更小的自然数相关的解，以此类推。由于不可能存在一个无限的、越来越小的自然数序列（我们迟早会遇到具有所需性质的最小自然数），因此该问题有解这一前提必定是错误的。例如，为了证明 $\sqrt{2}$ 不是有理数，我们可以首先假设 $\sqrt{2}$ 是有理数，由此来开始反证。我们可以令 $\sqrt{2}=\dfrac{p}{q}$，其中 p 和 q 分别表示某个自然数。于是，我们将得到 $2q^2=p^2$，这意味着 p^2 是偶数，因此 p 也必定是偶数（如果 p 是奇数，则 p^2 不可能是偶数）。现在如果 p 是偶数，那么对于某个自然数 k，我们就可以写出 $p=2k$，将其代入 $2q^2=p^2$，就有 $2q^2=4k^2$，即 $q^2=2k^2$，于是 q 也必定是偶数。因此，p 和 q 都必定能被2整除。这意味着如果 $\sqrt{2}$ 可以表示为有理数 $\dfrac{p}{q}$，那么这个分数总是可以通过将 p 和 q 除以2来约简。但这是不可能的，因为我们不可能永无止境地约简一个分数。这个矛盾告诉我们 $\sqrt{2}$ 不可能是有理数。——原注

② Reinhard Laubenbacher and David Pengelley, *Mathematical Expeditions: Chronicles by the Explorers* (Springer Science & Business Media, 2013), p. 165. ——原注

③ John Tabak, *Probability and Statistics: The Science of Uncertainty*, The History of Mathematics Series (Infobase Publishing, 2014), p. 27. ——原注

都体现了他作为一名数学家的风格以及他的工作对后来数学发展的意义。这条定理被称为费马大定理，它可以表述如下：

当 $n > 2$ 时，关于 x、y、z 的方程 $x^n + y^n = z^n$ 没有正整数解。

对于 $n = 2$ 的情况，我们会得到毕达哥拉斯定理（$x^2 + y^2 = z^2$），而这个方程实际上有无穷多组正整数解，它们被称为毕达哥拉斯三元组。例如，数字 3、4、5 构成一个毕达哥拉斯三元组，因为 $3^2 + 4^2 = 5^2$。在找到一个毕达哥拉斯三元组之后，通过将这三个数中的每一个数乘以同一个正整数，就可以轻松地生成无穷多个其他三元组（例如，将 3、4、5 乘以 2，得到数字 6、8、10，它们也构成一个毕达哥拉斯三元组）。费马大定理最初是由他的儿子塞缪尔（Samuel）在他的一本书（丢番图的《算术》）的页边空白处发现的，此处附带还有一个注释：

"对于这个命题，我有一个真正奇妙的证明，但这里的页边空白太小，容不下了[①]。"

费马的证明一直没有找到。不过，塞缪尔在 1670 年重新出版了丢番图的《算术》，这一版本还印上了他父亲的旁注（见图 8.2）。这使费马大定理得以普及，成为了数学中的一个著名的悬而未决的问题，引起了许多伟大数学家的注意。

尽管有无数人试图证明这条定理或者去找一个反例，但这条定理直到 1994 年始终只是一个猜想。那一年，英国数学家安德鲁・怀尔斯在秘密研究这个问题 6 年之后终于获得了成功。他的证明过程有 100 多页，用 1995 年 5 月的《数学年鉴》（*Annals of Mathematics*）整整一期刊出，而这是在费马提出该猜想 358 年后。这个证明依赖 20 世纪发展起来的现代数学理论中的一些非常特殊的技巧，那些不在密切相关领域工作的数学家无法理解这一证明。由于解决了这个著名的问题，怀尔斯获得了许多奖项，其中包括最负盛名的奖项之一——阿贝尔奖。现在人们认为费马宣称的"证明"是非常值得怀疑的，尽管不能完全排除他确实发现了一个非同寻常的证明。无论如何，在 300 多年的时间里，为证明他的定理而进行的不成功尝试却导致了数量惊人的更重要的数学发现和理

[①] Simon Singh, *Fermat's Last Theorem*（Fourth Estate, 1997）.——原注

论，在那些看起来与数论没有任何关系的数学分支中产生了富有成效的应用。虽然在皮埃尔·德·费马的有生之年，没有一位数学家真正对数论感兴趣，但他成功地在他去世后的三个多世纪里让几代数学家投身于这个他最喜欢的研究领域，仅仅这一点在数学领域中就相当独特了。

第 16 章

布莱斯·帕斯卡
（1623—1662，法国）

布莱斯·帕斯卡（见图 16.1）是有史以来最伟大的数学家之一，他于 1623 年 6 月 19 日出生在法国奥弗涅的克莱蒙。他的父亲艾蒂安·帕斯卡（Étienne Pascal）是一位政治家，是一个拥有聪明才智和渊博知识的人。布莱斯·帕斯卡的母亲在他 4 岁时就去世了，因此他由父亲和两个姐姐抚养长大。在父亲的鼓励下，他早年投身于研究宗教思想。这常常分散他对其他智力活动的注意力。帕斯卡 7 岁时，艾蒂安带着三个孩子移居巴黎。大约在那段时间里，他花费了大量时间在家里教孩子们。帕斯卡的身体状况不好，但他异常聪明的头脑弥补了这一点。艾蒂安对于他的幼子能够如此迅速地学会当时被认为是古典教育的那些新观念有着深刻的印象。他让儿子与数学保持一定的距离，以免给这个年幼的孩子造成太大的压力。坦率地说，这反倒进一步激发了帕斯卡对数学的好奇心。当父亲意识到儿子不可思议的数学天赋后，立即给了他一本欧几里得的《几何原本》。这也许是几何学和数学的其他方面在逻辑发展过程中最早的汇编文本之一。帕斯卡的一个姐姐声称，她的弟弟在没有参考这本书的情况下，发现了欧几

图 16.1　布莱斯·帕斯卡 [石版画，E. 艾德林克（E. Edelinck）和 F. 小奎斯内尔（F.Quesnel Jr）先后捐赠]

里得的前 32 个命题，并且顺序也与欧几里得相同。其中第 32 个命题是三角形的角和等于两个直角之和，这进一步证明了帕斯卡的独特才能。

14 岁时，帕斯卡获准参加一个小组的每周会议，这个小组最终发展为法国科学院。在大约 16 岁时，他受到法国数学家吉拉德·笛沙格（Girard Desargues，1591—1661）的工作的激励，投身于几何学，并证明了该领域中的一些最美的定理，其中一条如今以他的名字命名（帕斯卡定理），而且很容易演示。我们在图 16.2 中随机选择一个圆上的 6 个点，然后将这些点相继连起来，构成一个圆内接六边形。然后我们将三对对边（AB 和 ED、BC 和 FE、CD 和 AF）延长，使它们相交。（当然，你在选择这 6 个点时要避免使它们构成的任何一对对边平行。）在把这些交点标记为 L、N 和 M 后，我们发现这些点总是在一条直线上。令人惊奇的是，这适用于圆上的任意 6 个点（避免对边平行）。十分奇怪的是，这条规律还可以扩展到椭圆上的任意 6 个点。当时其他著名数学家（如勒内·笛卡儿）开始都绝不相信一个 16 岁的男孩竟会做出这样的发现，不过人们最终还是接受了。

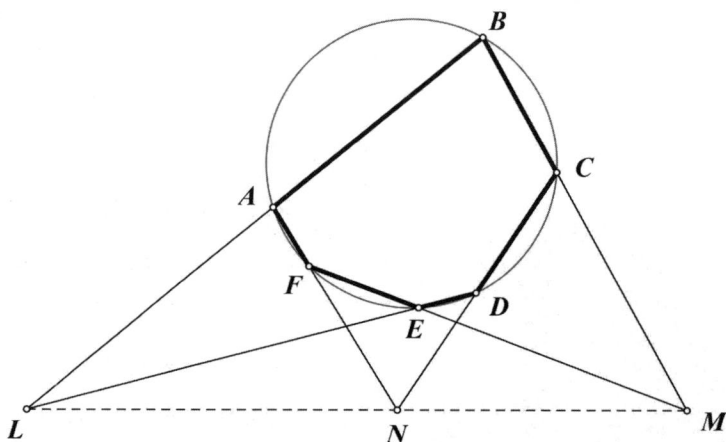

图 16.2　帕斯卡定理配图

帕斯卡不得不为他的才华付出代价。从 17 岁到 39 岁生命终点，他一直忍受着身体上的痛苦，夜夜无眠，日日愁闷。不过，他还是继续工作着。19 岁时，帕斯卡发明了第一台计算机器（见图 16.3），以减轻他的父亲作为鲁昂市税务员的计算工作。这台计算器能做加法和减法，被称为帕斯卡计算器或加法器。目前，巴黎艺术博物馆展出了这台机器的 4 个版本。这台机器在研发初期被视为奢侈品，这促使帕斯卡在接下来的 10 年之中不断改进它的功能。

图 16.3　帕斯卡计算器 [维基共享资源，拉玛（Rama）摄，许可号 CC BY–SA 3.0 FR]

帕斯卡生活的社会饱受宗教动乱的危害，这也对他造成了一定程度的影响，因为一直支持他的亲爱的姐姐杰奎琳（Jacqueline）进了珀特罗亚尔的一座修道院。23 岁的时候，他经历了一段暂时性的瘫痪，但他的智力仍然有增无减。他继续过着一种相当动荡的生活，由于他的家庭成员各有各的宗教信仰而备感苦恼。1654 年，31 岁的帕斯卡所做的那件事很可能就是他对数学的最重要的贡献。那就是他与皮埃尔·德·费马开始了数学通信，而这些交流最终成为概率论的基础。1654 年，帕斯卡和费马以数学问题互相挑战，这些问题引发了后来我们称为概率的这一领域的发展。他们早期提出的一个问题涉及一个游戏，其中两位玩家将分别获得分数，并以指定的分数赢得这场游戏。这个问题如下：如果游戏在最终结束前中断，考虑到游戏中断时每位玩家已取得的分数，这两位玩家应该如何分钱？下面是 1654 年费马写给帕斯卡的一封信的译文：

先生，如果我承诺仅用一粒骰子掷 8 次，目标是要得 1 分，并且如果我们同意押注后我不掷第一次，那么根据我的理论，由于前面提到的第一次掷骰子，我必定要得到总金额的 $\frac{1}{6}$ 才能保持公平。如果在那之后，我们同意我不掷第二次，那么我就应该得到剩余金额的 $\frac{1}{6}$，也就是总金额的 $\frac{5}{36}$。如果在那之后，我们同意我不掷第三次，那么为了弥补损失，我应该得到剩余金额的 $\frac{1}{6}$，也就是总金额的 $\frac{25}{216}$。如果随后我们再次同意我不掷第四次，那么我就应该得到剩余金额的 $\frac{1}{6}$，也就是总金额的 $\frac{125}{1296}$。假设已经掷了前几次，那么我同意你的意见，这就是掷第四次的价值。但是你在信中的最后一个例子提出（我引用你的话），如果我承诺掷 8 次，目标是要得 6 分，并且我已经掷了 3 次而没有得分，我的对手建议我不应该掷第四次，那么倘若他希望我得到公正对待，那么我得到总金额的 $\frac{125}{1296}$ 就是恰当的。然而，根据我的理论，这是不正确的。因为在这种情况下，前 3 次掷骰子对持骰子的玩家来说什么也没有赢到，因此，总金额仍然都是赌注，持有骰子且同意不掷第四次的人应该得到 $\frac{1}{6}$ 作为他的报偿。如果他掷了 4 次而没有得到想要的分数，并且他们同意他不掷第 5 次，那么他仍然会得到总金额的 $\frac{1}{6}$ 作为他应得的一份。既然全部金额都还在发挥作用，那么每次掷骰子的价值都应该相等。这不仅是理论上的结果，而且确实是常识。因此，我恳请您（写信给我），以便我能知道我们在理论上是一致的（像我所相信的那样）还是仅仅在应用上有所不同。

非常衷心的费马

这种书面交流导致人们开始对某些事件发生的可能性提出问题，包括纸牌、点数翻转等。这是概率论最基本的方面。

法国赌徒安托万·贡波德（Antoine Gombaud，1607—1684）成名的原因是他向帕斯卡写信求助，想了解为什么他在掷骰子的赌局中不断输钱。这促使帕斯卡进一步与皮埃尔·德·费马通信，而这些通信开创了一个新的数学领域，并导致了我们今天所说的概率论。

让我们看看这种思想交流需要些什么。贡波德参加了两个掷骰子赌局。第一个赌局是连续掷 4 次骰子，以均等的赔率赌至少掷出一个 6。他知道掷一次就得到 6 的可能性是 $\dfrac{1}{6}$，于是他计算出如果掷 4 次骰子的话，那么概率就会是 $\dfrac{4}{6}$，即 $\dfrac{2}{3}$。这当然是不正确的，但这并没有阻止他下注，而且他似乎还相当成功。

他扩展了自己的思路，将一对骰子掷 24 次，以均等的赔率赌至少有一次掷出两个 6。他正确地计算出用这对骰子掷一次就得到两个 6 的概率是 $\dfrac{1}{36}$，但再一次错误地认为将这对骰子掷 24 次得到两个 6 的概率是 $\dfrac{24}{36}$，即 $\dfrac{2}{3}$。

由于他开始输掉很多钱，因此他决定向他的那位才华横溢的朋友帕斯卡求助，最终解决了这个问题。

让我们来看一下这两个赌局，分析为什么贡波德在第一个赌局中能获利，而在第二个赌局中不能获利。显而易见，当掷骰子时，我们知道有 6 种可能性，这使我们得出结论：得到 6 的概率是 $\dfrac{1}{6}$，而得不到 6 的概率是 $\dfrac{5}{6}$。因此，考虑贡波德的第一个赌局，我们计算出掷 4 次骰子而得不到 6 的概率是：

$$\frac{5}{6}\times\frac{5}{6}\times\frac{5}{6}\times\frac{5}{6}=\left(\frac{5}{6}\right)^{4}=0.4822531\cdots$$

因此，在这 4 次中得到至少一个 6 的概率就是 $1-0.4822531\cdots=0.5177469\cdots$。我们可以这样解释：在 100 场赌局中成功的大约有 52 场。如果他赌 1000 场，那么他平均能赢 518 场。由于赢得了一半以上的赌局，因此他就占了上风。

现在考虑第二个赌局。我们记得掷一对骰子时会有 36 种可能的结果，其中只有一种结果是两个 6。于是我们得到两个 6 的概率为 $\dfrac{1}{36}$，而得不到两个 6 的概率是 $1-\dfrac{1}{36}$，即 $\dfrac{35}{36}$。因此，将这对骰子掷 24 次而得不到两个 6 的概率是 $\left(\dfrac{35}{36}\right)^{24}$，即 $0.5085961\cdots$。与此前一样，我们可以得出这样的结论：将这对骰子掷 24 次，至少一次得到两个 6 的概率是 $1-0.5085961\cdots$，即 $0.4914039\cdots$。这表明贡波德赌 100 场时只赢了 49 场，这就使他的对手占了上风，在 100 场中能赢 51 场。这类问题在帕斯卡和费马的交流中得到了解决。

在那段时间里，帕斯卡大量使用了数字的一种三角形排列，这种三角形排列如今也以他的名字命名。在图 16.4 中，从顶部开始，有一个 1，第二行有两个 1。每一行都以 1 开始和结束，这两个 1 之间的其他数字是其上方对角上的两个数字之和。如今，这种数字排列方式被称为帕斯卡三角形。在帕斯卡三角形上可以找到许多数字排列。例如，每一行的数字之和都是 2 的幂，如图 16.4 的右边所示①。

1	2^0
1 1	2^1
1 2 1	2^2
1 3 3 1	2^3
1 4 6 4 1	2^4
1 5 10 10 5 1	2^5
1 6 15 20 15 6 1	2^6
1 7 21 35 35 21 7 1	2^7
1 8 28 56 70 56 28 8 1	2^8
1 9 36 84 126 126 84 36 9 1	2^9
1 10 45 120 210 252 210 120 45 10 1	2^{10}

图 16.4　帕斯卡三角形

当我们观察图 16.5 时，还能注意到将每一行看成一个数的话，它们都可以表示成 11 的幂②。直到现在，这种数字的三角形排列在处理概率时仍然非常有用。

1	11^0
1 1	11^1
1 2 1	11^2
1 3 3 1	11^3
1 4 6 4 1	11^4
1 5 10 10 5 1	11^5
1 6 15 20 15 6 1	11^6
1 7 21 35 35 21 7 1	11^7
1 8 28 56 70 56 28 8 1	11^8
1 9 36 84 126 126 84 36 9 1	11^9
1 10 45 120 210 252 210 120 45 10 1	11^{10}

图 16.5　帕斯卡三角形的另一种模式

在帕斯卡三角形中可能找到无数种模式，最让我们吃惊的是其中出现了斐

① 图16.4所示的三角形在西方称为帕斯卡三角形，而在我国称为杨辉三角形或贾宪三角形。——译注

② 具体的做法是将每一行的 n 个数依次乘以10的 n~0次幂后相加，所得的结果就是11的 n 次幂。例如：$11^5 = 1 \times 10^5 + 5 \times 10^4 + 10 \times 10^3 + 10 \times 10^2 + 5 \times 10^1 + 1 \times 10^0 = 100000 + 50000 + 10000 + 1000 + 50 + 1 = 161051$。——译注

波那契数，如图 16.6 所示。

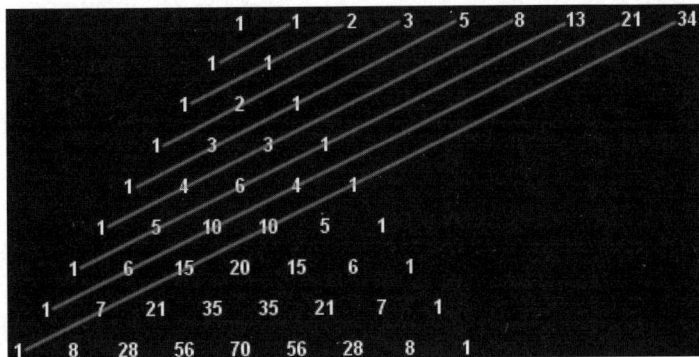

图 16.6　帕斯卡三角形与斐波那契数

可以说，在今天的数学史所记载的往事之中，帕斯卡的名字相当于概率论的共同发明者。从天气预报到金融工作，概率论在我们的日常生活中变得越来越重要。1662 年 8 月 19 日，饱受病痛和精神折磨的帕斯卡在巴黎惊厥而死，终年 39 岁。

第 17 章

艾萨克·牛顿
（1642—1727，英国）

当我们开始讲述这位历史上最重要的数学家和物理学家的生活时，首先要概述一下他非常简朴的生活方式。艾萨克·牛顿（见图 17.1）于 1642 年 12 月 25 日（新历 1643 年 1 月 4 日）出生在英格兰林肯郡科尔斯特沃思的伍尔索普。不幸的是，牛顿出生前三个月，他的父亲就去世了。牛顿出生时是一个很小的早产儿，人们认为他活不了多久，然而他活到了 84 岁！牛顿两岁时，他的母亲再婚，并决定与她的新婚丈夫、富有的新教牧师巴纳巴斯·史密斯（Barnabus Smith）生活在一起，年幼的牛顿不喜欢史密斯。牛顿随后被交给了他的外祖母玛杰里·艾斯考夫（Margery Ayscough）照顾。他似乎对母亲嫁给史密斯感到不满。他的母亲在第二次婚姻中又生了三个孩子。

图 17.1　艾萨克·牛顿肖像，戈弗雷·科内尔（Godfrey Kneller）爵士绘于 1689 年

牛顿从 12 岁到 17 岁就读于英国格兰瑟姆的国王学校。除了学习拉丁语和希腊语外，他还在那里第一次接触到数学。1653 年，他回到了他原来在伍尔索普的家，和他的母亲住在一起，那时她已经第二次守寡。他的母亲竭力主张他务农，这显然不适合牛顿。不久之后，国王学校的校长力劝他的母亲把他送回

学校完成学业，她也确实这样做了。牛顿开始展现他的才华，成为了学校里的尖子生。不过，早年的这些经历给他造成了一些心理上的影响，并在他的余生一直伴随着他。

他在学校里的表现优异，加上身为剑桥大学三一学院校友的舅舅的推荐，他于 1661 年被该学院录取。此后不久，他获得了全额奖学金。在本科学习期间，他开始沉浸在亚里士多德的著作和哲学之中。不过，他也发现了法国数学家勒内·笛卡儿的著作，这些著作指引牛顿走上了一个新的方向，并且似乎确定了牛顿的余生。更具体地说，笛卡儿的几何学使牛顿能够专注于寻找几何问题的代数解，他认为这是解决问题时更具说服力的方法。伽利略和开普勒的著作进一步加强了他向着日心体系方向的思考。他写了一篇题为《一些特定的哲学问题》（Quaestiones quaedam philosophicae）的笔记，列出了他在当时最好的想法和他在自己的想象力的指导下对机械论哲学的思考。1665 年，牛顿通过引入分数幂扩展了二项式定理，这引导他走上了创建我们今天所知道的微积分的道路。

1665 年 8 月，牛顿获得学士学位后离开了大学，因为当时英国正在经受大瘟疫的侵袭，学校关闭了两年。在接下来的两年里，他待在家里，专注于独自研究，进一步发展他的微积分、光学和万有引力定律等理论。

1667 年，牛顿当选为剑桥大学三一学院成员，在那里他拒绝成为一位牧师。这在以前是成为剑桥大学成员的一个必备条件。牛顿得到了查理二世的特别许可，才得以避免被任命为牧师。1669 年，在获得硕士学位一年后，牛顿接替了艾萨克·巴罗（Isaac Barrow）成为第二位卢卡斯教授。在这段时间里，牛顿总结了他的工作，写下了《运用无限多项方程的分析》（De analysi per aequationes numero terminorum infinitas）。此后不久，他又写了一个修订版，即《论级数与流数法》（Tractatus de methodis serierum et fluxionum）。在这项工作中，他引入了"流数"（fluxion）一词，这是微积分诞生的标志（后文将对此做详细介绍）。1672 年，随着他的声名远播，他当选为英国皇家学会会员。

众所周知，大约在同一时间，德国数学家戈特弗里德·威廉·莱布尼茨用完全不同的符号创建了微分和积分。莱布尼茨的符号至今仍在使用，而牛顿的符号则不再使用了。在微积分的建立应归功于谁的问题上，牛顿和莱布尼茨之间存在着激烈的争论。这种意见不合日甚一日。从 1699 年开始，英国皇家学会的会员开始指责莱布尼茨抄袭。有证据表明，牛顿制造了这种敌意，这种对立情绪一直持续到 1716 年莱布尼茨去世。

牛顿最出名的可能是他在物理学领域的发现，其中他在光学领域取得了巨大的进展。他用棱镜将白光分解，从而发现了光谱。他还因在望远镜研制方面的重大改进而闻名。不过，他最出名的还是他的三条运动定律，这三条定律是他在他的名著《自然哲学的数学原理》（*Philosophiæ Naturalis Principia Mathematica*）中提出的。这本书通常简称为《原理》（*Principia*），首次出版于 1687 年（见图 17.2）。

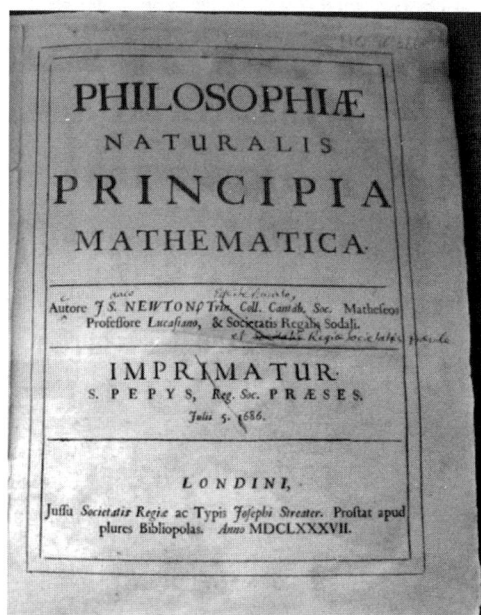

图 17.2　牛顿的《原理》，其中包括他自己的评论

牛顿第一定律指出，除非受到外力的作用，否则每个物体都将保持静止或沿直线匀速运动。第二定律有时也被称为力和加速度定律，它指出物体所受的使其加速的力等于该物体的质量与加速度的乘积，或者换句话说，物体的加速度与使其加速的力成正比，与该物体的质量成反比。第三定律指出，每一个作用力都有一个反作用力。

在牛顿的数学发现中，可以呈现给普通读者的例子不多，我们在这里介绍其中的几个。牛顿与英国数学家约瑟夫·拉斐逊（Joseph Raphson，1648—1715）共同创建了一种方法，如今人们称之为牛顿-拉斐逊开平方根法。1690年，拉斐逊出版了《一般方程分析》（*Analysis Aequationum Universalis*），其中包括的一种方法是牛顿在其《流数法》（*Method of Fluxions*）中发表的内容的一个较简单的版本。牛顿在 1671 年编写了《流数法》，但直到 1736 年才以英文出版（见图 17.3）。拉斐逊是牛顿工作的坚定支持者，尤其当涉及微积分的发明权时，他坚定地认为占先的是牛顿而不是莱布尼茨。

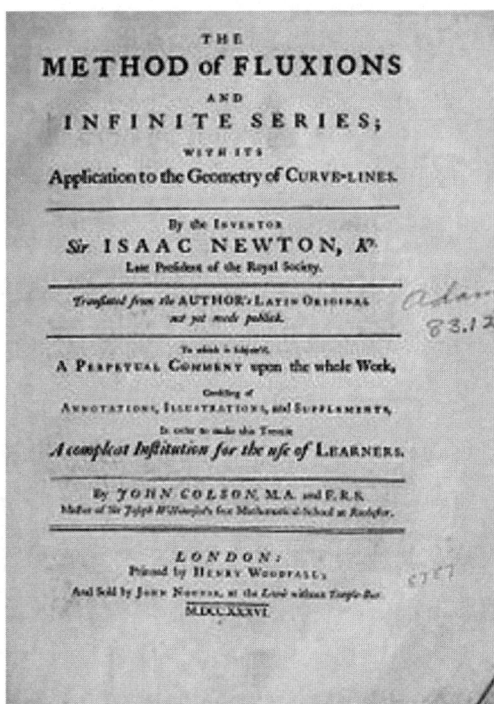

图 17.3　牛顿的《流数法》

现在让我们来探究一下牛顿-拉斐逊开平方根法是如何以一种相当简单的方式来对一个数开平方根的。与其他更机械的、直觉上不容易理解其合理性的算法相比，这种方法确实更言之成理。我们通过一个例子来介绍这种方法，这样也许会更容易说清楚一些。

考虑求 $\sqrt{40}$ 的值。我们知道这个数在 $\sqrt{36}$（即 6）和 $\sqrt{49}$（即 7）之间，猜测其大约是 6.3。如果这个猜测是正确的，那么 $\sqrt{40}$ 就等于 6.3，那么 $\dfrac{40}{6.3}$ 就必定等于 6.3。但事实并非如此，因为 $\dfrac{40}{6.3} \approx 6.35$。因此，我们知道要寻找的那个作为 40 的平方根的数必定在 6.3 和 6.35 之间。我们取这两个数的平均值：

$$\frac{6.3+6.35}{2}=6.325。$$

现在继续这个过程，取 $\dfrac{40}{6.325} \approx 6.3241$，然后看看这个数是不是 40 的平方根。如果这是正确的，那么用 40 除以 6.3241，商就必定是 6.3241。然而，$\dfrac{40}{6.3241} \approx 6.32501$。再取一次平均值，我们与 $\sqrt{40}$ 的准确值又接近了一个小数位。因此，$\dfrac{6.3241+6.32501}{2}=6.324555。$

我们可以将这个过程继续下去，以我们希望的精度得到 40 的一个平方根的值。请注意，在这个过程中的每一步，我们都会向 $\sqrt{40}$ 的值接近一个小数位。我们可将这一结果与用计算器给出的 $\sqrt{40}$ 的值 6.324555320336759… 比较，这让我们看到牛顿 – 拉斐逊开平方根法如何很好地为 40 的平方根找到了一个很精确的近似值。

我们将二项式定理的进一步发展也归功于艾萨克·牛顿，大多数人是在学习高中数学的过程中遇到这条定理的。通过检查图 17.4 所示的前几个例子，你就可以识别其中的模式。此外，如果你专注于二项式展开后每个项的系数，就会注意到帕斯卡三角形出现了。

$$
\begin{aligned}
(a+b)^0 &= \qquad\qquad 1 \\
(a+b)^1 &= \qquad\quad 1a + 1b \\
(a+b)^2 &= \qquad 1a^2 + 2ab + 1b^2 \\
(a+b)^3 &= \quad 1a^3 + 3a^2b + 3ab^2 + 1b^3 \\
(a+b)^4 &= \ 1a^4 + 4a^3b + 6a^2b^2 + 4ab^3 + 1b^4 \\
(a+b)^5 &= 1a^5 + 5a^4b + 10a^3b^2 + 10a^2b^3 + 5ab^4 + 1b^5
\end{aligned}
$$

图 17.4　二项式定理

一般而言，二项式定理可以表示为以下形式：

$$(a+b)^n = a^n + \binom{n}{1}a^{n-1}b + \binom{n}{2}a^{n-2}b^2 + \binom{n}{3}a^{n-3}b^3 + \cdots + b^n$$

其中，$\dbinom{n}{r} = C_n^r = \dfrac{n!}{r!(n-r)!}$。

不过，使牛顿的贡献更为突出的事实是，他能够得出以下结论：二项式定理也适用于分数幂或无理数幂，即其中的 n 也可以是分数，甚至是具有 $\sqrt{k}$ 形式的值。在这里，原来的有限和现在变成了一个无穷级数。牛顿在数学和物理学方面做了大量的研究，以至于我们在这短短的一章里甚至无法触及他的成就的一小部分。他是第一个使用坐标几何来解丢番图方程（我们在第 8 章中遇到过这些方程）的人。牛顿说他喜欢几何方法胜过代数方法，因为他觉得几何方法更清晰、更严谨。

令人不解的是，牛顿只将他在纯数学方面所做的大部分工作与他的同事和其他一些精选的通信者分享。直到 1704 年他出版《光学》（Opticks）一书时，这种状况才得以改观。当时，他发表了关于曲线求积和三次曲线分类的论著。这实际上是牛顿第一次发表他关于流数的思想，流数就是现在的微积分的前身。尽管他在《原理》中暗示过流数，但将微积分推向公众的是莱布尼茨于 1684 年发表的论文。尽管这两位数学家显然都是独立做出他们的发现的，双方都有许多关于对方剽窃的指控。我们也应该说，这次经历再次证明了牛顿心理上的不平衡。牛顿更多的数学出版物是由他在 1673 年到 1683 年间在剑桥大学所做的讲座演变而来的，而这些出版物迟至 1707 年才首次出版。

到了 17 世纪 90 年代，牛顿开始钻研宗教思想，他写下了他对《圣经》的字面意义上和象征意义上的解释。在牛顿晚年撰写的各种科学著作中，他对上帝在自然界中的角色表达了一种强烈的意识。

1689—1690 年和 1701—1702 年，牛顿在英国议会中代表剑桥大学。1696 年，他很高兴担任皇家铸币厂的监管。在这个职位上，他负责英国最大的货币重铸工程。三年后，他成为铸币厂的主管，在生命的最后 30 年里一直担任这一职务。尽管铸币厂的职务在某种程度上可能被认为是个闲差，但牛顿非常重视这个职务，以至于他在 1701 年从剑桥大学退休后搬到了伦敦，以便能够更方便地监管英国货币的铸造，防止造假。他发现 1696 年大重铸时期制造的硬币中有 20% 是伪造的。当时，伪造货币被视为叛国罪，造假者可以被判处死刑。

事实证明，牛顿非常善于抓捕和起诉造假者。他的科学生涯由此结束。在这段时间里，他经历过几次心理上的崩溃。在这种影响下，他疏远了同事，并与约翰·洛克（John Locke）等名人断绝了关系。尸检结果表明，汞中毒也许能用来解释牛顿晚年的怪癖。后来，他恢复了理智，继续他的铸币工作。这给他带来了相当可观的薪水，使他成为一个富有的人。

　　1705 年 4 月，安妮女王访问剑桥大学三一学院时，牛顿被封为爵士（见图 17.5）。时至今日，仍然有人猜测牛顿获封爵士是当局者的一种政治姿态，而不是对他在科学上的卓越成就或他作为铸币厂主管所提供的服务的一种认可。

图 17.5　艾萨克·牛顿爵士
[藏于威尔士国家图书馆，由约翰·范德班克（John Vanderbank）根据英国皇家学会收藏的艾萨克·牛顿的一幅 1725 年的肖像画制作的点刻雕版画]

　　牛顿晚年和他的侄女凯瑟琳·巴顿·康迪特（Catherine Barton Conduitt）及其丈夫约翰·康迪特（John Conduitt）住在英格兰温彻斯特附近的克兰伯里公园。这时，他已被认为是他那个时代最著名的科学家之一。他相当富有，对慈善事业也很慷慨。牛顿终身未婚，1727 年 3 月 20 日（新历 3 月 31 日）在伦敦去世，他被葬在威斯敏斯特教堂。

第18章

戈特弗里德·威廉·莱布尼茨
（1646—1716，德国）

1946 年 2 月 15 日，《纽约时报》（*New York Times*）头版刊登了一篇报道，称"一台神奇的机器首次将电子速度应用于处理那些太难、太烦琐、迄今无法解决的数学问题"。这里提到的就是最早的通用电子计算机之一。ENIAC（Electronic Numerical Integrator and Computer，即电子数字积分器和计算机）是在战争期间在宾夕法尼亚大学建造出来的，现在被视为计算机发展历史上的一个里程碑。它的体积庞大，重达 25 吨以上，占地面积超过 150 平方米。

除了继电器、电阻器和电容器等基本电子元器件外，它还包含 2 万个真空管[1]，通过数千米电线以及大约 500 万个手工焊接的接头连接。这台"电子计算机之母"的功率为 15 万瓦，而一台现代台式计算机的功率仅为 200 瓦。巨大的电力需求导致了这样的传言：只要 ENIAC 一启动，费城的灯光就会变暗。

ENIAC 只是一台电子加法器和其他算术单元的大集合，它没有现代计算机中的存储程序和操作系统。数字是用十位环形计数器存储的。对应于十进制的 10 个数字，每个数字需要 36 个真空管。通过操纵开关和电缆，才能对机器进行编程，以解决特定问题。可能需要数周时间才能找到一个问题的解。此外，真空管的寿命是有限的，如果一个程序不能正常工作，程序员就不得不爬进庞大的结构中去找出坏掉的真空管或检测出不良的接头。ENIAC 的第一批程序员

---

[1] 真空管是一种控制真空容器中电极间电流的装置。真空管发明于 1904 年，在整个 20 世纪上半叶是电子产品中的基本元件。它见证了无线电、电视机、大型电话网络以及模拟和数字计算机的普及。——原注

都是女性：凯·麦克纳尔蒂（Kay McNulty）、贝蒂·詹宁斯（Betty Jennings）、贝蒂·斯奈德（Betty Snyder）、玛琳·梅尔策（Marlyn Meltzer）、弗兰·比拉斯（Fran Bilas）和露丝·利希特曼（Ruth Lichterman）。在 50 多年的时间里，她们的工作没有得到广泛认可。事实上，历史学家起初误认为她们是在机器前摆姿势的模特。图 18.1 展示了正在操作 ENIAC 的女程序员。

图 18.1　贝蒂·詹宁斯（左）和弗兰·比拉斯（右）正在操作 ENIAC 的主控制面板

　　ENIAC 和大约在同一时期开发的其他类似机器的巨大体积和功耗主要是由用作开关和放大器的真空管导致的。真空管的体积大，产生的热量多，而且经常失灵。这个问题的解决方案出现在 1947 年，当时贝尔实验室的威廉·肖克利（William Shockley）、约翰·巴丁（John Bardeen）和沃尔特·布拉坦（Walter Brattain）发现了半导体的放大效应，能够制造出一种由固体材料制成的、无需真空管的电子开关——晶体管。1956 年，他们因发明晶体管而获得诺贝尔物理学奖。这项发明至今仍被认为是技术史上最伟大的突破之一。晶体管的体积小，速度快，而且比真空管更可靠、更强大。在 20 世纪 50 年代末到 60 年代，用笨重的真空管制造的第一代计算机被使用晶体管的第二代计算机所取代（见图 18.2）。晶体管的发明为始于 20 世纪下半叶的数字革命奠定了基础。

Electronic Computer Flashes Answers, May Speed Engineering

By T. R. KENNEDY Jr.
Special to THE NEW YORK TIMES.

PHILADELPHIA, Feb. 14—One of the war's top secrets, an amazing machine which applies electronic speeds for the first time to mathematical tasks hitherto too difficult and cumbersome for solution, was announced here tonight by the War Department. Leaders who saw the device in action for the first time heralded it as a tool with which to begin, to rebuild scientific affairs on new foundations.

Such instruments, it was said, could revolutionize modern engineering, bring on a new epoch of industrial design, and eventually eliminate much slow and costly trial-and-error development work now deemed necessary in the fashioning of intricate machines. Heretofore, sheer mathematical difficulties have often forced designers to accept inferior solutions of their problems, with higher costs and slower progress.

The "Eniac," as the new electronic speed marvel is known, virtually eliminates time in doing such jobs. Its inventors say it computes a mathematical problem 1,000 times faster than it has ever been done before.

The machine is being used on a problem in nuclear physics.

The Eniac, known more formally as "the electronic numerical integrator and computer," has not a single moving mechanical part. Nothing inside its 18,000 vacuum tubes and several miles of wiring moves except the tiniest elements of matter-electrons. There are, however, mechanical devices associated with it which translate or "interpret" the mathematical language of man to terms understood by the Eniac, and vice versa.

Ceremonies dedicating the machine will be held tomorrow night at a dinner given a group of Government and scientific men at the University of Pennsylvania, after

3, Column 3

图 18.2　关于采用晶体管的计算机的报导 [①]

　　晶体管是微处理器的基本组成单元。计算机的中央处理器包含数十亿个晶体管，这些晶体管都被封装在一小块芯片上。晶体管在本质上是一个电子开关，可以处于"开"或"关"的状态。这两种可能的状态或位置与布尔代数相对应。这种代数的变量值为"真"和"假"，通常分别用 1 和 0 来表示。实际上，计算机语言只有两种符号，即 0 和 1。信息的基本单位是二进制数字或"位"（bit，可以是 0 或 1）。一个由 8 位组成的序列称为 1 字节（byte），1 千字节包括 1024 字节，1 兆字节包括 1024 千字节，以此类推。将一个位序列解释为一个连续的 2 的幂的位值表示法，我们就得到一个二进制数。例如，二进制数 10001001 表示十进制数 137（即 $2^7 + 2^3 + 2^0$），二进制数 11111111 表示十进制

---

① 标题的意思是"电子计算机闪烁出答案，可能加快工程进展"。——译注

数 255（即 $2^7 + 2^6 + 2^5 + 2^4 + 2^3 + 2^2 + 2^1 + 2^0$）。因此，用 1 字节的信息，我们可以表示 256 个不同的字符（因为我们可以表示从 0 到 255 的所有数字）。现代计算机通常采用 32 位或 64 位系统。1800 年，亚历山德罗·伏打（Alessandro Volta）发明了第一个电池并构造了电路。值得注意的是，早在此之前，德国哲学家和数学家戈特弗里德·威廉·莱布尼茨（见图 18.3）就已经对二进制进行了深入研究。莱布尼茨发明了二进制算法，几乎所有现代计算机都采用这种算法。他不仅为电子计算机的发明奠定了理论基础，还描述了至少在原理上能够解决复杂数学问题的机器，从而预见到了电子计算机的出现。此外，他与艾萨克·牛顿都被认为是微积分的发明者。今天我们在微积分中使用的是莱布尼茨发明的符号，而不是牛顿发明的符号。这一点我们在上一章中已经提到了。

图 18.3　戈特弗里德·威廉·莱布尼茨

戈特弗里德·威廉·莱布尼茨出生于 1646 年 7 月 1 日，他的父亲弗里德里希·莱布尼茨（Friedrich Leibniz）是莱比锡大学的伦理学教授，母亲卡特琳娜·施穆克（Catharina Schmuck）是弗里德里希的第三任妻子。弗里德里希在莱布尼茨 6 岁时去世了。7 岁那年，莱布尼茨进入莱比锡的尼科莱学校。从那时起，他可以自由使用他父亲的私人图书馆，后来他继承了这座图书馆。这个图书馆对他的教育所产生的影响似乎比他在学校里学习的课程更大。莱布尼茨非常想读他父亲的书。在这一强烈动机的驱使下，他通过对照插图书籍中的拉丁语和德语描述自学了拉丁语。为了破解拉丁语单词的意思，他对两本不同的书中的同一张图片的描述进行比较。他到 12 岁时已精通拉丁语，掌握的程度远远超过了学校的教育水平。通过父亲的图书馆，他可以接触哲学和神学的高级著作。他的拉丁语熟练程度使他足以阅读这些著作。

1661 年，他注册进入了父亲以前任教的大学，并于 1662 年 12 月取得了哲学学士学位。1663 年，他在德国耶拿度过了夏季学期，埃哈德·魏格尔（Erhard Weigel）是那里的一位数学教授。魏格尔也是一位哲学家，他相信数字是宇宙中的基本概念。莱布尼茨回到莱比锡后，将他从魏格尔那里学到的数学思想应用到哲学和法律研究中。他将 0、1 和 $\frac{1}{2}$ 这三个值分别赋给法律中不可能的、必要的（绝对的）和有条件的情况。莱布尼茨在 1665 年获得了法律学士学位，那是他的母亲去世后的第二年。然后他开始写他的哲学教授任职资格论文，这篇论文后来构成了他的第一本著作《论组合术》（*Disertatio de arte combinatoria*）的一部分。1666 年，莱比锡大学拒绝了莱布尼茨的博士学位申请，很可能是因为他与其他候选人相比还比较年轻，而且可提供的个别指导有限。莱布尼茨不想再等一年，于是他去了阿尔特多夫大学，并于 1667 年在那里以论文《论令人困惑的案例》（*De casibus perplexis*）获得了法学博士学位。阿尔特多夫大学很快就向他提供了一个学术职位，但他拒绝了，而是到德国纽伦堡的一个炼金术协会担任秘书职位。后来，他遇到了约翰·克里斯蒂安·冯·博恩伯格（Johann Christian von Boyneburg）男爵，男爵聘请他担任助理、图书管理员、律师和顾问。莱布尼茨在为男爵工作的同时，还在男爵的支持下发表了一些政治论文，并继续他的法律生涯。男爵还利用自己的个人关系来帮助莱布尼茨扩展事业。1672 年，莱布尼茨前往巴黎执行一项外交任务，这项任务与他作为德国当局的一名顾问有关。在巴黎，他遇到了荷兰物理学家和数学家克里斯蒂安·惠更斯。惠更斯向莱布尼茨介绍了当时的伟大数学家的著作，并指导莱布尼茨了解数学领域的最新发展。莱布尼茨在 1703 年写给他的朋友、瑞士数学家约翰·伯努利（Johann Bernoulli，1667—1748）的一封信中说："1672 年，我在来到巴黎前曾自学几何学方面的知识。当时我对这门学科的知识确实知之甚少，因为我没有耐心看完一长串证明。"[1] 当惠更斯给莱布尼茨寄去一道他早已得出答案的问题时，莱布尼茨第一次展示了他的数学天赋。这个问题是求由三角形数的倒数构成的无穷数列之和。三角形数指的是可以排列成等边三角形的圆点的数量，如图 18.4 所示。

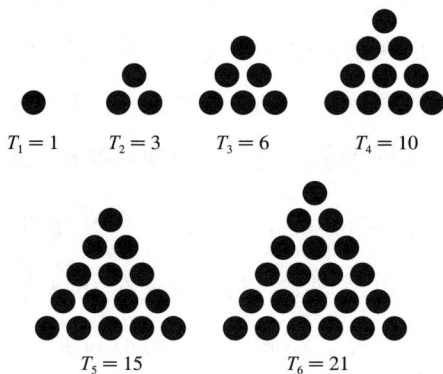

$T_1 = 1$　　$T_2 = 3$　　$T_3 = 6$　　$T_4 = 10$

$T_5 = 15$　　　　$T_6 = 21$

图 18.4　三角形数

　　让我们先看一个由 6 个数构成的有限数列，并考虑它们的和 $a_1 + a_2 + a_3 + a_4 + a_5 + a_6$。莱布尼茨注意到，如果用这个数列相邻各项的差构成另一个数列，即 $d_1 = a_2 - a_1, d_2 = a_3 - a_2, d_3 = a_4 - a_3, d_4 = a_5 - a_4, d_5 = a_6 - a_5$，那么这些差的总和就是原数列的最后一项与第一项之差，即 $d_1 + d_2 + d_3 + d_4 + d_5 = a_6 - a_1$。因此，如果我们可以将一个给定的数列 b_1、b_2、b_3……b_n 表示为另一个数列 a_1、a_2、a_3……a_{n+1} 的相邻各项的差，那么只需用另一个数列的最后一项减去第一项，就可以计算原来数列的和：$b_1 + b_2 + \cdots + b_n = a_{n+1} - a_1$。为了计算三角形数的倒数之和，莱布尼茨把这个和写成差的和，结果发现这个和可写成相邻两个正整数倒数之差的和的两倍。比如：

$$\frac{1}{1} + \frac{1}{3} + \frac{1}{6} + \frac{1}{10} + \frac{1}{15} = \left(\frac{2}{1} - \frac{2}{2}\right) + \left(\frac{2}{2} - \frac{2}{3}\right) + \left(\frac{2}{3} - \frac{2}{4}\right) + \left(\frac{2}{4} - \frac{2}{5}\right) + \left(\frac{2}{5} - \frac{2}{6}\right) = \frac{2}{1} - \frac{2}{6} = \frac{5}{3}$$

　　莱布尼茨将这个过程描述为：如果有人想把前 5 个分数（它们分别是相邻

[1]　Caren L. Diefenderfer and Roger B. Nelsen, *The Calculus Collection: A Resource for AP and Beyond*（MAA，2019）.——原注

两个三角形数的倒数）相加，即从 $\frac{1}{1}$ 加到 $\frac{1}{15}$（包括 $\frac{1}{15}$），那么我们取这些分数的个数 5，将其加到 1 上得到 6，由这两个数构成分数 $\frac{5}{6}$，将其加倍得到 $\frac{10}{6}$ 或者 $\frac{5}{3}$，这就是对 $\frac{1}{1}$、$\frac{1}{3}$、$\frac{1}{6}$、$\frac{1}{10}$ 和 $\frac{1}{15}$ 求和的结果，即这个结果与把这些分数相加所得的结果是一样的。[1] 如果用 T_1、T_2、T_3……来表示三角形数，我们就由此得到了关于它们的倒数之和的一个简单公式：

$$\frac{1}{T_1}+\frac{1}{T_2}+\frac{1}{T_3}+\cdots+\frac{1}{T_n}=2\left(1-\frac{1}{n+1}\right)$$

令表达式 $2\left(1-\frac{1}{n+1}\right)$ 中的 n 趋向无穷大，就可以将这个过程推广到三角形数的无穷级数。当 n 变得越来越大时，该项将接近 2，因此无穷数列的和 $\frac{1}{T_1}+\frac{1}{T_2}+\frac{1}{T_3}+\cdots$ 就等于 2。莱布尼茨通过将他的方法应用于其他无穷数列，也能够计算出它们的极限。他也预见到了现代数学中将无穷数列的和定义为一个极限的做法。1676 年 4 月，他在一篇未发表的论文中写道："每当有人说某个无穷数列有一个和时，我认为他所说的就是任何具有相同规则的有限级数都有一个和，而且误差总是随着该级数的增长而减小，因此误差会变得像我们所希望的那么小。"[2]

莱布尼茨很快就熟悉了他那一代人的数学成就，并开始追求他自己的想法。这将引导他在数学方面做出重大贡献。他在接下来的 4 年中都住在巴黎，其间只去过一次伦敦。他在那里访问了英国皇家学会，并展示了他设计的一台尚未完成的计算机器。这是第一台能够执行四种基本运算（加、减、乘、除）的机器。英国皇家学会的会员对此留下了深刻的印象，很快就推选他为外籍会员。在巴黎逗留期间，他利用微分建立了微积分的变化形式，并撰写了他的大部分重要数学著作。在 1675 年 11 月 21 日的一份手稿中，他首次使用了他用来表

---

[1] Richard T. W. Arthur, "The Remarkable Fecundity of Leibniz's Work on Infinite Series," *Annals of Science* Vol. 63, Issue 2（2006）.——原注

[2] G. W. Leibniz, *Interrelations between Mathematics and Philosophy*, edited by Norma B. Goethe, Philip Beeley, and David Rabouin（Springer, 2015）, p. 146.——原注

示一个函数的积分的符号 $\int f(x)\mathrm{d}x$。他在给牛顿的一封信中使用了他的微分法，牛顿认为这等同于他自己的流数法。牛顿在早先写给莱布尼茨的一封信中描述过他的一些结果（但没有描述他的方法），因此他认为莱布尼茨窃取了他的想法。事实上，牛顿早在 1666 年就使用过流数法，但直到 1693 年才发表。牛顿理直气壮地宣称，莱布尼茨的微积分方法并没有解决任何一个以前未解决的问题。虽然这是真的，但是正如我们在前面提到的，莱布尼茨创建了一种现在仍在使用的标准数学符号体系，这一点仍然应该归功于他，而牛顿那不实用的符号最终被放弃了。在巴黎期间，莱布尼茨吸收了当时的数学成就，并用改进过的符号体系予以重新表述，从而简化了计算，使其他数学家和物理学家更容易使用微积分这个工具。虽然他没有用他的微积分变化形式获得任何新的数学结果，但事实证明他的先进的符号体系对数学的进一步发展具有很大的影响。莱布尼茨本想留在巴黎，并试图成为法国科学院的名誉院士，但没有收到邀请。当时他的赞助人冯·博恩伯格男爵已经去世。他在巴黎看不到职业前景，因此在 1676 年 10 月接受了汉诺威王朝图书管理员和法院顾问的职位。大约在 1679 年，莱布尼茨创建了二进制算法，并将其写进了他在 1703 年发表的文章《解释二进制算法》（"Explication de l'arithmétique binaire"）中。在该文的引言中，他写道：

> "一般的算术计算是根据十的累进来进行的。使用 0、1、2、3、4、5、6、7、8、9 十个字符分别表示零以及一至九。当达到十时，一又重新开始。将十写成'10'，将十乘以十或者说一百写成'100'，将十乘以一百或者说一千写成'1000'，将十乘以一千写成'10000'，以此类推。但是，多年来，我一直使用最简单的累进来代替十的累进，因为我发现它有助于完善数字科学。因此，除了 0 和 1 之外，我不使用其他字符，在达到 2 时就重新开始。这就是为什么在这里二用'10'表示，二乘以二或者说四用'100'表示，二乘以四或者说八用'1000'表示，二乘以八或者说十六用'10000'表示，以此类推。"

如前所述，将一个二进制数转换为一个十进制数时，只需将 2 的幂相加即可。例如，二进制数 101011 表示 $1 \times 2^0 + 1 \times 2^1 + 0 \times 2^2 + 1 \times 2^3 + 0 \times 2^4 + 1 \times 2^5 =$

43。要将一个十进制数转换为一个二进制数，我们就将其除以 2，并记下余数（必须是 0 或 1），然后重复此过程，直至商为 0。

$$43 \div 2 = 21 \cdots\cdots 1$$
$$21 \div 2 = 10 \cdots\cdots 1$$
$$10 \div 2 = 5 \cdots\cdots 0$$
$$5 \div 2 = 2 \cdots\cdots 1$$
$$2 \div 2 = 1 \cdots\cdots 0$$
$$1 \div 2 = 0 \cdots\cdots 1$$

从下到上读取的余数序列为我们提供了 43 的二进制表示方式，即 101011。为什么可以这样做呢？

将表达式 $1 \times 2^0 + 1 \times 2^1 + 0 \times 2^2 + 1 \times 2^3 + 0 \times 2^4 + 1 \times 2^5 = 43$ 除以 2，可将 2 的所有幂的指数减去 1，得到 $1 \times 2^0 + 0 \times 2^1 + 1 \times 2^2 + 0 \times 2^3 + 1 \times 2^4$，余数为 1。将该式再除以 2，我们得到 $0 \times 2^0 + 1 \times 2^1 + 0 \times 2^2 + 1 \times 2^3$，余数为 1。继续这一过程，我们就得到了用二进制表示 43 的结果，最后一个余数是位值最高的那一位上的数字。

在提供了从数字 0 到 32 的转换表之后，莱布尼茨解释了二进制数的加法、减法、乘法和除法。这些运算实际上与我们所熟悉的普通十进制运算非常相似，只不过它们的进位值是 2 而不是 10。例如，将十进制数 5 和 8 相加得到的 3 作为最后一位，而将 1 进位到下一位，从而得到 13。以同样的方式，将二进制数 1 和 1 相加，得到 0 作为最后一位，而将 1 进位到下一位，得到二进制数 10_2（这里用下标 2 区分二进制数和十进制数）。要将二进制数 110_2 和 111_2 相加，我们从最后一位数字开始，将 0 和 1 相加得到 1（没有进位）。因此，答案的最后一位是 1。然后向左移动一位数字，将 1 和 1 相加得到 0，并进位 1。答案的下一个数字是 0，并且我们必须进 1。继续处理下一位数字，我们将 1 和 1 以及前一位数字相加的进位相加，得到 1，并进位 1。由此，我们就得到答案 1101_2。图 18.5 显示了莱布尼茨的《解释二进制算法》一文中的其他例子。他是用法语写的，因为这篇文章是由法国科学院发表的。你可能还想尝试一下二进制数的减法、乘法和除法。

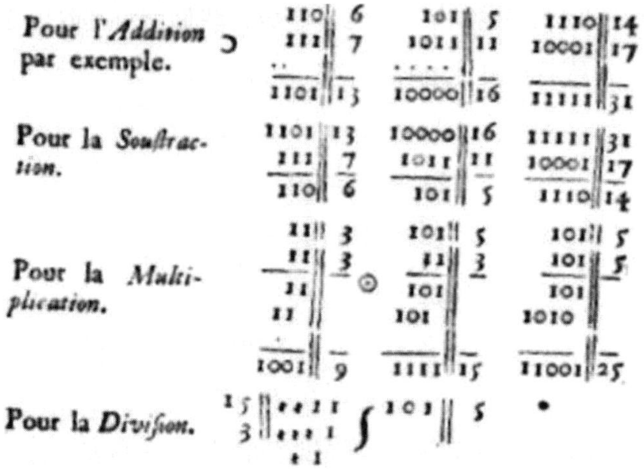

图 18.5　《解释二进制算法》（法国科学院，1703）

莱布尼茨在他的文章中随后又提出，二进制算法实际上比十进制算法简单，因为你不需要记住任何加法表和乘法表，只要知道如何将 1 和 0 相加或相乘就足够了。接下来，他写道：

　　"然而，我绝不推荐引入这种计数方法来代替按十计数的通常做法。除了因为我们已经习惯了这种常用计数方法以外，也因为我们没有必要去学习那些我们已经烂熟于心的东西。按十计数的做法较简洁，数字没有那么长。如果我们习惯于以十二或六十进位，就会有更大的优势。但是作为长度的补偿，用二进制来计算，也就是用 0 和 1 来计算，是科学计算的最基本的方法，而且提供了新的发现。后来事实证明这些发现是有用的，即使对于数字的练习，尤其是对于几何学也是如此。原因是，当数字被简化到最简单的形式（如 0 和 1）时，一种奇妙的顺序在整个过程中都是显而易见的。"

事实上，莱布尼茨已经设想了一种机器，其中用弹珠来表示二进制数，而起控制作用的则是一种基本的穿孔卡片，因此他已经预见了现代数字计算机的工作原理。

莱布尼茨的余生都在汉诺威度过，他只是在欧洲进行过一些广泛的旅行。除了履行法院的职责之外，他还不断撰写有关数学、逻辑、物理学和哲学的文章，并与当时的许多伟大学者保持着通信往来。他用好几种语言写作，其中主要是拉丁语、法语和德语。此外，莱布尼茨也许是欧洲第一位对中国文明产生浓厚兴趣的主要知识分子。他饶有兴趣地注意到，中国古代《易经》中的六边形（卦）对应于从 000000 到 111111 的二进制数。图 18.6 所示为《易经》卦图，图上的阿拉伯数字（较为模糊）为莱布尼茨所加。

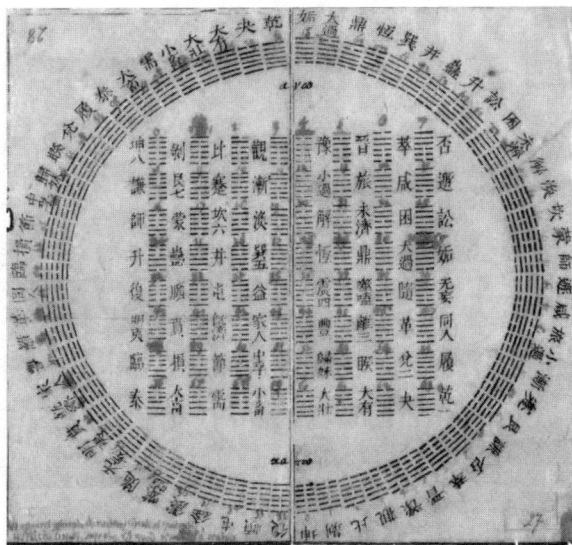

图 18.6　周游中国的法国耶稣会会士白晋（Joachim Bouvet，1656—1730）寄给莱布尼茨的卦图，1701 年，来自 Franklin Perkins, *Leibniz and China: A Commerce of Light*（Cambridge: Cambridge University Press, 2004）

他之所以为人们所铭记，除了因为他对数学的发展做出了重大贡献之外，还因为他是哲学和逻辑学领域的重要人物，同时也是步进计算器和一种数字机械计算器的发明者。图 18.7 所示为他在 1694 年发明的数字机械计算器。莱布尼茨与勒内·笛卡儿、巴鲁克·斯宾诺莎（Baruch Spinoza）同是 17 世纪的三大理性主义者——启蒙时代的先驱。他是最后的博学者之一，留下了数量惊人的关于各种不同学科的著作和信件，其中大约有 20 万页的书面和印刷文件保留下来了。他的广泛兴趣和丰富思想有时可能会成为一种负担，这在他写给一位友人的信中透露出来了，其中表明了他对于可用于知识追求的时间有限而略感绝望。

　　我无法告诉你我是多么心烦意乱、精力分散。我正试图在档案中找到各种各样的东西。我查阅旧报纸，寻找未发表的文件。通过这些，我希望能对布伦瑞克 [家族] 的历史有所了解。我收到并回复大量的信件。与此同时，我有太多的数学成果、哲学思想和其他文学上的创新。这些都不应该任其消失，而我常常不知道从哪里开始[1]。

图 18.7　莱布尼茨发明的数字机械计算器

　　在莱布尼茨生命的最后几年里，他与牛顿之间的一场长期争论令他痛苦不堪。这场争论的焦点是，莱布尼茨是否独立于牛顿发明了微积分，还是说他仅仅为那些从根本上来说属于牛顿的思想发明了另一套符号。在他的有生之年，他的数学著作几乎没有受到什么赏识。他于 1716 年在汉诺威孤独地去世（因为他从未结过婚）。尽管莱布尼茨是英国皇家学会的终身会员和柏林科学院的终身院士，但这两个组织都认为不宜纪念他的逝世。1985 年，德国政府设立了莱布尼茨奖，这是世界上最大的科学成就奖之一。

---

[1]　Richard C. Brown, *The Tangled Origins of the Leibnizian Calculus: A Case Study of a Mathematical Revolution*（World Scientific, 2012）, p. 229.——译注

第 19 章

乔瓦尼·塞瓦
（1647—1734，意大利）

一位杰出的天才被人们记住，在很大程度上是因为一部作品，这种情况并不罕见。在音乐和文学领域，这一现象尤为明显。在数学领域，情况也是如此。我们在这里介绍一位数学家，他感兴趣的主要领域是几何学，但他也在一定程度上涉足经济学和物理学。这就是意大利数学家乔瓦尼·塞瓦（Giovanni Ceva，见图 19.1），他于 1647 年 9 月 1 日出生在意大利米兰的一个在他那个时代被认为是富裕的家庭。虽然我们对塞瓦早年的情况知之甚少，但他后来评论说他的青年

图 19.1　乔瓦尼·塞瓦

时代是悲伤的，充满了种种不幸。他在米兰布雷拉宫的耶稣会学院接受教育，在那里展现了早慧的数学和科学天赋。

完成大学学业后，他追随父亲的脚步，在米兰、热那亚和曼图亚从事商业和政治活动，但他对科学和数学的兴趣仍保持着。1670 年，他进入比萨大学学习数学。在此期间，他一直努力解决化圆为方问题，即只用一把直尺和一副圆规作出一个与给定圆的面积相同的正方形。他感到非常气馁，于是他放弃了这一尝试。1882 年，人们利用林德曼 - 魏尔斯特拉斯定理证明 π 是一个超越数，因此作为该定理的结果之一，化圆为方问题被证明是不可能的[1]。1678 年，塞瓦

① 参见冯承天所著的《从代数基本定理到超越数：一段经典数学的奇幻之旅》，上海科技教育出版社 2019 年出版。——译注

出版了他的《直线论》(*De lineis rectis se invicem secantibus statica constructio*)
一书，同时继续与他的父亲一起工作。这项工作把他带到曼图亚和蒙费拉，他
的职责是负责这两个地区的经济。这一职责并没有妨碍他进一步研究数学和出
版其他著作。塞瓦的工作十分高效，因此他得到了曼图亚公爵的奖励，被授予
了那里的公民身份。在一边工作一边从事数学研究的过程中，他与当时的许多
顶尖数学家保持着通信联系。

1685 年 1 月 15 日，他与塞西莉亚・维奇（Cecilia Vecchi）结婚。他们育
有 7 个孩子，5 个存活下来的孩子也由曼图亚公爵授予了公民身份。1686 年，
他被任命为曼图亚大学的数学教授。他此后都在这所大学担任这一职务，其中
包括 1707 年该地区处于奥地利保护之下的这段时间。

塞瓦至今仍被人们所铭记，是因为他在 1678 年出版的《直线论》一书中
发表了一条关于三角形的定理，即塞瓦定理。该定理指出：由三角形顶点发出
并终止于其对边的线段称为塞瓦线段，如果这三条塞瓦线段共点，那么它们与
对边的交点所确定的沿三角形各边的交替线段长度的乘积相等。

塞瓦定理的逆定理也成立。关于图 19.2 所示的三角形 *ABC*，塞瓦定理是
这样表述的：当且仅当 *AM* · *BN* · *CL* = *MC* · *NA* · *LB* 时，由三角形 *ABC* 的
三个顶点 *A*、*B*、*C* 与它们各自对边 *BC*、*AC*、*AB* 上的点 *L*、*M*、*N* 确定的三条
线段 *AL*、*BM*、*CN* 才是共点的。这个充要条件也可表述为 $\dfrac{AM}{MC} \cdot \dfrac{BN}{NA} \cdot \dfrac{CL}{LB} = 1$。

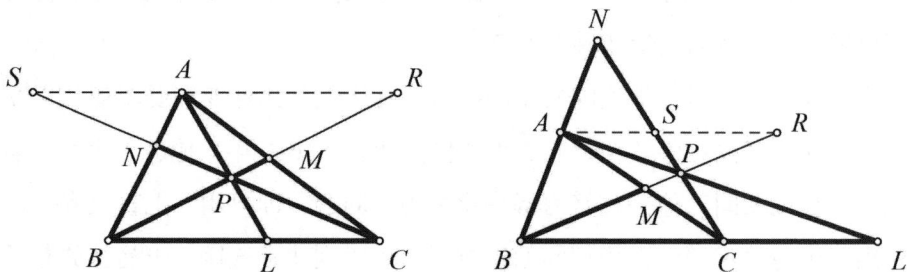

图 19.2　塞瓦定理图示

可以用许多方法来证明这条定理，下面我们用其中一种方法来证明这条奇

妙的定理①。通过查看图 19.2 中左边的那幅图，然后对照右边的那幅图验证每条陈述是否成立，也许更容易理解这一证明过程。在任何情况下，证明中所做的陈述对这两幅图都成立。

在图 19.2 的左图中，直线 SR 通过点 A 且平行于 BC。CP 的延长线与这条平行线交于点 S，BP 的延长线与这条平行线交于点 R。左图中的平行线 SR 和右图中的平行线 AR 使我们能够建立以下几对相似三角形。

$$\triangle AMR \sim \triangle CMB，因此 \frac{AM}{MC} = \frac{AR}{BC} \tag{I}$$

$$\triangle BNC \sim \triangle ANS，因此 \frac{BN}{NA} = \frac{BC}{SA} \tag{II}$$

$$\triangle CLP \sim \triangle SAP，因此 \frac{CL}{SA} = \frac{LP}{AP} \tag{III}$$

$$\triangle BLP \sim \triangle RAP，因此 \frac{LB}{AR} = \frac{LP}{AP} \tag{IV}$$

由式（III）和式（IV），我们得到：

$$\frac{CL}{SA} = \frac{LB}{AR}$$

上式可改写为：

$$\frac{CL}{LB} = \frac{SA}{RA} \tag{V}$$

现在将式（I）、式（II）、式（V）相乘，我们就得到了想要的结果：

$$\frac{AM}{MC} \cdot \frac{BN}{NA} \cdot \frac{CL}{LB} = \frac{AR}{BC} \cdot \frac{BC}{SA} \cdot \frac{SA}{AR} = 1$$

也可以写成：

$$AM \cdot BN \cdot CL = MC \cdot NA \cdot LB$$

这条定理的逆命题也有特殊的价值。也就是说，如果沿三角形各边的交替线段的长度的乘积相等，那么由这些线段的端点确定的塞瓦线段必定共点。

现在我们要证明，如果包含三角形 ABC 的顶点的三条直线分别与对边相

---

① Alfred S. Posamentier, Robert Geretschläger, Charles Li, and Christian Spreitzer, *The Joy of Mathematics: Marvels, Novelties, and Neglected Gems That Are Rarely Taught in Math Class* (Amherst, NY: Prometheus Books, 2017), pp. 289 - 91.——原注

交于点 L、M 和 N，且使得 $\dfrac{AM}{MC} \cdot \dfrac{BN}{NA} \cdot \dfrac{CL}{LB} = 1$，那么线段 AL、BM、CN 共点。

假设 BM 与 AL 相交于 P 点。连接 PC，并将其与 AB 的交点称为 N'。既然 AL、BM、CN' 共点，我们就可以用前面证明的塞瓦定理的那一部分来做出以下断言：

$$\frac{AM}{MC} \cdot \frac{BN}{NA} \cdot \frac{CL}{LB} = 1$$

但我们的假设是 $\dfrac{AM}{MC} \cdot \dfrac{BN}{NA} \cdot \dfrac{CL}{LB} = 1$，因此 $\dfrac{BN'}{N'A} = \dfrac{BN}{NA}$，于是点 N 和 N' 必定重合，这样就证明了这三条塞瓦线段的共点性。

为了方便起见，我们可以将这一关系重述如下：如果 $AM \cdot BN \cdot CL = MC \cdot NA \cdot LB$，则 AL、BM、CN 这三条线段共点。

法国数学家拉扎尔·卡诺（Lazare Carnot，1753—1823）发现了塞瓦定理的一种有趣的变化形式[1]。在这种变化形式中，三条塞瓦线段的共点性是将三角形的各个顶角分成两个角来指定的。在图 19.3 中，$\angle A$ 被分成 α_1 和 α_2，$\angle B$ 被分成 β_1 和 β_2，$\angle C$ 被分成 γ_1 和 γ_2。

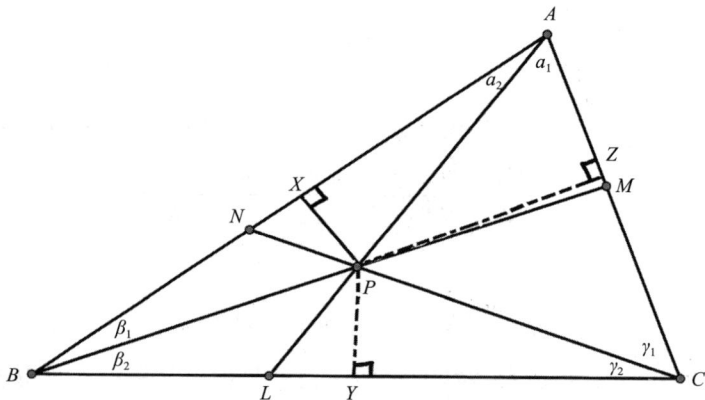

图 19.3 塞瓦定理的变化形式

① Alfred S. Posamentier and Ingmar Lehmann, *The Secrets of Triangles: A Mathematical Journey*(Amherst, NY: Prometheus Books,2012), p. 45. ——原注

当且仅当 [①] $\dfrac{\sin\alpha_1}{\sin\alpha_2} \cdot \dfrac{\sin\beta_1}{\sin\beta_2} \cdot \dfrac{\sin\gamma_1}{\sin\gamma_2} = 1$ 时，它们将相交于公共点 P。这个证明需要多次利用正弦定律，留待感兴趣的读者去完成 [②]。

塞瓦还发现了古希腊数学家亚历山大的梅涅劳斯（Menelaus of Alexandria，70—140）在公元 100 年提出的一条定理，从而进一步丰富了我们的几何学知识 [③]。梅涅劳斯证明了由三角形各边上交替线段长度的乘积相等确定共线点，你可以从下面对梅涅劳斯定理的陈述中看到这一点。

如果三个点 X、Y、Z 位于三角形 ABC 的各条边（或其延长线）上，

使得 $AZ \cdot BX \cdot CY = AY \cdot BZ \cdot CX$，则 X、Y、Z 三点共线，如图 19.4 所示。

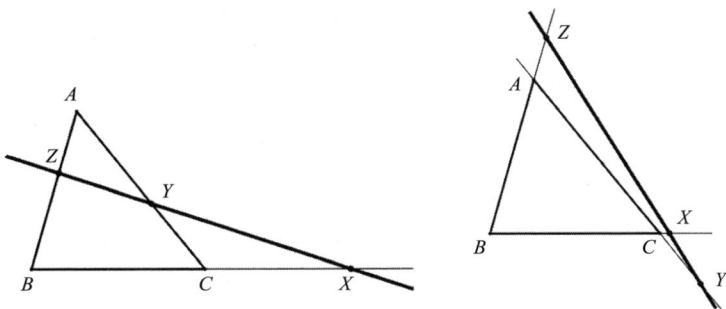

图 19.4　梅涅劳斯定理图示

梅涅劳斯定理的证明相当直接，而且使用的仍然是初等几何关系。这也是一种双条件关系，可以表述如下：当且仅当 X、Y、Z 三点共线时，$AZ \cdot BX \cdot CY$ $= AY \cdot BZ \cdot CX$。

我们首先证明如果 X、Y、Z 三点共线，那么 $AZ \cdot BX \cdot CY = AY \cdot BZ \cdot CX$。

---

① 这是一个"双条件"命题，表明如果这些线段共点，那么这个等式就成立；如果这个等式成立，那么这些线段就共点。——原注

② 这样的表述称为角元塞瓦定理，可按如下方法证明。在图 19.3 中分别作 PX、PY、PZ 分别垂直于 AB、BC、CA，则由 $\sin\alpha_1 = \dfrac{PZ}{AP}$，$\sin\alpha_2 = \dfrac{PX}{AP}$，可得 $\dfrac{\sin\alpha_1}{\sin\alpha_2} = \dfrac{PZ}{PX}$。同理，可得 $\dfrac{\sin\beta_1}{\sin\beta_2} = \dfrac{PX}{PY}$，$\dfrac{\sin\gamma_1}{\sin\gamma_2} = \dfrac{PY}{PZ}$，于是有 $\dfrac{\sin\alpha_1}{\sin\alpha_2} \cdot \dfrac{\sin\beta_1}{\sin\beta_2} \cdot \dfrac{\sin\gamma_1}{\sin\gamma_2} = 1$。该定理的逆定理可用同一方法证明。——译注

③ Posamentier and Lehmann, *Secrets of Triangles*, pp. 135 - 36 and 342.——原注

过点 C 作一条直线与 AB 平行，与 XYZ 或 YXZ 相交于 D 点，如图 19.5 所示。我们从给定的共线点 X、Y、Z 开始证明。

由于 $\triangle CDX \sim \triangle BXZ$，因此，

$$\frac{CD}{BZ} = \frac{CX}{BX}，\text{或 } CD = \frac{BZ \cdot CX}{BX} \qquad （\text{VI}）$$

由于 $\triangle CDY \sim \triangle AYZ$，因此，

$$\frac{CD}{AZ} = \frac{CY}{AY}，\text{或 } CD = \frac{AZ \cdot CY}{AY} \qquad （\text{VII}）$$

由式（VI）和式（VII）可得：

$$\frac{BZ \cdot CX}{BX} = \frac{AZ \cdot CY}{AY}$$

由此，我们很容易得到：

$$AZ \cdot BX \cdot CY = AY \cdot BZ \cdot CX$$

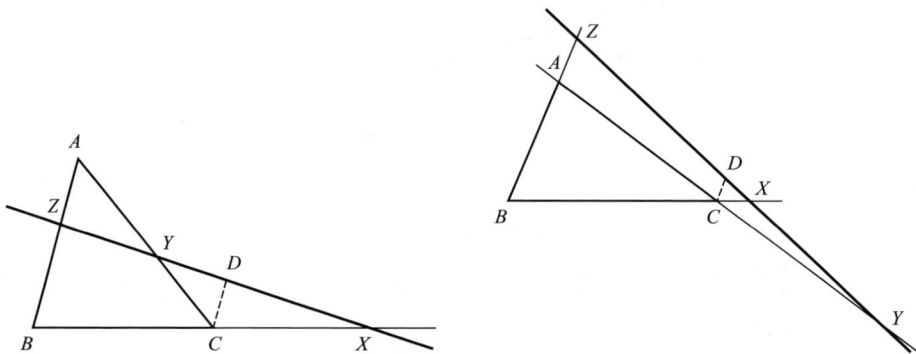

图 19.5　梅涅劳斯定理的证明

现在我们证明如果如此安排点 X、Y、Z 的位置而使得等式 $AZ \cdot BX \cdot CY = AY \cdot BZ \cdot CX$ 成立（另一种表达方式是 $\frac{AY}{CY} \cdot \frac{BZ}{AZ} \cdot \frac{CX}{BX} = 1$），那么 X、Y、Z 三点共线。

设 AB 与 XY 的交点为 Z'，我们下面证明点 Z' 与 Z 重合。

由于上文可知 $\frac{AY}{CY} \cdot \frac{BZ}{AZ} \cdot \frac{CX}{BX} = 1$，又有 $\frac{BZ'}{AZ'} = \frac{BZ}{AZ}$。因此，点 Z' 和 Z 重合，因此 X、Y、Z 三点必定共线。

相对于塞瓦如今的名声，令人悲哀的是，在他那个时代，他的《直线论》并不受欢迎，只出了一版。他的许多发现后来又被其他数学家发现，而他们并不知道塞瓦的工作，因此无法将他们的发现归因于他。直到 19 世纪，法国数学家迈克尔·夏莱（Michel Chasles，1793—1880）才意识到塞瓦的工作早于后来的那些数学家。因此，我们现在把这条定理称为塞瓦定理。除了几何学方面的工作以外，塞瓦还从事力学应用方面的研究。塞瓦于 1734 年 5 月 13 日在意大利曼图亚去世。

第 20 章

罗伯特·西姆森
（1687—1768，苏格兰）

学生在高中阶段仍要学习一年几何学的教育体系在世界上为数不多，而美国是其中之一。这门课程的设置基于欧几里得的名著《几何原本》。不过，美国高中几何课程的发展历程相当有趣。我们可以从苏格兰数学家罗伯特·西姆森讲起，他编写了一本包括《几何原本》前 6 卷和第 11、12 卷内容的英语著作并于 1756 年在苏格兰的格拉斯哥首次出版。图 20.1 是此书 1787 年版的扉页。

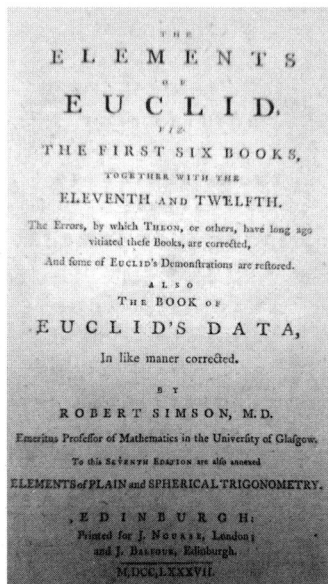

图 20.1　西姆森著作的扉页（1787 年）

1794 年，法国数学家阿德里安 - 马里·勒让德（Adrien-Marie Legendre，1752—1833）出版了一本几何学著作，名为《几何学基础》（*Éléments de géométrie*）。这本书流行了大约 100 年。这本书是通过美国数学家查尔斯·戴维斯（Charles Davies）的工作横渡大西洋的，经他改编的《几何学基础》（*Elements of Geometry*，见图 20.2）于 1828 年首次出版。这本书的内容后来成为美国几何教学的模式。当然，这本书多年来又经过了许多修改，直到演化成如今美国高中几何课程所使用的课本 [1]。

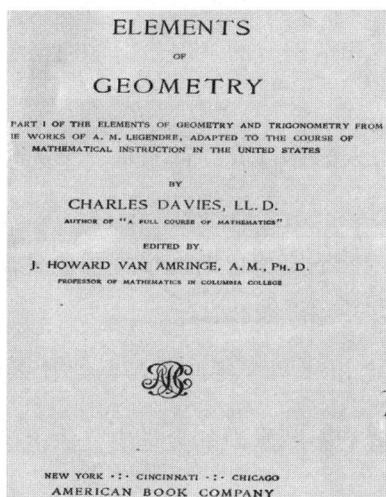

ELEMENTS
OF
GEOMETRY

PART I OF THE ELEMENTS OF GEOMETRY AND TRIGONOMETRY FROM
THE WORKS OF A. M. LEGENDRE, ADAPTED TO THE COURSE OF
MATHEMATICAL INSTRUCTION IN THE UNITED STATES

BY
CHARLES DAVIES, LL.D.
AUTHOR OF "A FULL COURSE OF MATHEMATICS"

EDITED BY
J. HOWARD VAN AMRINGE, A.M., PH.D.
PROFESSOR OF MATHEMATICS IN COLUMBIA COLLEGE

NEW YORK ·:· CINCINNATI ·:· CHICAGO
AMERICAN BOOK COMPANY

图 20.2　经戴维斯改编的《几何学基础》

罗伯特·西姆森是约翰·西姆森（John Simson）的长子，1687 年 10 月 14 日出生在苏格兰艾尔郡的西基尔布莱德。

他在古典文学和植物学方面的才华使他在 1702 年进入格拉斯哥大学，当时他不到 15 岁。在父亲的敦促下，西姆森受到指引，准备以后担任神职。然而，他发现宗教思想缺乏精确性，因此并不令人满意。接下来吸引他的是一本论述亚洲语言学的书，虽然那本书中的陈述可以证明成立与否，但他还是不完全满意。直到深入钻研数学，他才发现了一门特别让他感兴趣的学科。几何学促进

---

[1]　Alfred S. Posamentier and Robert L. Bannister, *Geometry: Its Elements and Structure*, 2nd ed.（New York: Dover, 2014）。——原注

了他的大觉醒，尤其是在他阅读欧几里得的《几何原本》以后。但是，这给他带来的挑战还不够。1710 年，他从格拉斯哥大学毕业，尽管校方已经聘他担任数学系教授，但他决定前往伦敦。在伦敦，他遇到了那个时代的顶尖数学家。一年后，他回到格拉斯哥，担任他当初受聘的那个职务。他在那里再次从事他最喜欢的数学领域——几何学的研究。西姆森用拉丁语写了一些关于欧几里得的《几何原本》的文章，然后出版了该著作的英文版，这很可能是这部不朽著作的第一个英文版本。西姆森的著作在全世界有 70 多个版本，至今仍然是美国高中几何课程教授欧几里得的《几何原本》的主要模式。西姆森在他的整个职业生涯中注意到了代数和微积分的发展，但他通常更喜欢用几何学来表达他的数学思想。

罗伯特·西姆森终身未婚，过着一种非常简单的生活。他放弃了一个优雅的住所，换了一套简陋的小公寓。大部分时候，他都在大学附近的一家小酒馆里用餐。1746 年，苏格兰的圣安德鲁斯大学授予他名誉医学博士学位。他对拥有这一学位引以为傲。

1753 年，西姆森指出相邻两个斐波那契数之比的极限趋于黄金比例，即 $\dfrac{1+\sqrt{5}}{2}=1.618\cdots$。这为我们不断发展的数学史又添上了一笔。

他在今天的名气不仅缘于这本几何书的历史性成就，还来自一条以他的名字命名的几何定理。这条定理其实不应归功于他，因为其发现者是苏格兰数学家威廉·华莱士（William Wallace，1768—1843）。1799 年，托马斯·利伯恩（Thomas Leybourn）出版的《数学宝库》（*The Mathematical Repository*）一书介绍了这条定理。由于西姆森的名声在外，那些没有归功于笛卡儿的、具有欧几里得风格的几何学思想自然而然地就被认为是由他提出的。

现在让我们看看西姆森定理。在图 20.3 中，我们注意到三角形 *ABC* 内接于一个圆，而点 *P* 是圆上的任意一点。由点 *P* 向三角形的三条边作三条垂线（细实线），将三个垂足记为 *X*、*Y*、*Z*，那么根据西姆

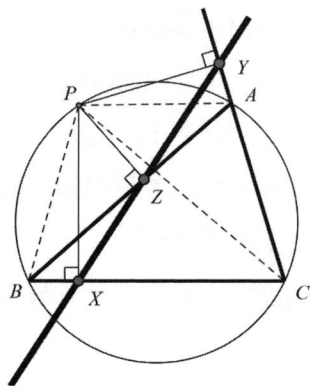

图 20.3　西姆森定理图示

森定理，X、Y、Z 三点总是共线。

证明这种惊人的关系为何正确是一个很好的练习，由此可以理解几何关系的威力。我们注意到图 20.3 中的 $\angle PYA$ 和 $\angle PZA$ 互补（因为二者都是直角）。当一个四边形的对角互补时，该四边形就是一个圆内接四边形（也就是说它可以内接于一个圆）。因此，四边形 $PZAY$ 是一个圆内接四边形。我们现在连接 PA、PB、PC（虚线）。考虑到四边形 $PZAY$ 的外接圆（未显示），我们有两个角 $\angle PYZ$、$\angle PAZ$（即 $\angle PAB$）截取同一段弧，即圆上的弧 PZ。这使得这两个角相等（$\angle PYZ = \angle PAZ$）。

同样，我们注意到 $\angle PYC$ 和 $\angle PXC$ 这两个角互补，它们构成了一个圆内接四边形 $PXCY$。因此，$\angle PYX = \angle PCB$，因为它们都是由弧 PX（未显示）度量的。

现在由圆内接四边形 $PACB$，我们得到 $\angle PAZ$（或 $\angle PAB$）$= \angle PCB$。根据我们刚刚建立的三个角度等式，可以把它们联立起来，得到 $\angle PYX = \angle PCB = \angle PAZ = \angle PYZ$，或者简单地写成 $\angle PYX = \angle PYZ$，这意味着 X、Y、Z 三点共线。由此，我们就证明了西姆森定理。应该指出的是，它的逆定理也成立。

除了三点共线以外，垂线的长度也构成了一种值得注意的关系。在图 20.4 中，点 P 位于三角形 ABC 的外接圆上，由点 P 向 AC、AB、BC 三条边分别作垂线 PX、PY、PZ。这里演变出的有趣关系是 $PA \cdot PZ = PB \cdot PX$。为了证明这一令人惊奇的关系，我们将确定两个圆内接四边形，即四边形 $PYZB$ 和四边形 $PXAY$。因为 $\angle PYB$ 和 $\angle PZB$ 是直角，并且其对边都是 PB，所以 $PYZB$ 是一个圆内接四边形，且 $\angle PZY = \angle PBY$。我们可以用类似的论证过程证明四边形 $PXAY$ 是一个圆内接四边形，因为 $\angle PXA = \angle PYA = 90°$。我们可以同样得出结论 $\angle PXY = \angle PAY$。由于我们有沿着西姆森线分布的点 X、Y、Z，因此可以确定 $\triangle PAB \sim \triangle PXZ$，由此可得 $\dfrac{PA}{PX} = \dfrac{PB}{PZ}$，即 $PA \cdot PZ = PB \cdot PX$。

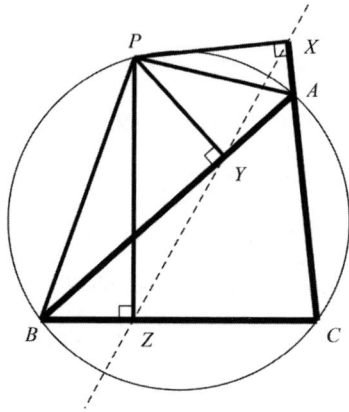

图 20.4　证明 $PA \cdot PZ = PB \cdot PX$

在图 20.5 中，我们将展示关于西姆森线的另一个有趣的特性：如果三角形 ABC 的高 AD 与外接圆相交于点 P，那么点 P 相对于三角形 ABC 的西姆森线（XDZ）平行于该圆在 A 点的切线 AG。

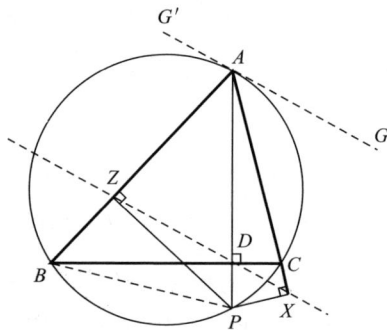

图 20.5　$XDZ \parallel AG$

为了证明这一关系成立 [①]，我们首先考虑线段 PX 和 PZ 分别垂直于三角形 ABC 的边 AC 和 AB。如图 20.5 所示，我们现在作线段 PB。请关注四边形 $PDZB$，我们注意到 $\angle PDB = \angle PZB = 90°$，因此我们可以确定四边形 $PDZB$ 为一个圆内接四边形。这样，我们就可以确定 $\angle DZB$ 与 $\angle DPB$ 互补，因为它们是圆内接四边形 $PDZB$ 的一对对角。

---

① 以下证明原文有错，译文已改正。——译注

当我们考虑三角形 ABC 的外接圆及其切线 AG 时，注意到有两个相等的角：

$$\angle G'AB = \angle APB（或 \angle DPB）$$

因为 $\angle GAB$ 与 $\angle G'AB$ 互补，所以我们就可以确定 $\angle DZB = \angle GAB$。因此，西姆森线与经过点 A 的切线 AG 平行。

罗伯特·西姆森于 1768 年去世，他被安葬在黑衣修士墓地。不久之后，人们为他树立了一座 15 米高的纪念碑，上面刻着这样的铭文："希腊几何学的恢复者，并通过其著作而成为学校几何学习的伟大推动者。"这无疑总结了他对未来的贡献！

第 21 章

克里斯蒂安·哥德巴赫
（1690—1764，德国）

几乎每一个领域都有一些才华横溢的人，他们之所以闻名至今在很大程度上是因为他们在职业生涯中取得了巨大的成功。例如，法国作曲家乔治·比才（Georges Bizet，1838—1875）以他的歌剧《卡门》（*Carmen*）闻名于世，美国作家 J. D. 塞林格（J. D. Salinger，1919—2010）因其小说《麦田里的守望者》（*The Catcher in the Rye*）而广为人知，作曲家英格伯特·洪普丁克（Engelbert Humperdinck，1854—1921）以歌剧《糖果屋》（*Hänsel und Gretel*）流芳后世。克里斯蒂安·哥德巴赫也是如此，如今人们提到他主要是因为以他的名字命名的猜想，这一猜想几个世纪以来一直在挑战着数学家们。

克里斯蒂安·哥德巴赫（见图 21.1）于 1690 年 3 月 18 日出生于柯尼斯堡，这座城市当时属于勃兰登堡－普鲁士，如今属于俄罗斯，名为加里宁格勒。他的父亲是当地新教教会的一位牧师，哥德巴赫则在那座城市的皇家阿尔伯图斯大学学习。他学习法律和医学，也钻研数学。从 1710 年到 1724 年，他游历了整个欧洲，访问了德国各州、荷兰、意大利、英国和法国。在访问期间，他设法会见当时的主要科学家。例如，1711 年他与德国数学

图 21.1　克里斯蒂安·哥德巴赫

家和哲学家戈特弗里德·威廉·莱布尼茨会面。在接下来的两年里，他与莱布尼茨用拉丁文进行书信往来。

1712 年，他在伦敦遇到了几位数学家，其中有尼古拉第一·伯努利（Nicolaus I Bernoulli）和亚伯拉罕·棣莫弗（Abraham de Moivre）。有人还建议他去找雅各布·伯努利（Jacob Bernoulli）。这些相遇开始激励他进入数学领域。1721 年，哥德巴赫在威尼斯遇见了尼古拉第二·伯努利（Nicolaus II Bernoulli），又通过尼古拉第二与他的弟弟丹尼尔·伯努利（Daniel Bernoulli）建立了联系，并与之保持了 7 年的通信往来，这使哥德巴赫对数学的兴趣与日俱增。应该提一下的是，哥德巴赫会多种语言。因此，他的日记是用德语和拉丁语写的，他的信件是用德语、拉丁语、法语和意大利语写的，他还会用俄语处理法律文件。

1724 年，当哥德巴赫回到柯尼斯堡时，他会见了格奥尔格·波恩哈德·比尔芬格（Georg Bernhard Bilfinger）和雅各布·赫尔曼（Jakob Hermann）。这两位数学家对哥德巴赫的数学追求产生了很大的影响。哥德巴赫在这一领域的声望迅速上升，1725 年他被聘为圣彼得堡科学院的数学和历史教授。这是他多年来所树立的声誉带来的结果。他树立声誉的方式是阅读著名数学家的文章，然后发表自己的文章，而现在回过来看，这并不是很有深度的做法。

从 1725 年 12 月圣彼得堡科学院成立到 1728 年 1 月，哥德巴赫一直担任记录秘书一职。在此期间，他具有驾驭圣彼得堡政治局势的能力。圣彼得堡是当时俄国的首都。

1727 年，多产的著名瑞士数学家莱昂哈德·欧拉来到了圣彼得堡，在那里遇到了哥德巴赫。此后不久，哥德巴赫于 1729 年移居莫斯科，但他与欧拉保持了 35 年的通信。1732 年，哥德巴赫作为皇室家庭教师回到圣彼得堡，在那里再次活跃在科学院。实际上，他是负责管理科学院的两个人之一，另一个是 J. D. 舒马赫（J. D. Schuhmacher）。因此，他越来越多地参与俄国政府的事务。他的语言能力使他在俄国政府中的地位步步高升。1740 年，他从科学院辞职，就任外交部的一个重要职位。1760 年，他应要求为皇室制订一个教育计划，该计划在接下来的 100 年里一直在实施。

那么，哥德巴赫的数学遗产是从哪里演化而来的？如前所述，哥德巴赫与欧拉定期通信。1742 年，他向欧拉提出了一个猜想，即每一个大于 2 的整数都可以表示为三个素数之和（见图 21.2）。例如，$3 = 1 + 1 + 1$，$4 = 1 + 1 + 2$，$5 = 1 + 1 + 3$，$31 = 23 + 7 + 1$，以此类推。应该指出的是，哥德巴赫认为数字 1 是素数，而如今它已不再被认为是一个素数。欧拉对哥德巴赫的回应是，这个猜想的等价形式是所有大于 2 的偶数都可以表示为两个素数之和。例如，$6 = 3 + 3$，$8 = 3 + 5$，$10 = 5 + 5$，$32 = 29 + 3$，以此类推。欧拉进一步说，他非常肯定这个猜想是正确的，但他证明不出这一点。在过去的几个世纪里，也没有任何其他人能证明！

图 21.2　哥德巴赫的信件

正是这个猜想使哥德巴赫至今仍然闻名遐迩，因为从未有人证明这是一个正确的猜想，另一方面也从未有人证明这不是一个正确的猜想。2012 年，葡萄牙教授托马斯·奥利维拉·e·席尔瓦（Tomás Oliviera e Silva）证明这个猜想对于所有小于 4000000000000000000（或者写成简洁的形式 4×10^{18}）的整数都成立。如今，我们将哥德巴赫猜想写成如下形式：每一个大于 5 的整数都可以写成三个素数之和，数字 1 不包括在素数中。

　　哥德巴赫似乎将研究数学看作某种消遣，他鼓励与他通信的欧拉检验这一猜想对于前 2500 个数字是否正确，结果没有发现任何错误。

　　值得注意的是，这个猜想的一个弱版本，即所有大于 7 的奇数都是三个奇素数之和，已经在 2013 年被哈拉尔德·安德烈斯·赫夫戈特（Harald Andres Helfgott）证明了 [①]。

　　哥德巴赫于 1764 年 11 月 20 日在莫斯科去世，享年 74 岁。正如我们在前面所说的，他的精神遗产是他的著名猜想。直到今天，这个猜想从未被证明对所有的数字来说都是正确的，因此，它仍然是一个猜想，而不是一条定理。

---

① 　H. A. Helfgott, "Major Arcs for Goldbach's Theorem," *French National Centre for Scientific Research*（May 2013). ——原注

第 22 章

伯努利家族
（1654—1782，瑞士）

在数学史上，一个家庭中有如此多的成员在数学方面取得杰出的成就，这也许是独一无二的。伯努利家族的情况正是这样。在这里，我们主要关注雅各布·伯努利、他的弟弟约翰·伯努利（Johann Bernoulli）和约翰的儿子丹尼尔·伯努利。

上述三位数学家来自同一个家族，我们从其中最年长的一位开始介绍。雅各布·伯努利（见图 22.1）于 1654 年 12 月 27 日出生在瑞士的巴塞尔。他的父亲是尼古拉（Nicolaus，又名 Niklaus，1623—1708），他的母亲是玛格丽塔·舍诺尔（Margaretha Schönauer）[1]。这对夫妇希望他们的孩子要么准备接管家族企业，要么去做牧师。这在当时并不罕见。雅各布的情况属于后者。在父母的引导下，他在巴塞尔大学学习哲学和神学，1671 年获得哲学硕士学位，1676 年又获得了神学学位。尽管雅各布参加了这些正式的学习，但他违背了父母的意愿，

图 22.1　雅各布·伯努利肖像（由他的弟弟尼古拉·伯努利于 1687 年绘制）

---

[1] *Biographical Dictionary of Mathematicians*, Vol. 1（New York: Charles Scribner's），p. 221.——原注

私下里学习数学和天文学。他也许缓解了家人对他学习数学的厌恶。他并不是唯一面临这种家庭压力的人，当时的其他数学家似乎也面临着类似的压力。在22 岁到 28 岁之间，雅各布游历了整个欧洲，拜访了他那个时代的主要科学家和数学家。

1683 年，他回到巴塞尔大学，开始教授流体力学和固体力学。由于他拥有神学学位，因此他有资格在教会任职，但他立即拒绝了。这样，他就可以投身于自己真正感兴趣的领域——数学和科学。1684 年，他与朱迪思·斯塔帕纳斯（Judith Stupanus）结婚，婚后二人育有两个孩子。他继续与其他数学家通信，尤其对勒内·笛卡儿和戈特弗里德·威廉·莱布尼茨的著作着迷。雅各布·伯努利为当时正在发展的数学学科提供了更为重要的基石之一：

$$e = \lim_{n \to \infty} \left(1 + \frac{1}{n}\right)^n$$

这是从他对复利的研究中发展而来的。他发现如果某人投资 1.00 美元，每年支付给他的利息是 100%，那么到年底时总金额就是 2.00 美元。如果利息在一年中结算两次，则总金额是 $1.00 \times 1.5^2 = 2.25$ 美元。如果按季度计算复利，那么这笔投资的收益为 $1.00 \times 1.25^4 = 2.4414\cdots$美元。如果按月计算复利，那么这笔投资的收益为 $1.00 \times (1.0833\cdots)^{12} = 2.613035\cdots$美元。如果按周计算复利，那么他发现收益是 $2.692597\cdots$美元。按日计算复利的收益 $2.714567\cdots$美元。随着越来越频繁地计算复利，总金额将达到极限值 $2.718281828459\cdots$美元。这就是自然对数的底，用字母 e 表示。这个符号后来由莱昂哈德·欧拉加以推广。

1687 年，他终于安定下来，接受了巴塞尔大学数学教授的职位。这也给他带来了新的机会，继续研究英国数学家伊萨克·巴罗（Isaac Barrow，1630—1677）和约翰·沃利斯（John Wallis，1616—1703）的发现，而这又促使他进一步研究微分几何。

在获得了巴塞尔大学的这个职位之后，他开始指导弟弟约翰学习数学。兄弟俩对莱布尼茨于 1684 年发表在《博学通报》（*Acta Eruditorum*）上的关于微分学的论文感兴趣，这篇论文可以被认为是我们所知晓的微积分的第一次出现。

大约在同一时间，艾萨克·牛顿也建立了微积分的概念，他将其称为流数。众所周知，关于谁首次开拓这一新的数学领域，逐渐形成了一场争论。当然，伯努利兄弟支持莱布尼茨。雅各布在 1690 年发表的一篇论文中，首先在分析曲线时使用了"积分"一词。1691 年，雅各布写了一篇关于悬链线的文章。悬链线是一条两端支撑在同一高度的链条形成的曲线。如今，它经常出现在桥梁建构中。悬链线可以在 xOy 平面上显示为一条从直线 $x = 0$ 下垂到其最低点 $y = a$ 的链条，它由方程 $y = \left(\dfrac{a}{2}\right)\mathrm{e}^{\frac{x}{a}} + \mathrm{e}^{-\frac{x}{a}}$ 给出。

它也可以通过方程 $y = a\cosh\left(\dfrac{x}{a}\right)$ 表示为双曲余弦函数。1695 年，他将微积分应用于他的分析，进一步改进了桥梁设计。

在当时的许多数学家搞清微积分这一领域之前，伯努利兄弟俩已埋头于研究它的应用了。与此同时，他们之间的竞争和对抗不断升级。他们开始在出版物上互相批评，同时用数学问题互相挑战。这进一步推动了人们对数学的理解。1697 年，他们的关系完全破裂，二人分道扬镳，彼此不再沟通。

雅各布于 1705 年 8 月 16 日在瑞士的巴塞尔去世。不幸的是，他在世时并没有看到后来在 1713 年出版的《推测的艺术》（*Ars Conspectandi*），这是对他的大部分优秀成果的总结（见图 22.2），其中包括排列组合理论以及著名的伯努利数。利用伯努利数，可以轻松地计算任何连续整数的幂之和。在讨论这些问题时，据称他这样说道："在这张表格的帮助下，我花了不到半刻钟的时间就能求出前 100 个数字的 10 次方相加的和为 91409924241424243424241924242500。"[1] 表

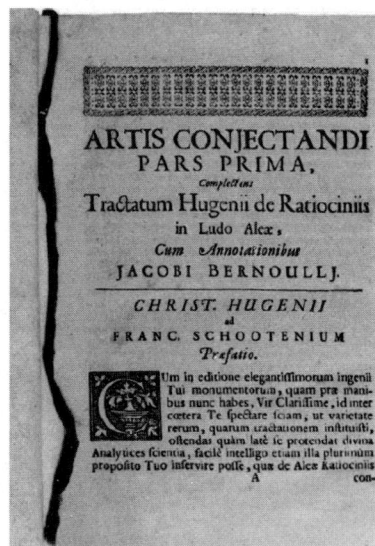

图 22.2　《推测的艺术》，1713 出版（米兰，曼苏蒂基金会）

---

[1]　Dirk Jan Struik, *A Source Book in Mathematics, 1200–1800* (in the series Princeton Legacy Library)(Princeton, NJ: Princeton University Press, 2014), p. 320. ——原注

22.1 列出了前 11 个伯努利数 B_n 的值。如果 n 是 4 的倍数而不等于 0，那么 $B_n < 0$。其他伯努利数都是正的，除了 $n = 1$ 的情况，此时 $B_1 = \pm \dfrac{1}{2}$。伯努利数产生于雅各布对整数幂之和的长期研究，这个问题自古以来就吸引着很多数学家。奇怪的是，这些数是第一个复杂计算机程序的主题。

表 22.1　前 11 个伯努利数

n	B_n
0	1
1	$\pm \dfrac{1}{2}$
2	$\dfrac{1}{6}$
3	0
4	$-\dfrac{1}{30}$
5	0
6	$\dfrac{1}{42}$
7	0
8	$-\dfrac{1}{30}$
9	0
10	$\dfrac{5}{66}$

伯努利数可以定义为以下数列求和公式中的 B_k：

$$\sum_{k=0}^{p} \frac{B_k}{k!} \cdot \frac{p!}{(p+1-k)!} \cdot n^{p+1-k} = \frac{B_0}{0!} \cdot \frac{n^{p+1}}{p+1} + \frac{B_1}{1!} n^p + \frac{B_2}{2!} pn^{p-1} + \frac{B_3}{3!} p(p-1)n^{p-2} + \cdots + \frac{B_p}{1!} n$$

只有心怀大志的读者才想进一步探究这个问题。

《推测的艺术》还进一步介绍了概率这一主题和现在很著名的伯努利大数定律，该定律如今被用于对统计总体进行抽样。伯努利大数定律指出，当有许多试验或事件发生时，经过足够长的时间，具有相同发生可能性的事件的出现频率与概率相等。随着事件数量的增加，结果的实际比率将收敛于理论上的或预期的结果比率。

伯努利的工作引人注目的原因有三个。首先，他在进行研究时对那些在他之前进行该研究的人只有肤浅的了解。他读到过克里斯蒂安·惠更斯的《几率游戏中的推理》（*Reasoning in Games of Chance*），但从他的著作中可以清楚地看出，他没有读过帕斯卡与费马的书信、帕斯卡的《算术三角形》（*Treatise on Arithmetical Triangle*），以及其他一些原本可以为他的研究提供信息的文本。其次，尽管他没有机会接触前辈的著作，但他在概率研究方面的进步比他们大得多。最后，他不仅致力于解释假设结果公平的那些几率游戏，还解释了纸牌、骰子和硬币游戏的独特结果。他也试图解释诸如决策制定等问题。1744 年，雅各布·伯努利的著作在他死后以两卷本的形式出版，书名为《雅各布·伯努利作品集》（*Opera Jacobi Bernoulli*）（见图 22.3）。

现在我们来看看约翰·伯努利（见图 22.4）。他是雅各布·伯努利的弟弟，1667 年 8 月 6 日出生在瑞士的巴塞尔，是他父亲的第十个孩子。他的父亲是一位药剂师，希望他最终接管自己的事业，因此引导约翰的大学学习朝着这个方向发展。

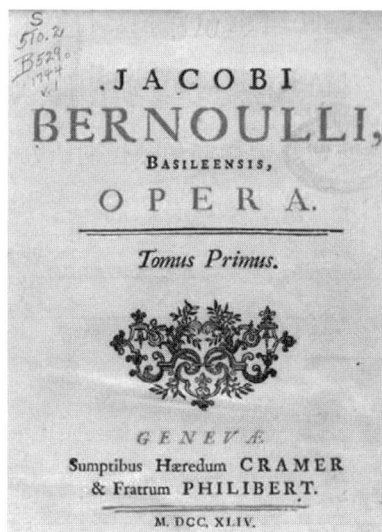

图 22.3 《雅各布·伯努利作品集》第 1 卷

图 22.4 约翰·伯努利
[布面油画，约翰·鲁道夫·胡贝尔
（Johann Rudolf Huber）创作于 1740 年]

约翰对商业不感兴趣，因此选择了学医，试图让他的父母多少感到满意。但他对这个学科也不感兴趣，他的哥哥雅各布怂恿他考虑学习数学，结果他发现这才是最适合他的。兄弟俩（见图 22.5）最初致力于微积分这门新学科的研究。

图 22.5　雅各布·伯努利和约翰·伯努利（版画，约 1870—1874）

　　尽管约翰对数学的兴趣高于一切，但他还是在巴塞尔大学完成了医学专业的学习，并于 1694 年获得博士学位。令他父亲非常失望的是，他后来潜心研究数学，出版了两本关于微积分的著作。此后不久，他迎娶了多萝西娅·福克纳（Dorothea Falkner）。两人育有三个男孩，其中一个是丹尼尔，我们将在稍后介绍他的职业生涯。也是在个时候，他开始在荷兰的格罗宁根大学担任数学教授。约翰在格罗宁根大学里似乎很快乐，这从 1696 年 7 月 22 日的一张短笺中可见一斑（见图 22.6）。他在其中写道："哪里有面包，哪里就是我的家园。"（*Patria est, ubi bene est.*）

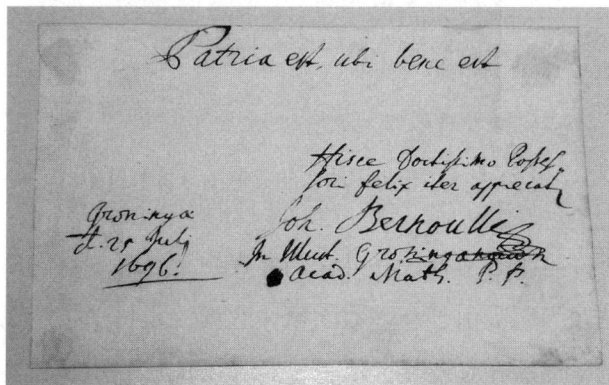

图 22.6　约翰·伯努利的短笺

约翰在他的一生中教过一些非常著名的学生，例如莱昂哈德·欧拉和法国数学家纪尧姆 – 弗朗索瓦 – 安托万（Guillaume-François-Antoine，即洛必达侯爵，1661—1704）。后者至今仍以被称为洛必达法则的数学成果而闻名，这一法则应用在微分学中。奇特的是，如果约翰能提供一些数学发现，洛必达就愿意付钱给他。有趣的是，约翰后来与洛必达签订了一份合同，允许洛必达使用他的研究成果而不必适当地提及他的工作。这样，洛必达在 1696 年出版了《用于理解曲线的无穷小分析》（*Analyse des infiniment petits pour l'intelligence des lignes courbes*，见图 22.7）。该书的主要内容就是约翰的工作，包括我们今天所熟知的洛必达法则。

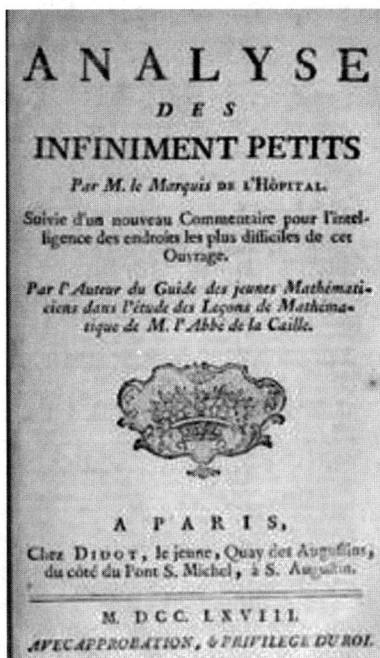

图 22.7　《用于理解曲线的无穷小分析》，1696

微积分的研究越来越流行，并且在约翰提出最速降线问题后进一步得到了普及。这个问题在当时吸引了众多数学家，它说的是将一根金属丝连接在不同高度的两个点上，然后在金属丝上放置一颗珠子，让珠子从较高的一端开始沿着金属丝向下滑动（假设没有摩擦）。问题的挑战在于确定金属丝应该具有怎样的曲线形状，才能使珠子在最短的时间内降落到最低点。利用微积分，他确定这条曲线是一条倒摆线。当一个圆沿着直线路径滚动时，圆上的一点的轨迹也可以生成摆线，如图 22.8 所示。

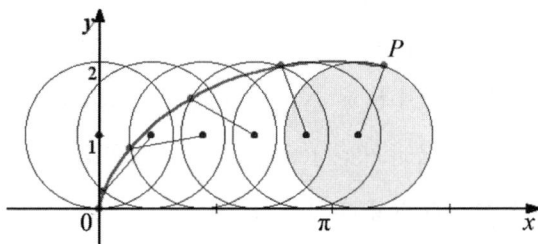

图 22.8　当一个圆沿着直线路径滚动时，圆上的一点所形成的摆线

1705 年，约翰的家人敦促他返回巴塞尔。在回来的路上，他得知雅各布死于肺结核。最初，约翰回到巴塞尔是为了在巴塞尔大学担任希腊语教授。在哥哥去世后，他获得了巴塞尔大学当时空缺的数学教授职位，这个职位此前一直由他的哥哥担任。必须说明的是，尽管失去了哥哥，但在能够得到数学教授职位时，约翰还是很高兴地改变了他的计划。

1713 年，约翰积极地参与了微积分的发现应该归功于谁的讨论，他支持莱布尼茨。他证明莱布尼兹的工作能够解决牛顿的流数法无法解决的问题。为了进一步支持莱布尼茨关于微积分发展的立场，他于 1742 年出版了一本关于积分的书，此后不久又出版了一本关于微分的书。

显然，约翰·伯努利的嫉妒心相当强，这导致了他与哥哥雅各布之间的竞争以及后来的关系破裂。另一个类似的问题也破坏了他与儿子丹尼尔·伯努利的关系，后者也是一位非常有天赋的数学家。1734 年，丹尼尔写了一本重要的著作《流体动力学》（*Hydrodynamica*），该书于 1738 年出版。大约在此时，他的父亲约翰出版了《水力学》（*Hydraulica*）。关于书中内容的归属权问题再次演变成一场争论。人们相信约翰剽窃了他的儿子丹尼尔的著作[1]。这进一步破坏了他们的关系。约翰于 1748 年 1 月 1 日在瑞士巴塞尔去世，此前仍与儿子丹

---

[1]　*Biographical Dictionary of Mathematicians*, Vol. 1（New York: Scribner's), p. 228. ——原注

尼尔不和。

　　约翰·伯努利的儿子丹尼尔·伯努利（见图 22.9）于 1700 年 2 月 8 日出生在荷兰格罗宁根。尽管他的父亲极力要求他学习商业，但他坚持学习数学。后来他从事了一些商业研究，但最终在父亲的建议下学习医学，因为他知道父亲会在家里教他学习数学。1721 年，丹尼尔最终获得了解剖学与植物学博士学位。如前所述，他的父亲是个嫉妒心相当强的人。这一点在巴黎大学的一次科学竞赛中再次体现出来，当时丹尼尔和他的父亲并列第一，结果他的父亲竟将他拒之门外。约翰此后一直对此怀恨在心。

图 22.9　丹尼尔·伯努利肖像（画在相册纸上并裱在纸板上，约 1750 年）

　　丹尼尔与著名数学家欧拉成为了朋友，当时欧拉居住在圣彼得堡。丹尼尔于 1724 年前往那里担任数学教授一职，不过他似乎并不喜欢这个职位。1733 年他得了一场短暂的疾病，这使情况变得更糟。于是，他回到了巴塞尔大学，在那里担任了医学、形而上学和自然哲学教授职位。

　　丹尼尔是一位才华横溢的数学家和科学家，他的才能显然可以与他的父亲媲美。这种竞争适得其反，因为他赢得了许多奖项，而他的父亲认为其中一些奖项本该授予自己，并因此将他赶出了家门。丹尼尔为未来科学的发展做出了哪些重要发现？丹尼尔证明了当流体流经一个流速增大的区域时，其压强会降低。这在现今被称为伯努利效应，他从数学上正确地描述了这种效应。伯努利效应在现实生活中有很多应用，它解释了为什么机翼会为飞机提供升力。从本质上说，它所解释的是机翼的形状使得空气流经上翼面的速度比流经下翼面的速度快。这就导致了空气压强差，从而产生升力。1782 年 3 月 17 日，丹尼尔在度过了光辉、圆满的一生后，在瑞士巴塞尔去世。

至此，我们对伯努利家族有了一个很好的概观，这很可能是最著名的数学家族。他们与当时的主要数学家进行了一个多世纪的合作，为数学的发展取得了许多重大突破。他们的贡献不仅在于数学领域，还有科学、哲学、商业以及帮助我们更好地了解我们的环境的一般知识。

第 23 章

莱昂哈德·欧拉
（1707—1783，瑞士）

　　人们常常想知道我们的许多数学符号是从哪里来的。答案很简单，瑞士数学家莱昂哈德·欧拉（见图 23.1）引入了大量我们现今在数学中经常使用的符号，而他也许是有史以来最多产的数学家。尽管最早使用希腊字母 π 的是威尔士数学家威廉·琼斯（William Jones，1675—1749），但欧拉通过他的许多出版物推广普及了用这个符号来表示圆的周长与直径之比。他还用希腊字母 Σ 表示求和，用字母 i 表示虚数 $\sqrt{-1}$。他是第一个用字母 e 来表示自然对数的底数的人，这个数大约等于 2.71828。这使得他

图 23.1　莱昂哈德·欧拉
肖像 [纸面色粉画，雅各
布·伊曼纽尔·韩德曼
（ Jakob Emanuel Handmann ）
创作于 1753 年]

建立了著名的欧拉恒等式 $e^{i\pi} + 1 = 0$，其中使用了这些符号。欧拉还引入了函数的概念，并且他是把函数写成 $f(x)$ 形式的第一人。我们要感谢欧拉提出了三角函数的现代表示法。我们今天标记几何图形的方式也源于欧拉的著作，比如一个三角形的顶点用字母 A、B、C 标记，而与这些顶点相对的各边则用小写字母 a、b、c 标记。欧拉为我们提供了数学语言，这来源于他在一生中所撰写的许多著作。我们必须承认欧拉为数学的发展做出了许多创新。让我们先来简要地了解一下他的生平。

　　莱昂哈德·欧拉于 1707 年 4 月 15 日出生于瑞士巴塞尔。他的父亲是一位牧师，母亲是一位牧师的女儿，他是他们所生的四个孩子之一。欧拉小时候，

他们全家搬到了瑞士里恩。他在那里一直生活到 13 岁，此后他搬回巴塞尔与外祖母同住。1720 年，13 岁的欧拉注册进入巴塞尔大学就读。1723 年，他获得了哲学硕士学位，研究课题是比较牛顿和笛卡儿的思想。正是在这段时间里，他父亲的朋友、著名瑞士数学家约翰·伯努利开始教授他学习数学，并且发现了他在这一领域具有独特的天赋。伯努利说服了欧拉的父亲，使他确信他的儿子应该继续学习数学，而不是满足他自己的愿望也成为一名牧师。1726 年，欧拉完成了关于声音传播的论文，但未能在巴塞尔大学获得教职。1727 年，欧拉接受了位于圣彼得堡的俄罗斯帝国科学院数学系的一个职位。这个科学院正积极地从其他欧洲国家招募学者，并且其主要目标在于研究，而不在于教学。在此期间，欧拉掌握了俄语，并在俄国海军担任了一份额外的医疗工作。1731 年，他被提升为物理学教授。两年后，约翰·伯努利的儿子丹尼尔·伯努利离职，欧拉还担任了数学系的系主任。

1734 年，欧拉与凯瑟琳·格塞尔（Katharina Gsell）结婚，两人育有 13 个孩子。这些孩子中只有 5 个活到成年，而且只有 3 个活到他去世以后。1738 年，由于长期发烧和过度劳累，欧拉的右眼失明。这并没有分散他的注意力，他继续像以前那样精力充沛地工作着。1741 年，俄国局势的动荡使欧拉接受了柏林学院的一份教职。他在那里待了 25 年，写了 380 多篇文章。在柏林的那些岁月里，他还撰写了两本非常著名的著作：1748 年出版的关于函数的《无穷小分析引论》（*Introductio in analysin infinitorum*），1755 年出版的关于微积分的《微分学基础》（*Institutiones calculi differentialis*）。1770 年，他完成了一本名为《积分学基础》（*Institutionum calculi integralis*）的著作。这两本著作介绍了许多微分和积分公式，它们构成了现代微积分课程的大部分内容。

1766 年，欧拉接受了叶卡捷琳娜二世（Catherine II）的邀请返回俄国。在到达圣彼得堡后不久，他未失明的那只眼睛患上了白内障，此后他完全失明了。令人惊讶的是，他的工作效率并没有因此而降低，这主要是因为他具有异乎寻常的记忆力和非凡的心算能力。事实上，他确实说过失明使他在工作中减少了分心。有了抄写员的帮助，他能够创作出比以前更多的作品。虽然他不被认为是一位数学老师，但他确实对俄国的数学教育产生了巨大的影响。欧拉触及了众多数学领域，因此需要鸿篇巨制才能介绍他的全部工作。我们仅介绍他的两个天才成果，它们至今仍相当流行，其流行范围甚至超越了数学界。

数学中有一个著名的问题，它源于一道古老的谜题，这道谜题在欧洲激起了人们多年的兴趣。我们先讲一点点历史背景，这样你就会被几代欧洲人所面对的这个问题迷住了[①]。

在 18 世纪及更早的时候，步行仍是主要的交通方式，那时人们通常会计算他们经过的特定种类的物体。这种物体之一就是桥梁。18 世纪，普鲁士小城柯尼斯堡（现在的加里宁格勒，位于俄罗斯境内）有一条普雷格尔河，这条河绕着城中的两座岛屿形成了两条支流。这为人们提供了一道饶有趣味的难题：一个人在穿越该城的一次连续行走的过程中，能否从 7 座桥中的每一座上都恰好经过一次？这个城市的居民将此当作一项趣味挑战，尤其是在周日下午。由于没有任何人取得成功，因此这一挑战持续了好多年。

这个问题为我们了解现今被称为图论的这一领域提供了一个奇妙的窗口。这个问题使我们进入图论有了一个很好的切入点。图 23.2 是这个有着 7 座桥的城市的地图。

图 23.2　柯尼斯堡地图

在图 23.3 中，我们将左边的小岛标示为 A，下边的河岸标示为 B，上边的

① 以下几段来源于 Alfred S. Posamentier and Christian Spreitzer, *The Mathematics of Everyday Life*（Amherst, NY: Prometheus Books, 2018）, pp. 237—41。——原注

河岸标示为 C，另一座小岛标示为 D。这 7 座桥分别为木桥、铁匠桥、蜜桥、高桥、科忒尔桥、绿桥和店主桥。如果我们从木桥出发，走到铁匠桥，然后走过蜜桥，通过高桥和科忒尔桥，再经过绿桥，那么我们就绝不会跨过店主桥。如果我们从店主桥出发，走到蜜桥，通过高桥，再依次通过科忒尔桥、铁匠桥和木桥，我们就绝不会走过绿桥。

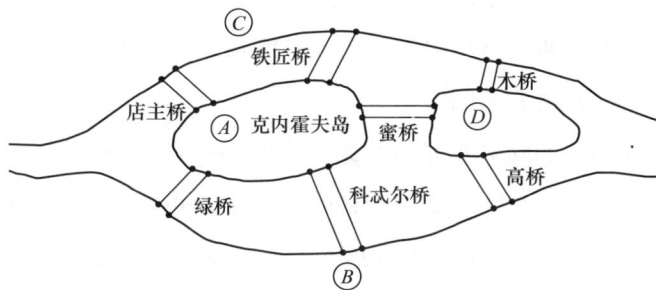

图 23.3　柯尼斯堡七桥问题

　　1735 年，欧拉从数学上论证了这种行走方式是不可能实现的。这个问题被称为柯尼斯堡七桥问题，是拓扑学问题对于网络的一个美妙应用。

　　在开始着手解答这个题目之前，我们应该先熟悉其中所涉及的一些基本概念。为此，设法用一支铅笔沿着图 23.4 中所示的每一个构形描画，不要遗漏任何一部分，也不重复经过任何一部分，记下端点分别为 A、B、C、D、E 的弧或线段的数量。

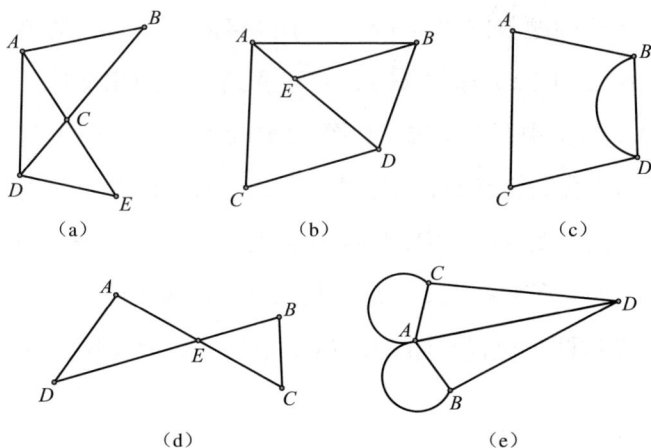

图 23.4　网络

对于像图 23.4 这样的图形，由线段和 / 或连续的弧构成的构形称为网络。交于某一特定顶点的弧或线段的数量称为该顶点的度。

在设法像上文所叙述的那样描画完这些网络以后，你应该注意到有两个直接的结果。如果一个网络的顶点的度是偶数，或者它恰好有两个顶点的度为奇数，那么它就是能够描画（或者遍历①）的。以下两条陈述总结了这一发现。

（1）在一个连通网络中，奇数度顶点有偶数个。

（2）仅当一个连通网络最多有两个奇数度顶点时，才能遍历这个网络。

让我们逐一检查这五个网络。

图 23.4（a）所示的网络具有 5 个顶点。顶点 B、C、E 具有偶数度，而顶点 A 和 D 则具有奇数度。由于图 23.4（a）恰好有两个奇数度顶点以及 3 个偶数度顶点，因此它是可遍历的。如果我们从点 A 出发，然后向下来到点 D，经过点 E，再向上回到点 A，经过点 B，再向下来到点 D，我们就选出了一条符合要求的路径。

图 23.4（b）所示的网络具有 5 个顶点。顶点 C 是唯一的偶数度顶点。顶点 A、B、E、D 都具有奇数度。由于这个网络具有两个以上的奇数度顶点，因此它就不是可遍历的。

图 23.4（c）所示的网络是可遍历的，因为它具有两个偶数度顶点，而且恰好有两个奇数度顶点。

图 23.4（d）所示的网络具有 5 个偶数度顶点，因此它是可遍历的。

图 23.4（e）所示的网络具有 4 个奇数度顶点，因此它不能遍历。

柯尼斯堡七桥问题与图 23.4（e）所示网络的遍历问题是同一个问题。让我们来看一看图 23.4（e）和图 23.3，并注意到它们的相似性。图 23.3 中有 7 座桥，而图 23.4（e）中有 7 条线。在图 23.4（e）中，每个顶点的度都是奇数。在图 23.3 中，如果我们从点 D 出发，那么我们就有三种选择：我们可以去高桥、蜜桥或者木桥。在图 23.4（e）中，从点 D 出发时，我们也有三条路径可以选择。在这两幅图中，如果我们在点 C，那么我们就有三座桥或者三条路径可走。图 23.3 中的 A 和 B 这两个位置与图 23.4（e）中的 A 和 B 这两个顶点也存在类似

---

① "遍历"在这里表示"一笔画"。——译注

的情况。我们可以看出这个网络不能被遍历。

通过将这些桥和岛简化成一个网络问题，我们就能轻松地对其进行解答。这是数学中的一种聪明的解题策略。你可能想要尝试在你所在的地区找到一组桥来提出一个类似的挑战，然后看看它们是否可以被遍历。研究这个问题及其对网络的应用是进入拓扑学领域的一个极好的入门方式。对于我们上面描述的各种实例，亲自去实践一下，这将确保你能真正理解数学的一个方面，而这一方面如果不用这样的方式，那么我们之中的大多数人就不会清楚地看到。

在欧拉对数学领域所做出的众多贡献中，有一个对初学者会有很大的吸引力。欧拉确立了对于任何凸多面体，其顶点数（V）、棱数（E）和面数（F）之间的关系满足以下等式：$V+F=E+2$。这个等式称为欧拉公式。可用任何凸多面体来验证这个公式。可以从图 23.5 所示的 5 个正多面体开始计算顶点数、面数和棱数，你会看到欧拉公式在每种情况下都成立。

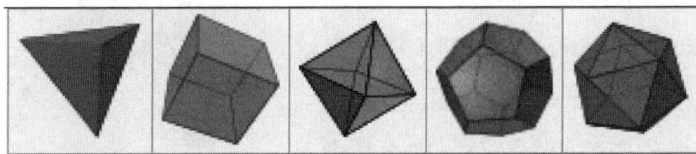

正四面体　　立方体　　正八面体　正十二面体 正二十面体

图 23.5　验证欧拉公式

应该提到的是，欧拉是最多产的数学家。另外，他也大量涉足纯数学以外的领域，例如制图学、物理学和天文学等，而这只不过是其中的几个例子。我们至今仍记得，欧拉对数学的贡献比历史上任何其他数学家都要多。大量的数学对象和题目都是为了纪念欧拉而以他的名字命名的。事实上，他对数学的多个分支做出了如此多的开创性贡献，以至于有些定理被故意归功于在欧拉之后首先发现它们的数学家，以避免一切都被冠以欧拉的名字。

1783 年 9 月 18 日，欧拉在与他的两名助手讨论行星运动问题，更确切地说是在讨论当时刚发现的天王星时，他因脑出血而昏倒，几小时后便去世了。在欧拉去世后的 50 年里，圣彼得堡科学院一直在发表他的研究发现，这一点进一步证明了欧拉的多产。

第 24 章

玛丽亚·加埃塔纳·阿涅西
（1718—1799，意大利）

纵观数学史，我们不难发现其中充斥着男性数学家。这让我们不禁要问，西方世界第一位获得国际声誉的女数学家是谁？大多数人会认为玛丽亚·加埃塔纳·阿涅西（Maria Gaetana Agnesi，见图 24.1）适合这个角色。她于 1718 年 5 月 16 日出生在米兰。当时米兰是奥匈帝国的一部分，现在是意大利的一个城市。她在一个富裕的家庭中长大，是一个富有的丝绸商人的 21 个孩子中的长女。她在 5 岁时就会说意大利语和法语，这是她作为神童的最初迹象。9 岁时，她除了拉丁语、希腊语和希伯来语之外，还掌握

图 24.1 玛丽亚·加埃塔纳·阿涅西 [雕版画，G. A. 萨索（G. A. Sasso）根据 G. B. 波西奥（G. B. Bosio）的作品创作，美国国会图书馆]

了几种现代语言。这进一步显示了她的天才。在接下来的几年里，她又掌握了数学。

她的父亲认识到她的才华后便邀请朋友来看她表演，展示她非凡的聪明才智。有趣的是，1738 年，她在 20 岁的时候发表了系列论文《哲学命题》（ *Propositiones philosophicae* ），而这基于她在父亲组织的那些讨论会上的演讲。1748 年，她出版了两卷本的《供意大利青年使用的分析基本规则》（ *Instituzioni analitiche ad uso della gioventù italiana* ，见图 24.2），介绍了她对代数、积分和

微分的论述。这项工作受到了全欧洲数学家的好评。著名的巴黎科学院的一名专家对《供意大利青年使用的分析基本规则》的报告如下：

> 这些发现分散在现代数学家的著作中，并且往往是用彼此迥异的方式呈现出来的。要把这些发现归纳为几乎统一的一些方法，那就需要极大的技巧和睿智，而这正是本书作者所做的。有条理、叙述清晰和论述严密贯穿着这部作品的方方面面……我们认为这是最完整的、最好的专著①。

图 24.2　《供意大利青年使用的分析基本规则》

她的名声来自一种在意大利语中被称为"箕舌线"（versiera）的三次曲线。多年以后，这条曲线的名称逐渐与"女巫"（versicra）一词混淆了，最终导致它被称为"阿涅西的女巫"（Witch of Agnesi）。

我们称为"阿涅西的女巫"的这条钟形曲线可以这样构造：从一个以 y 轴

---

① Clifford A. Pickover, *The Math Book: From Pythagoras to the 57th Dimension, 250 Milestones in the History of Mathematics*, Milestones Series（Sterling Publishing Company, Inc., 2009), p. 180. ——原注

上的点$\left(0, \dfrac{a}{2}\right)$为圆心、直径为 a 的圆开始，然后在直线 $y=a$ 上选择一个点 A，作线段 AO，它与圆 O 相交于点 B，如图 24.3 所示。设点 P 为通过点 A 的竖直线与通过点 B 的水平线的交点。于是，当点 A 沿直线 $y=a$ 移动时，由点 P 描出的这条曲线就被称为"阿涅西的女巫"。

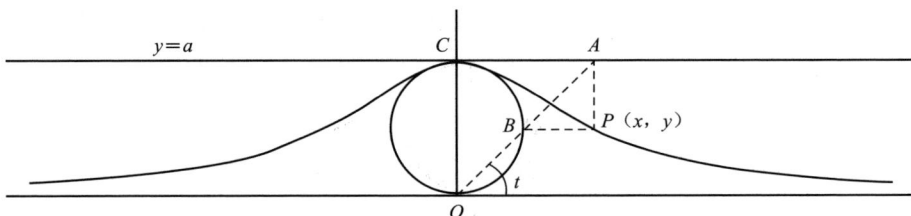

图 24.3　构造"阿涅西的女巫"

这条曲线的方程为 $yx^2 = a^2(a-y)$，或 $y = \dfrac{a^3}{x^2+a^2}$。

图 24.4 显示了原著中的这条曲线。

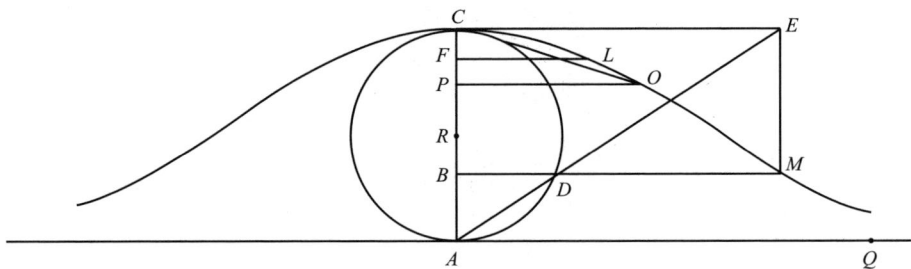

图 24.4　"阿涅西的女巫"（玛丽亚·加埃塔纳·阿涅西，
《供意大利青年使用的分析基本规则》，1748）

这部作品给教皇本笃十四世（Pope Benedict XIV）留下了深刻的印象，因此他在 1750 年任命阿涅西为博洛尼亚大学的数学教授。此后不久，她越来越倾向于宗教研究，实际上再也没有去过博洛尼亚大学。在她的父亲于 1752 年去世后，玛丽亚·加埃塔纳·阿涅西全身心地投身于宗教研究和慈善事业。1799 年 1 月 9 日，她在一家由她负责的慈善济贫院中去世。

第 25 章

皮埃尔-西蒙·拉普拉斯
（1749—1827，法国）

20 世纪 80 年代初，美国神经科学家本杰明·利贝特（Benjamin Libet，1916—2007）做了一系列如今已很著名的实验，质疑"自由意志"的存在[1]。在这些实验中，参与者被安排在一个快速走动的钟的前方并得到指示，每当他们想做肌动活动（如弯曲手指或捏紧拳头）时就做，并在他们意识到行动意图的那一刻注意钟的指针所指的位置。实验表明，决定做动作发生在实际做动作的大约 200 毫秒之前。此外，研究人员在整个实验过程中使用脑电图监测受试者的大脑活动。令人惊讶的是，脑电图信号显示，产生动作指令的大脑活动出现在相关动作发生前 500 毫秒，也就是在受试者报告他们最初意识到自己的行动意愿之前的 300 毫秒。这些发现似乎表明，每当我们做出一个明显有意识的决定时，实际上我们只是在执行我们的大脑已经决定的事情。这是否意味着自由意志只是一种幻觉？我们所做的每件事和我们所经历的每件事是否都是由我们的大脑中运行着的潜意识程序控制的？这种程序是否创造了我们的意识，并使我们相信可以自由选择自己的行为？这些问题仍然没有得到解答，它们是当前科学争论的主题。我们还不知道意识是如何运作的，也就是说不知道诸如离子流经神经膜这样的生理过程是如何导致我们产生体验的。只要这一点尚未得到澄清（这是一个极其复杂的问题），我们就不能指望对是否存在有意识的自由意志这个问题有一个明确的答案。

---

[1]　Benjamin Libet, *Mind Time: The Temporal Factor in Consciousness*（Cambridge, MA: Harvard University Press, 2009). ——原注

古希腊哲学家已经认识到自由意志与所有事件都由预先存在的起因决定这一哲学观点相冲突，这种哲学理论被称为决定论。如果每一个事件都有一个独特的起因，那么至少在原则上，对宇宙当前状态的全面了解将使我们能够预测它的未来。但如果未来已经由现在决定，那么就没有自由意志存在的余地了。虽然决定论的概念可以追溯到古希腊哲学家，但这个概念现在与牛顿力学有着密切的联系。牛顿力学是对物体在力的作用下运动的数学描述，以牛顿的著名运动定律为基础。牛顿的三条运动定律最早于 1687 年发表在他的巨著《自然哲学的数学原理》中。它们是物理学的基本定律，既能很好地描述台球的运动，也能精确地描述太阳系中行星的运动。如果我们知道所有物质粒子在某一时刻的位置和速度，那么就至少可以从理论上计算出它们未来的位置和速度。从这个意义上来说，牛顿力学是决定论的。牛顿的运动方程提供了因与果之间的精确数学关系，从而为决定论的哲学思想奠定了坚实的科学基础。法国数学家皮埃尔 – 西蒙·拉普拉斯（Pierre-Simon Laplace）是最早认识到机械论宇宙观的哲学含义的人之一。以下文字摘自他于 1814 年发表的《关于概率的哲学论文》（"Philosophical Essay on Probabilities"），这是科学决定论或因果决定论的已知最早表述。

> 我们可以把宇宙的现状看作其过去的结果和未来的原因。如果一位智者在某一时刻知道使自然运动的所有力以及构成自然的所有事物的所有位置，如果这位智者也足够强大，能够分析这些数据，那么他只用一个公式就能描述宇宙中最大的天体和最小的原子的运动。对于这样的一位智者来说，没有什么是不确定的，未来就像过去一样会呈现在他的眼前[①]。

这位假设的智者后来被称为"拉普拉斯妖"（Laplace's demon），尽管拉普拉斯没有使用"妖"（demon）一词。拉普拉斯不仅被认为是科学决定论的先驱，他还对概率论、统计学和微分方程理论做出了基础性贡献。最重要的是，他将微分学引入物理学和天文学，从而大大扩展了牛顿和其他前人的工作。他最重

---

① 　Lev Vaidman, "Quantum Theory and Determinism," *Quantum Studies: Mathematics and Foundations*, Vol. 1, Issue 1 - 2（September 2014): pp. 5—38. ——原注

要的专著《天体力学》（*Traité de mécanique céleste*）对数学物理学做出了开创性的贡献，成为天文学的标准教科书，并在 100 多年的时间里保持着先进水平。我们将较详细地介绍他的一些科学成就，同时简要总结他的生平。

拉普拉斯（见图 25.1）于 1749 年 3 月 23 日出生在法国诺曼底的博蒙昂诺日。他的父亲皮埃尔·拉普拉斯（Pierre Laplace）是一名苹果酒商人，母亲玛丽－安妮·索洪（Marie-Anne Sochon）来自一个相对富裕的农业家庭。没有迹象表明他的家人受过高等教育。拉普拉斯在 7 岁到 16 岁就读于博蒙昂诺日的本笃会修道学校。他的父亲想让他成为一名牧师，所以把他送到卡昂大学学习神学。拉普拉斯很快发现他对数学的兴趣远远超过对神学的兴趣。这种兴趣的转变在一定程度上是由卡昂大学的两位鼓舞人心的数学老师克里斯托夫·加德布雷德（Christophe Gadbled）和皮埃尔·勒卡努（Pierre

图 25.1　皮埃尔－西蒙·拉普拉斯肖像 [布面油画，让－巴蒂斯特·波林·盖林（Jean-Baptiste Paulin Guérin）创作于 1838 年]

Le Canu）激发的。幸运的是，他们认识到了拉普拉斯的数学天赋并开始指导他。当拉普拉斯还是卡昂大学的一名学生时，他就写出了他的第一篇数学论文，并把它寄给了著名的意大利数学家约瑟夫－路易·拉格朗日。拉格朗日随后将其发表在他负责的期刊《都灵科学论丛》（*Miscellanea Taurinensia*）上。拉普拉斯此时已下定决心要成为一名职业数学家，勒卡努为他写了一封介绍信给巴黎顶尖数学家之一让－巴蒂斯特·勒朗·达朗贝尔（Jean-Baptiste Le Rond d'Alembert，1717—1783）。拉普拉斯没有拿到学位就去巴黎向达朗贝尔做自我介绍。据达朗贝尔的后人说，他在巴黎接待拉普拉斯时，一开始非常有保留。达朗贝尔为了摆脱拉普拉斯，给了他一本厚厚的高等数学著作，让他读完后再回来。达朗贝尔并不指望在不久的将来还会见到拉普拉斯，因此当拉普拉斯仅仅过了几天就来敲门时，达朗贝尔感到很困惑。他不相信拉普拉斯读完了整本书，更不用说理解了这本书的内容。他显然很恼火，于是开始问拉普拉斯一些数学问题。不过，他很快就不得不承认拉普拉斯确实理解了书中的所有内容。达朗贝尔最初不情愿的态度转变了，他向拉普拉斯提出的问题越多，他对拉普拉斯的数学才华的印象就越深刻。他欢迎拉普拉斯成为他的学生，并为拉普拉斯在巴黎军事学院找到了一个数学教授的职位。拉普拉斯在经济上有了保障，也没有太多的教学任务，因此就能专心进行研究，而且很快就获得了可观的数学成果。在发表了几篇高质量的论文之后，他申请了位于巴黎的法国科学院的一个职位，这是当时法国最著名的科学机构。然而，由于他才二十出头，因此他被年长而不那么多产的数学家所取代。拉普拉斯对自己的成就从不谦虚，他认为这个决定不公正，因此非常愤怒。1773 年，经过两次失败的尝试后，他成为科学院的一名替补成员（1785 年被提升到一个高级职位）。18 世纪 70 年代，随着拉普拉斯对数学的重要贡献不断涌现，他作为数学家的声誉稳步上升。在那些年里，他专注于自己的兴趣，既树立了他作为数学家的风格，也确立了他的哲学观点。他的主要研究领域逐渐成形，即微分学在天体运动中的应用和概率论。在整个科学史中，理解和计算太阳系中行星的运动一直是一个巨大的数学挑战。

牛顿在 1687 年出版的《自然哲学的数学原理》中表明，由他的三条基本力学定律并结合他发现的万有引力定律，就能得出约翰内斯·开普勒的行星运动定律。万有引力定律指出，两个大质量物体相互吸引的力与它们的质量的乘积成正比，而与它们的质心之间的距离的平方成反比。开普勒通过仔细研究观测数据，从经验上发现了他关于行星运动的这些定律，但牛顿则由他的力学基本定律推导出开普勒定律，以此"证明了开普勒定律"。这是牛顿理论的一个巨大成功。不过，要从牛顿的运动方程中推导出开普勒定律，就必须考虑围绕太阳沿轨道运行的单个行星。在天文学中，这被称为"二体问题"。但是一旦涉及三个或更多的天体，描述它们的运动的那些方程就复杂得多。"三体问题"非常复杂，以至于我们只能得到近似解。太阳系中的行星并不是完全按照开普勒定律运行的，它们相互施加的引力使它们的轨道稍稍偏离了完美的开普勒轨道。即使最小的行星也会对其他行星的运动产生微小的影响，而且这些微小的扰动经过很长的时间后就可能积累成很大的偏差。

在牛顿力学的框架下描述整个太阳系会导致一组极其复杂的方程，这是因为作用在一颗行星上的引力不仅取决于它与太阳的距离，而且取决于其他所有行星的当前位置。牛顿在他的尝试中认识到了数学上的困难，他怀疑这组复杂的方程可能根本无法解出。他的结论是，为了使太阳系保持稳定，上帝的周期性干预是必要的，否则其他行星的存在对一颗行星的轨道造成的小扰动会随着时间的推移而累积起来，最终将这颗行星踢出太阳系。

18 世纪早期的观测数据表明，木星的轨道在缓慢缩小，而土星的轨道则在扩大。解释这种明显的不稳定性是天文学上的一个悬而未决的大问题，甚至连莱昂哈德·欧拉和约瑟夫－路易·拉格朗日都曾试图解决这个问题而没有获得成功。拉普拉斯在数学上对这个问题进行了更精细的分析，考虑了被欧拉和拉格朗日忽略的那些影响，结果他的计算与观测数据完全一致。他的分析表明，木星和土星轨道周期的特殊比值导致了它们的运动出现异常。（土星绕太阳运行的两个周期几乎恰好等于木星绕太阳运行的一个周期。）在解决了这个长期存在的问题之后，拉普拉斯致力于对整个太阳系进行理论上的描述。他的科学目标是"使理论与观测紧密吻合，使经验公式不再在天文表格中占有一席之地"。[1]

拉普拉斯在 1799 年至 1825 年间出版了五卷本的《天体力学》，他在其中将微积分方法引入了经典力学，而在此之前，人们主要用几何方法来研究经典力学。强大的微积分工具使拉普拉斯能够解决牛顿和其他前辈认为太复杂而无法进行数学分析的问题。拉普拉斯建立了一个完整的数学框架来计算行星及其卫星的运动，包括潮汐运动和潮汐力对行星形状的影响。他能够证明太阳系的稳定性[2]，而不必像牛顿那样假设有上帝的干预。有一件著名的轶事讲述了拉普拉斯和拿破仑·波拿巴之间的一次对话。当拉普拉斯把他的著作呈献给拿破仑时，拿破仑向他表示祝贺，但询问为什么他在书中没有提到上帝。拉普拉斯的

---

[1]　Napier Shaw, *Manual of Meteorology*, Vol. 1 (Cambridge: Cambridge University Press, 2015), p. 130. ——原注

[2]　事实上，现在人们了解到太阳系在很长时间内是不稳定的。拉普拉斯的这些方法不足以证明太阳系的稳定性，但它们是建立天体运动的精确数学理论的重要步骤。——原注

那个直言不讳的回答现在已经很出名了："我不需要那个假设。"①

由于拉普拉斯在政治上相当投机取巧，因此他在法国大革命期间逃脱了牢狱之灾，甚至被拿破仑任命为内政部长，代拿破仑的弟弟占据这一位置。这很可能也是拉普拉斯的政治生涯只持续了 6 个星期的主要原因。不过，拿破仑后来在他的回忆录中写道：

> "拉普拉斯从不从正确的角度考虑任何问题：他到处寻找细微的差别，只会设想出各种问题，最终把'无穷小'的精神带进了行政②。"

1812 年，拉普拉斯出版了《概率分析理论》(*Théorie Analytique des Probabilitiés*)。概率的数学理论起源于布莱斯·帕斯卡和皮埃尔·德·费马之间的通信。不过，拉普拉斯以前人讨论的典型问题为基础，建立起一套完整的数学理论。关于他对这个科目的观点，最好引用他的这句话来表达：

> 概率论归根结底只不过是被提炼为计算的那些常识。它使我们能够准确地理解那些精确的头脑以一种本能感受得到而又常常无法解释的东西③。

拉普拉斯的这本关于概率论的著作是数学领域中最有影响力的著作之一。他奠定了这门学科的基础，并阐明了这门学科的基本原理，此外还为其建立了理论框架。他不仅考虑了许多实际应用（如死亡率、预期寿命、婚姻长度），还考虑了测量中的三角测量法，以及大地测量学中的一些其他问题。大地测量学是测量和理解地球的几何形状及其引力场的一门科学。在他所证明的众多结论中，我们只提一个今天以他的名字命名的数学概念——拉普拉斯接续法则。假设你正在进行一个结果只能是成功或失败的试验，并且独立重复了 n 次。如

---

① 这句名言经常被解释为拉普拉斯是无神论者的证据，但这个结论可能是错误的。物理学家史蒂芬·霍金(Stephen Hawking)也认同拉普拉斯的这一观点，他在 1999 年的一次公开演讲中说道："我认为拉普拉斯并不是在声称上帝不存在。上帝只是不干预，不会去破坏科学规律。"——原注

② *Napoleons Memoirs: Napoléon I, Emperor of the French. Memoirs of the history of France during the reign of Napoleon … 1823—1826*, Vol. I (H. Colburn and Company, 1823), p. 116. ——原注

③ 拉普拉斯在他的著作《概率分析理论》的导言中这样写道，这句话可以在苏格兰圣安德鲁斯大学数学与统计学院的麦克图特数学史档案中找到。——原注

果你得到了 k 次成功，那么你估计下一次试验取得成功的概率会是多少？一个合理且非常自然的答案是 $P = \dfrac{k}{n}$，但拉普拉斯指出，在某些情况下，$\dfrac{k+1}{n+2}$ 这个比率给出了一个更好的估计。对于较大的 n，这两个比率之间的差异可以忽略不计，但是如果 n 很小，拉普拉斯的公式更有用，如下例所示。

如果你将一枚硬币掷了 3 次，它总是正面向上（我们在这里将正面向上视为成功），那么公式 $P = \dfrac{k}{n} = \dfrac{3}{3} = 1$ 就表明下一次掷硬币出现正面向上的概率是 100%，这当然是无稽之谈。同样，如果硬币在前 3 次试验中总是背面向上，那么公式 $P = \dfrac{k}{n} = \dfrac{0}{3} = 0$ 就表明下一次掷硬币出现正面向上的概率为零。拉普拉斯的公式为第 4 次可能掷出不同的结果留下了空间，从而避免了这些错误的结论。

拉普拉斯晚年试图将他的数学方法扩展到物理学的其他领域。他建立了一种光的理论和一种热的理论（这两种理论都被证明是错误的），并继续发表论文，直到 70 多岁。拉普拉斯于 1827 年在巴黎去世，但他的名字现在常见于数学和物理学之中。这要归功于那些以他的名字命名的数学对象和概念，特别是著名的拉普拉斯方程和拉普拉斯变换。拉普拉斯方程是一个在物理学的好几个分支中都很重要的微分方程，例如地球引力场必须在地球以外的任何地方满足拉普拉斯方程。在高等数学中，拉普拉斯变换的一个简单定义是：取一个实变量的函数，然后将它转换成一个复变量的函数。最后同样重要的还有"拉普拉斯妖"，它仍然徘徊在由神经科学新发现所激发的那些哲学讨论之中。

第 26 章

洛伦佐·马斯凯罗尼
（1750—1800，意大利）

在数学史上，一个数学发现被不恰当地冠以一位并不是首先发现这种独特关系的数学家的名字，这种情况并不罕见。意大利数学家洛伦佐·马斯凯罗尼（Lorenzo Mascheroni）就是这样一个例子。人们现在知道他是因为他首先证明所有可以用一把直尺和一副圆规完成的几何作图都可以只用圆规完成。他在 1797 年出版的《圆规几何学》（*Geometria del compasso*，见图 26.1）一书中提出了这一点。

图 26.1 《圆规几何学》

在详细讨论这条定理之前，我们应该先承认一个马斯凯罗尼不知道的事实：丹麦数学家格奥尔格·莫尔（Georg Mohr，1640—1697）早在 1672 年就在一本非常晦涩的书中证明了这一关系，这本名为《欧几里得（丹麦版）》（*Euclides danicus*）的书于 1928 年被重新发现。格奥尔格·莫尔于 1640 年出生在哥本哈根，1662 年前往荷兰，在克里斯蒂安·惠更斯的指导下学习数学。第二年，他出版了第二本书，名为《欧几里得奇趣简编》（*Compendium Euclidis Curiosi*）。在离开哥本哈根的那段时间里，他花时间阅读了那个时代法国、英国和德国的一些著名数学家的著作。不幸的是，他的名声仅限于丹麦。现在丹麦的数学竞赛以他的名字命名。

所有可以用一把直尺和一副圆规完成的几何作图都可以只用圆规完成，这一辉煌的发现实际上是以马斯凯罗尼命名的。他发现了这条定理的一种不同于格奥尔格·莫尔的证明。我们将这种技术称为马斯凯罗尼作图法。

1750 年，洛伦佐·马斯凯罗尼（见图 26.2）出生在意大利伦巴第的贝尔加莫的一个富有的家庭。他的家人鼓励他成为一名牧师，他在 1767 年被任命为牧师。他在贝尔加莫神学院教授修辞学，1778 年也开始教授数学和物理学。这使他成为了帕维亚大学的数学教授，他在 1789 年成为这所大学的校长，并在接下去的 4 年里一直担任这一职务。

图 26.2　洛伦佐·马斯凯罗尼肖像，约 1790 年

　　马斯凯罗尼非常敬佩拿破仑·波拿巴，以至于在 1797 年将他的著作《圆规几何学》致献给他。他还由于他的研究工作（主要是在几何学方面的）而获得不少赞誉，加入帕多瓦学院、意大利科学学会和曼图亚学院。1795 年，米制被引入欧洲，马斯凯罗尼被派往巴黎研究米制，然后向米兰政府汇报。他在 1798 年发表了一份报告，但由于拿破仑战争引发的动乱殃及整个欧洲，因此他被困在巴黎。由于那里的天气，马斯凯罗尼患上了常见的感冒，随后出现了进一步的并发症，感染致命的病毒。马斯凯罗尼于 1800 年 7 月 14 日去世。

　　现在让我们仔细看看洛伦佐·马斯凯罗尼对那些至今仍然以他的名字命名的作图法所做出的一个奇妙发现：马斯凯罗尼作图法。

　　在实际演示可以用圆规代替无刻度直尺来作出一条直线之前，我们首先展示一些通常需要用到无刻度直尺的作图方法。

　　为了使我们的讨论更简洁，我们使用一种简写的方法来指代一个圆或一段圆弧，其表示方式如下：圆心为点 P、半径长度为 AB 的圆将用（P，AB）表示[①]。另外，我们知道任意两点确定一条直线，所以我们将用一条直线上的任意两个点来指代这条直线。例如，包含点 A 和 B 的直线被简称为 AB。

　　我们从一个关键的作图过程开始，这对于阐明马斯凯罗尼作图法的原理是必不可少的。在这里，我们设法在 AB 所在的直线上找到一点 E，使得 $AE = 2AB$。

　　在图 26.3 中，从考虑线段 AB 开始，然后作弧（B，AB），然后作弧（A，AB）与弧（B，AB）交于点 C，作弧（C，AB）与弧（B，AB）相交于点 D，作弧（D，AB）与弧（B，AB）相交于点 E。现在我们注意到 $AB = BE$，或 $AE = 2AB$，这就是我们一开始想要的作图结果。有人可能会问，我们怎么知道点 E 在 AB 所在的直线上？如果我们看看 $\triangle ABC$、$\triangle CBD$、$\triangle DBE$（见图 26.4），就应该会意识到它们都是等边三角形。因此，$\angle ABC$、$\angle CBD$、$\angle EDB$ 这三个角都是 60°，而这就构成了一条直线 ABE。

① 下面关于马斯凯罗尼的讨论来源于 Alfred S. Posamentier and Robert Geretschläger, *The Circle: A Mathematical Exploration beyond the Line*（Amherst, NY: Prometheus Books, 2016）, pp. 199–215。——原注

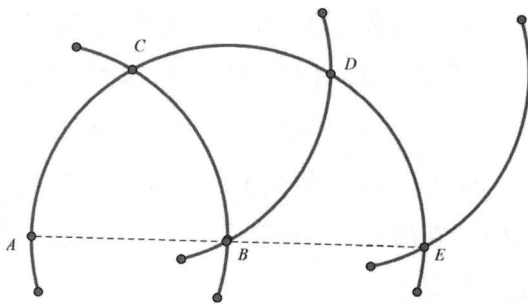

图 26.3　作线段 $AE = 2AB$

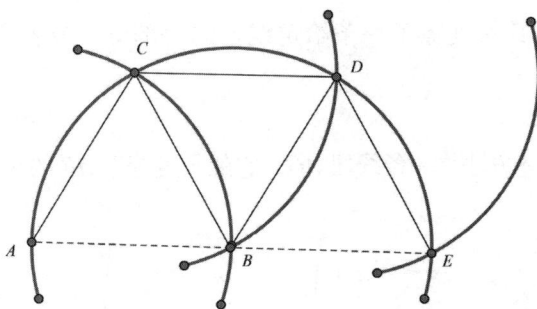

图 26.4　　$\angle ABC = \angle CBD = \angle EDB = 60°$

　　利用上述技巧，我们可以作出一条长度等于任意给定线段长度的 n 倍的线段，其中 $n = 1, 2, 3, 4, \cdots$。我们在图 26.5 中继续将线段 AB 的长度加倍，就可以说明这一点。这将使我们能够作出长度为线段 AB 的长度的 3 倍、4 倍、5 倍等的线段。

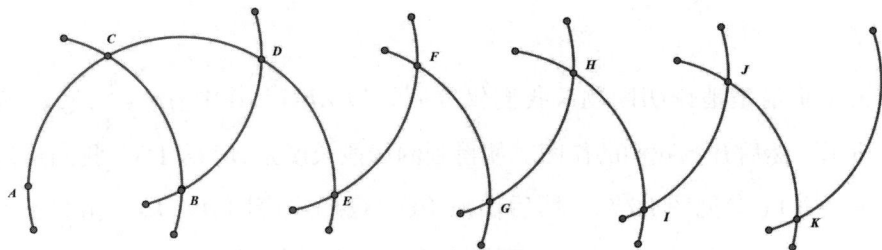

图 26.5　将线段 AB 的长度加倍

　　如图 26.5 所示，我们会得到长度等于线段 AB 的长度数倍的线段。我们的做法如下：作弧（E，AB）与弧（D，AB）相交于点 F，作弧（F，AB）与弧（E，AB）相交于点 G，作弧（G，AB）与弧（F，AB）相交于点 H，作弧（H，AB）与弧（G，AB）相交于点 I，作弧（I，AB）与弧（H，AB）相交于点 J，然后作弧（J，AB）与弧（I，AB）相交于点 K。这个过程可以一直进行下去。请注意我们如何在 AB 所在的直线上放置多个点，这是我们在创建包含无限多个点的直线时要考虑的问题之一。

既然我们已经证明可以沿着一条任意给定的线段添加无限多个点来延长这条线段，从而作出一条长度为该给定线段的长度数倍的线段，那么现在就让我们找到一条线段，其长度等于一条给定线段的一部分，或者说等于一条给定线段长度的 $\frac{1}{n}$。

我们首先用上述方法作一条线段 AG，它的长度等于 AB 的 3 倍（参见图 26.6）。

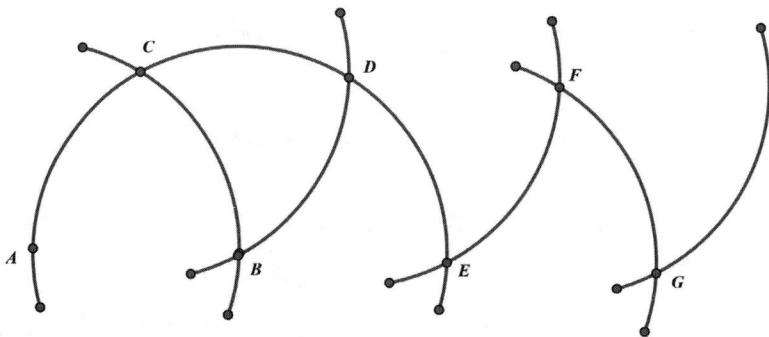

图 26.6　作长度等于给定线段长度的 $\frac{1}{n}$ 的线段

为了更清楚地说明问题，我们仅复制线段 ABG，其中 $AB = \frac{1}{3} AG$，如图 26.6 所示，然后开始我们的作图，使得到的线段长度是 AB 的 1/3。我们首先作圆（A，AB）（参见图 26.7），然后作弧（G，GA）与圆（A，AB）相交于点 C 和 D。（C，CA）和（D，DA）这两条弧的交点 P 是线段 AB 的一个三等分点，也就是说 $AP = \frac{1}{3} AB$。为了找到 AB 的另一个三等分点，我们只需利用上文提到的复制线段的方法，在本例中是复制 AP。

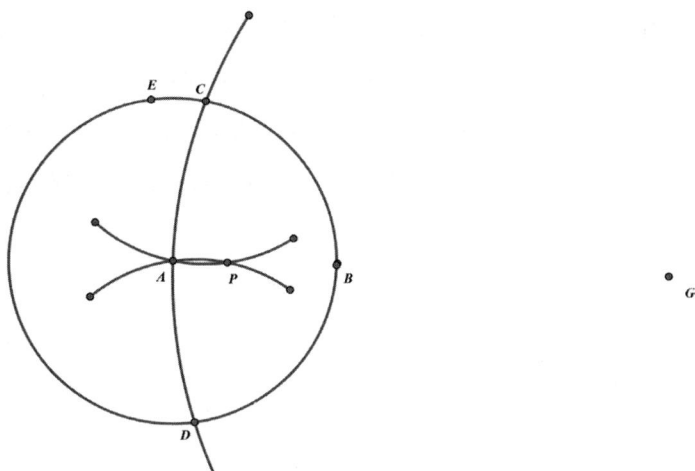

图 26.7　作线段 AB 的三等分点

为了更好地解释这一过程的原理，请参考图 26.8，其中添加了一些线段，其目的仅仅是解释这一作图过程的合理性。我们必须首先证明点 P 实际上在直线 ABG 上。点 A、P、G 在线段 CD 的垂直平分线上，因此它们共线。$\triangle CGA$ 和 $\triangle PAC$ 这两个等腰三角形是相似的，这是因为它们有一个公共底角，即 $\angle CAP$。因此，$\dfrac{AP}{AC} = \dfrac{AC}{AG}$。又由于 $AB = AC$，因此 $\dfrac{AP}{AB} = \dfrac{AB}{AG}$。我们还知道 $\dfrac{AB}{AG} = \dfrac{1}{3}$，于是得到 $\dfrac{AP}{AB} = \dfrac{1}{3}$，或者 $AP = \dfrac{1}{3}AB$。

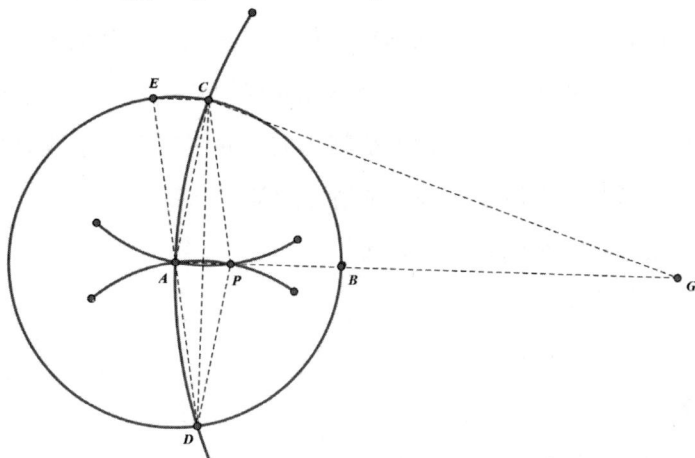

图 26.8　证明 $AP = \dfrac{1}{3}AB$

还可以用另一种方法来实现这一作图目的，即找到点 P 的位置。我们根据马斯凯罗尼作图法找到与点 D 对径的点 E，即 DAE 是圆（A，AB）的一条直径。因为在图 26.8 中，四边形 $ECPA$ 是一个平行四边形，$EC = AP$，因此我们只要找到弧（A，EC）与弧（C，CA）的交点，就可以找到点 P。我们在图 26.9 中显示了这一作图过程。

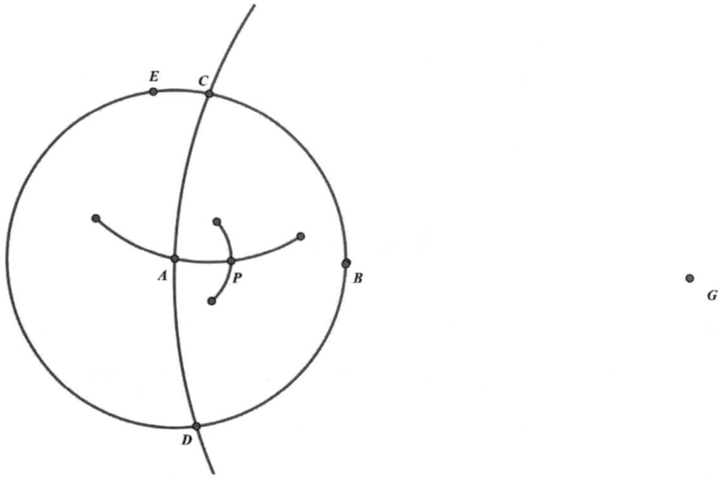

图 26.9　作出点 P

洛伦佐·马斯凯罗尼的断言是，所有用通常的几何作图工具（一把没有刻度的直尺和一副圆规）就可以完成的作图都可以仅使用圆规完成，正如我们在前面的几个作图过程中已经表明的那样。我们不必证明所有想象得到的情形都可以这样完成，而只需证明以下 5 种情形能够仅用圆规来完成，这是因为只要有这 5 种情形可用圆规完成，我们就能够完成用通常的工具总能完成的几何作图。所有其他情形都是在以下 5 种基本情形的基础上完成的。

（1）作一条通过两个给定点的直线。

（2）作一个给定圆心和半径的圆。

（3）找到两个给定圆的交点。

（4）找到一条直线（由两点给出）与一个给定圆的交点。

（5）找到两条直线的交点（每条直线均由两点给出）。

虽然我们不能用圆规作出一条通过两个给定点的实际直线，但我们能够在这条直线上放置任意多个点，并且（也许要经过无限长的时间）这两个点之间的所有点最终都会出现在这条直线上。这在本质上就满足了上面列出的第一个条件。上面列出的第二种和第三种情形显然不需要进一步讨论，因为它们就是单独用圆规完成的。要找到一条由两个点（比如说 A 和 B）确定的直线与一个给定的圆 [比如说（O, r）] 的交点，我们就需要考虑两种情况：一种是圆心不在给定的直线上，另一种是圆心确实在给定的直线上。

首先我们考虑圆心不在给定直线上的情形。这里有圆（O, r）和直线 AB，如图 26.10 所示（图中的那条虚线仅用于帮助我们看到直线 AB，它由点 A 和 B 确定）。

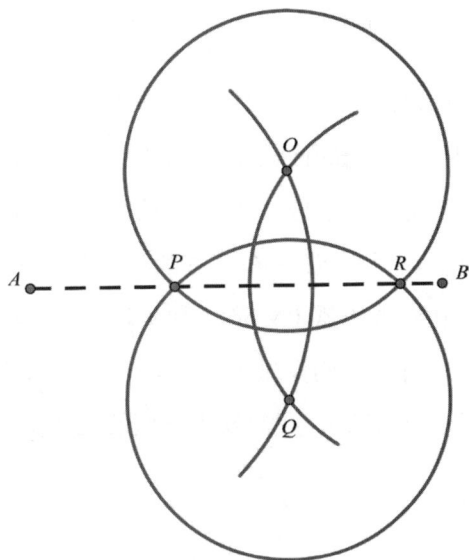

图 26.10 圆心不在给定直线上

我们需要找到点 Q，它是（B, BO）与（A, AO）这两条弧的交点。然后作圆（Q, r），（Q, r）与（O, r）这两个圆的交点 P、R 就是要求的直线 AB 与圆（O, r）的交点。

可以用以下方法证明这一作图过程的合理性。点 Q 是这样选择的：使得 AB 为 OQ 的垂直平分线。作圆（Q, r），使之与相交圆（O, r）全等，于是公共弦 PR 也是 OQ 的垂直平分线。

要考虑的第二种情形是给定圆的圆心位于给定直线上，如图 26.11 所示。

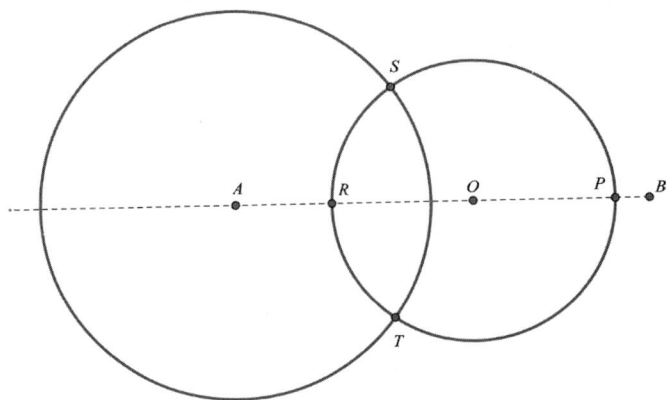

图 26.11　圆心在给定直线上

在图 26.11 中，我们作圆（A, x），其半径的长度 x 足以使作出的圆与圆（O, r）相交于点 S 和 T。ST 所对应的优弧和劣弧的中点分别是 P 和 R。

我们现在将注意力集中在平分一段给定弧 ST 上。在图 26.12 中，我们令 $OS = OT = r$，其中点 O 是弧 ST 所在圆的圆心。令点 S 与 T 之间的距离等于 d，然后作圆（O, d）。随后再作弧（S, SO）和（T, TO），这两段弧分别与圆（O, d）交于点 M 和 N。接下来，我们作弧（M, MT）和（N, NS），它们相交于点 K。现在作弧（M, OK）和（N, OK），我们发现它们的交点 C 和 D 分别是要求的劣弧 ST 和优弧 ST 的中点。

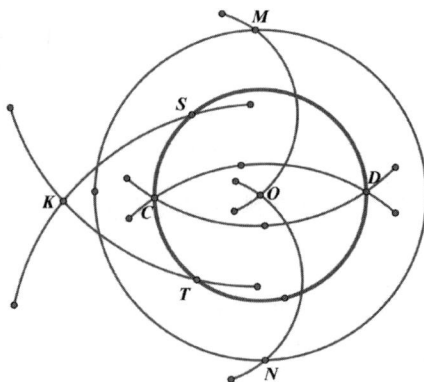

图 26.12　平分给定的弧

为了说明这一作图过程为什么达到了我们的目的，即找到了弧 ST 的中点，我们作一些辅助线解释这一作图过程，如图 26.13 所示。

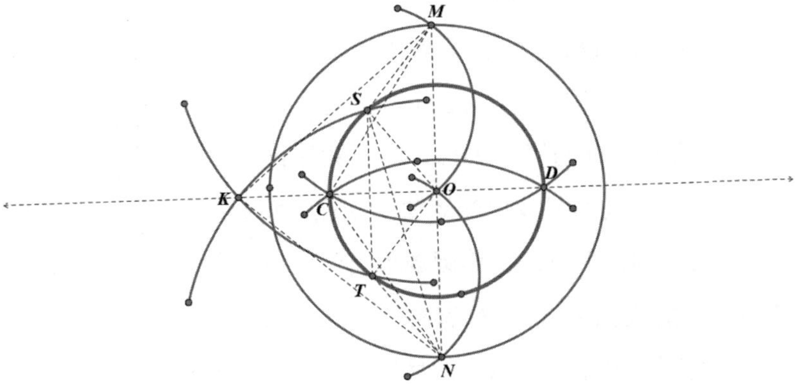

图 26.13　证明点 C、D 分别是劣弧 ST 和优弧 ST 的中点

首先来看看四边形 SONT 和 TOMS。这两个四边形是平行四边形，这是因为它们的两对对边分别相等。我们可以由此得出结论：M、O、N 三点共线。由于 CN = CM, KN = KM，于是我们就可以得出结论：KC 与 MN 垂直，垂足为 O。我们还可得出结论：CO ⊥ ST。因此，CO 平分线段 ST，也因此平分弧 ST。我们剩下的任务只需要证明点 C 在圆（O, r）上，或者说要证明 CO = r。

为了做到这一点，我们可以利用几何学中的一条定理。该定理指出，平行四边形各边长度的平方和等于两条对角线长度的平方和[1]。将该定理应用于平行四边形 SONT，我们就可以得到：$SN^2 + TO^2 = 2SO^2 + 2ST^2$ 或 $SN^2 + r^2 = 2r^2 + 2d^2$，或由此得到：

$$SN^2 = r^2 + 2d^2 \qquad （I）$$

将毕达哥拉斯定理应用于直角三角形 KON，可得 $KN^2 = NO^2 + KO^2$。又由于 KN = SN，因此我们得到：

$$SN^2 = NO^2 + KO^2 = d^2 + KO^2 \qquad （II）$$

---

[1]　关于这条定理的证明，请参见 Alfred S. Posamentier and Charles T. Salkind, *Challenging Problems in Geometry*（New York: Dover, 1996), p. 217。——原注

联立式（I）和式（II），我们得到：$r^2 + 2d^2 = d^2 + KO^2$，或 $r^2 + d^2 = KO^2$。

我们现在通过考虑直角三角形 CON 来得到结论。也对这个三角形应用毕达哥拉斯定理，我们得到 $CO^2 + NO^2 = CN^2$ 或 $CO^2 = CN^2 - NO^2$。我们知道弧 (M, OK) 与 (N, OK) 相交于点 C，而 CN 是这两段弧的半径。因此，$CN = OK$。在上式中进行适当的代换，就得到 $CO^2 = KO^2 - d^2 = r^2 + d^2 - d^2 = r^2$。于是，我们就证明了 $CO = r$，而这就是我们一开始想要证明的。

为了完成我们对马斯凯罗尼作图法的论证，我们需要证明上面最初列出的那张清单上的第五种情形可以仅用圆规来完成。换言之，我们现在想证明的是，只用一副圆规就能找到 AB 和 CD 这两条直线的交点（参见图 26.14）。虽然要完成这个作图过程需要作许多弧，但是只要按步骤来做就会有所收获。

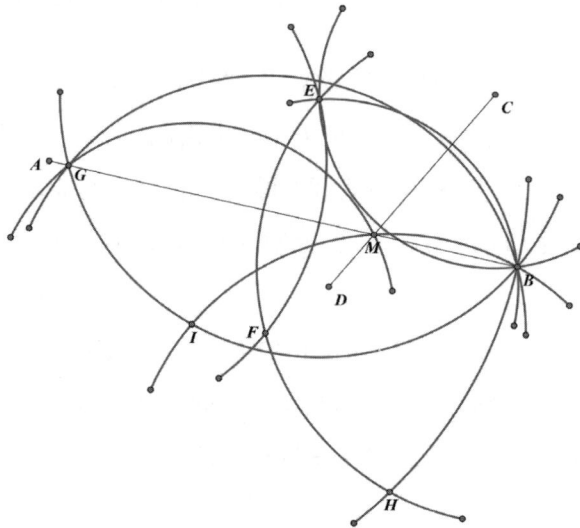

图 26.14　作 AB 和 CD 的交点

我们先作弧 (C, CB) 与 (D, DB) 相交于点 E，然后作弧 (A, AE) 与 (B, BE) 相交于点 F，接下来作弧 (E, EB) 与 (F, FB) 相交于点 G。将这个作图过程继续下去，我们就会得到弧 (B, BE) 与 (G, GB) 的交点 H。最后，作弧 (E, EB) 与 (H, HB) 相交于点 I。AB 与 CD 这两条直线的交点就是点 M，它是 (H, HB) 和 (I, IG) 这两条弧的交点。

现在的任务是证明这个作图过程确实达到了我们的意图。你还需要一些辅助线，如图 26.15 所示。请记住，我们必须证明点 M 既在直线 AB 上又在直线 CD 上。

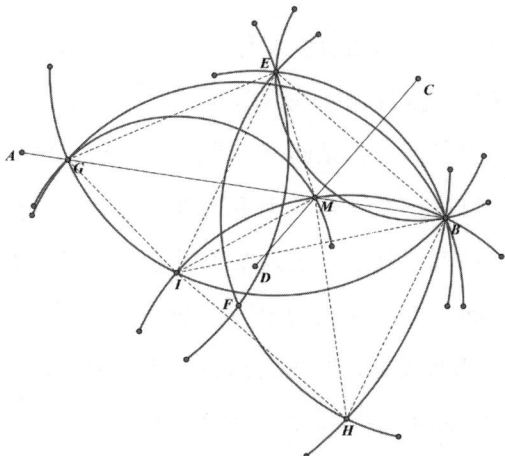

图 26.15 证明点 M 是直线 AB 和 CD 的交点

在图 26.15 中，$EI = EB = BH = HI$，这是因为它们是全等的圆的半径。类似地，$IM = IG$。于是，我们可以得出结论：IM 和 IG 这两条弧全等。又因为 $\angle IBM$ 和 $\angle IBG$ 分别是弧 IB 和 IG 所对的圆周角，所以我们可以得出结论：$\angle IBM = \angle IBG$。这也使我们可以确定点 M 在直线 BG 上。此外，我们还知道直线 AB 和 BG 都是 EF 的垂直平分线。这使我们可以确定点 M 必定在 AB 上。我们现在需要表明点 M 也在直线 CD 上。很容易证明 $\triangle BGH$ 与 $\triangle BHM$ 相似，由此可得：

$$\frac{BG}{BH} = \frac{BH}{BM}$$

又由于 $BH = BE$，因此我们得到以下等式：

$$\frac{BG}{BE} = \frac{BE}{BM}$$

于是我们可以确定 $\triangle GEB$ 与 $\triangle EMB$ 相似。可以证明 $\triangle GEB$ 是一个等腰三角形，于是我们就知道 $\triangle EMB$ 也必定是一个等腰三角形。因此 $EM = MB$，所

以直线 *CM* 就是线段 *EB* 的垂直平分线。我们可以由此得出结论：点 *M* 必定在直线 *CD* 上。这样我们就证明了点 *M* 是直线 *AB* 和 *CD* 的交点。

虽然前面的这些讨论相当复杂，但只使用了初等几何知识。结果表明，用一副圆规和一把没有刻度的直尺能完成的 5 种作图也可以只用一副圆规来完成。正如我们前面提到的，马斯凯罗尼作图法应该归功于丹麦数学家莫尔——出现了张冠李戴的现象。这种情况在数学领域时有发生，特别是当我们从欧洲的角度来看待数学史时，因为这是西方世界所特有的。另一个例子是著名的毕达哥拉斯定理。我们将这一发现归功于希腊哲学家毕达哥拉斯，而在他达到鼎盛时期的几个世纪之前就有其他一些人发现了这个著名的关系。例如，印度数学家宝陀耶那（Baudhayana）在大约公元前 800 年撰写的《用绳法则》（*Sulva Sutra*）就提到了这个几何关系，但我们仍然称之为毕达哥拉斯定理。不过，就像毕达哥拉斯很可能不知道宝陀耶那更早的发现，马斯凯罗尼撰写《圆规几何学》时也对莫尔先前的工作一无所知。因此，我们仍然可以把这些惊人的发现归功于他们。

第 27 章

约瑟夫—路易·拉格朗日
（1736 —1813，法国 – 意大利）

数学家约瑟夫 – 路易斯·拉格朗日移居法国时已经 51 岁，这一点并没有多少人知道。他出生在意大利的都灵，原名为朱塞佩·路易吉·拉格朗日亚（Giuseppe Luigi Lagrangia）。他生命的前 30 年是在意大利度过的，此后的 20 年是在德国度过的，并在柏林科学院成为了莱昂哈德·欧拉的继任者。不过，他在 1787 年接受了路易十六的邀请，搬到巴黎，成为法国科学院的一员。他在巴黎度过了余生，大多数人记得他的名字是约瑟夫 – 路易·拉格朗日。他将自己的意大利语名和中间名改成了法语形式，以与他的法语姓相配（见图 27.1）。

图 27.1 都灵的纪念碑

他在法国大革命期间米制的引入过程中发挥了重要作用，加上他的代表作《分析力学》（*Mécanique analytique*）首次出版是在巴黎（尽管是在柏林写成的），这也可能有助于他被视为法国人而被铭记——当然，除了意大利以外。尽管称他为意大利数学家是完全正确的，但他的家族在法国也有一个分支。拉格朗日的曾祖父是一名法国军官，他搬到了当时萨伏伊公国的首都都灵，为萨伏伊公爵工作。他娶了一个意大利妻子，一家人住在都灵。

1720 年，都灵成为撒丁王国的首都。1736 年 1 月 25 日，拉格朗日出生，是朱塞佩·弗朗切斯科·洛多维科·拉格朗日（Giuseppe Francesco Lodovico Lagrangia）和他的妻子特蕾莎（Teresa）的 11 个孩子中最大的。他们的孩子只有两个活到成年。拉格朗日的父亲是都灵公共工程和防御工事办公室的司库。虽然他的工作报酬很高，本来足以使他的家庭达到一定的富裕程度，但不幸的是，他由于金融投机而损失了大部分钱和财产。他希望长子成为一名律师，而拉格朗日也毫不犹豫地接受了这个愿望。他在都灵大学学习，古典拉丁语成为他最喜欢的科目。起初，他对数学没有表现出任何兴趣，觉得这门课很乏味。不过，当他偶然看到英国天文学家和数学家埃德蒙·哈雷（Edmond Halley，1656—1742）的一篇关于代数在光学中的应用的论文时，突然改变了想法。哈雷因计算他在 1682 年观测到的一颗彗星的周期性而闻名。这颗彗星在 1758 年按哈雷的预计返回了，于是人们就以他的名字来为其命名。

哈雷的回忆录激起了拉格朗日对数学的兴趣，他由此想要学习更多的东西，于是开始自己阅读数学课本，其中包括玛丽亚·加埃塔纳·阿涅西和莱昂哈德·欧拉的著作。他的热情高涨，全身心地投入到数学研究中。经过一年的紧张学习，他基本上成为了一位自学成才的数学家。1754 年，拉格朗日发表了他的第一项数学研究成果，对二项式定理与函数乘积的相继导数进行了类比。这项研究成果是以写给数学家朱利奥·法格亚诺（Giulio Fagnano，1682—1766）的一封信的形式写成的，并不是一部杰作。这表明拉格朗日是独自工作的，没有得到过数学导师的指点。在这篇论文发表后不久，拉格朗日发现这些研究结果早已包含在约翰·伯努利和戈特弗里德·威廉·莱布尼兹之间的一份已发表的通信中了。拉格朗日对这一发现感到震惊，并担心自己会被指控抄袭。然而，这作为一名数学家职业生涯的坎坷起点，实际上增加了他的动力，因为他当时想尽快证明他能够在数学上取得属于自己的重大成果。他开始研究等时降落曲线，即"物体在均匀重力作用下无摩擦滑动到最低点所用的时间与其起点无关的曲线"。克里斯蒂安・惠更斯在 1659 年就已经解决了等时降落曲线问题。他利用几何学确定了这条曲线为一条倒摆线。拉格朗日成功地为等时降落曲线问题提供了一个纯解析解，这使他的名字在数学界广为人知。此外，他还发现了一种一般方法，用于找到使某些取决于整条曲线的量达到最小值或最大值的曲线。例如，对于每条连接一个点 A 和一个较低点 B 的曲线，都可以计算出一个物体在均匀重力作用下沿该曲线从点 A 滑到点 B 所需的时间。拉格朗日的分析方法将这个时间作为该曲线的函数，使我们能够推导出一组方程。这组方程是点 A 和 B 之间的"最短时间"曲线所必须满足的。拉格朗日不仅能够在没有任何几何论证的情况下解决等时降落曲线问题，他的方法还提供了一个更一般的框架来阐述和研究类似的问题。他把这些结果寄给了欧拉，欧拉对此的印象十分深刻。欧拉此前一直在用相关的思想研究类似的问题，但拉格朗日的方法大大简化和推广了欧拉先前的分析。这种一般框架现在称为变分法，而定义最大化或最小化曲线的那些方程被称为欧拉 – 拉格朗日方程。

1755 年，还不到 20 岁的拉格朗日被任命为都灵皇家炮兵学校的数学教授。欧拉认识到拉格朗日的数学天赋和独创性，说服柏林科学院院长为拉格朗日在柏林设立了一个职位，吸引拉格朗日离开都灵。虽然柏林的那个职位的声望会高得多，但拉格朗日还是想留在都灵。他礼貌地回绝了邀请，但很高兴在 1756 年被选为柏林科学院的通讯院士。两年后，拉格朗日成为都灵科学协会的创始人之一，该协会后来成为都灵皇家科学院。在接下去的几年里，他的大部分论文都发表在都灵学院学报《都灵科学论丛》(*Miscellanea Taurinensia*) 上。他的作品受到牛顿、伯努利和欧拉的影响，也是对他们的研究的延伸。他将他的新数学方法应用于物理学中的许多问题，如声音的传播、流体力学以及木星轨道和土星轨道的计算。拉格朗日对弦振动理论做出了开创性的贡献，并引入了现在被称为物理系统的拉格朗日函数。拉格朗日函数，通常也被称为"拉格朗日量"，是理论物理中的中心对象。1764 年，拉格朗日因其对月球天平动的研究而获得法国科学院的奖金。月球天平动是指月球朝向地球的那一表面所表现出来的一种可察觉的振荡运动。

　　一年后，达朗贝尔又试图说服拉格朗日离开都灵到柏林去找一个更好的职位，但也没有成功。拉格朗日对这一邀请的回应表明他不想去柏林，因为在那里他永远是仅次于欧拉的第二优秀的数学家，而这个角色他并不向往。1766 年，叶卡捷琳娜二世开出高价说服欧拉回到俄国的圣彼得堡。他在 1727 年至 1741 年间已在那里担任过一个职位。随着欧拉离开欧洲，普鲁士国王腓特烈二世亲自写信给拉格朗日，说他想让"欧洲最伟大的数学家"进入他的宫廷。最终，拉格朗日接受了邀请，接替欧拉出任柏林科学院数学部主任。腓特烈二世与欧拉有一些分歧，这可能促成了欧拉去圣彼得堡的决定。拉格朗日被任命为新的数学部主任后，腓特烈二世写信给法国数学家达朗贝尔，无礼地说他已经"用两只眼睛的几何学家取代了一只眼睛的几何学家"。

　　1767 年，拉格朗日娶了他的表妹维特多利亚·康蒂（Vittoria Conti）。他在柏林待了 20 年，腓特烈二世也确实对他的这位宫廷数学家非常满意。拉格朗日连续发表了一系列优秀论文，涵盖了太阳系的稳定性、力学、动力学、流体力学和概率论等方面。在十多年里发表的一系列论文中，他基本上创立了偏微分方程理论。巴黎科学院几乎定期颁奖给拉格朗日：他于 1766 年由于在月球天平动方面的工作而获奖；他与欧拉由于对"三体问题"的研究而分享了 1772 年的奖项；他于 1774 年再次由于他在月球运动方面的工作而获奖；他还赢得了 1780 年的奖项，这一次是由于研究行星对彗星轨道的扰动[1]。虽然在柏林学院的研究中，他主要关注经典力学和天文学中的应用，但他还致力于研究数论，在 1770 年证明了每一个正整数都等于四个平方的和。在柏林的那些年是拉格朗日一生中最富有成效的一段时间，他不用教书，可以把所有的时间都用在数学研究上。过了一段时间，意大利人才认识到拉格朗日的数学天才，并承认他离开都灵前往柏林对他的家乡而言是一个巨大的损失。1763 年拉格朗日访问巴黎时，达朗贝尔写道："……都灵人拥有他就像得到了一件珍宝，但他们也许并不知道它的价值。"意大利人也曾偶尔试图让拉格朗日重回意大利，但拉格朗日拒绝了慷慨的邀请。他既不追求财富，也不追求权力，只想安静地研究数学，

---

[1]　T. S. Blyth and E. F. Robertson, *Further Linear Algebra* (London: Springer, 2002), p.187.——原注

而不用承担任何其他义务。1780 年左右，拉格朗日开始撰写他的巨著《分析力学》，这是一部包含他和同时代人的对力学的贡献的综合性专著。牛顿在《原理》中对力学的表述基于几何方法，而拉格朗日的意图是要将牛顿力学和解决力学问题的艺术从主要依靠几何推理转化为纯粹的分析和代数方法。他的方法基于一组通用的方程，可以从这些方程导出解决某个特定问题所需的所有方程。他写道：

　　"在本书中不会找到任何图表。我解释的方法不需要几何和力学上的作图与推理，而只需要按照规则的、一致的程序进行代数运算。那些热爱分析的人会很高兴地看到力学已成为它的一个分支，并且会感谢我这样扩展了它的领域。"

拉格朗日（见图 27.2）不仅总结了自牛顿时代以来力学领域的所有进展，而且通过使用微分方程大大简化了牛顿理论的应用，在本质上把牛顿力学浓缩成了一个公式，消除了几何推理的任何必要性。不过，拉格朗日的不朽著作《分析力学》直到 1788 年才出版。那时，他已经离开了德国。1783 年，他的妻子维特多利亚在患病多年后去世，拉格朗日变得非常消沉。三年后，他又失去了他的赞助人腓特烈二世。由于这些亲友的亡故，柏林对他来说变成了一个不那么令人愉悦的地方，他也没有了任何留下来的理由。欧洲的许多国家都看到了聘请拉格朗日的机会，最好的邀请来自法国，其中的一项条款是免除拉格朗日的任何教学义务。1787 年，51 岁的拉格朗日离开柏林，去往位于巴黎的法国科学院，担任一个带薪职位。在那里，他的《分析力学》在 1788 年和 1789 年分两卷出版。然而，无论是新的环境还是这部伟大著作的出版都不能让拉格朗日高兴起来。他仍然非常忧郁，他的那部印刷好的《分析力学》放在他的桌子上，两年多都没有打开过。

当拉格朗日来到巴黎时，法国大革命正要开始。1790 年，拉格朗日被任命为法国科学院

图 27.2　约瑟夫 – 路易斯・拉格朗日

委员会成员，负责度量衡标准化工作。当时存在的度量体系对于贸易来说已变得不切实际，需要予以取代。随着革命形势的发展，任何被认为是当权派成员的人的处境都充满危险。拉格朗日在处理这些情况的过程中逐渐克服了他的抑郁情绪。虽然他已经准备好逃离法国，但事实证明他永远不会面临真正的危险。1793 年，所有出生在敌国的外国人（包括科学院的成员）都要遭到逮捕。幸运的是，著名化学家安托万·拉瓦锡（Antoine Lavoisier，1743—1794）出面替拉格朗日周旋，当权者对他法外施恩。在这场政治动荡中，没有什么人能感到安全，因为谁都可能在一夜之间被宣布为当权者的敌人。度量衡委员会获准继续工作，但很快数位著名人物，如拉瓦锡、数学家皮埃尔－西蒙·拉普拉斯和物理学家查尔斯－奥古斯丁·德·库仑（Charles-Augustin de Coulomb，1736—1806）等被逐出委员会，而拉格朗日则成为了委员会主席。在一次持续不到一天的审判中，革命法庭判处拉瓦锡和其他 27 人死刑。拉瓦锡在审判当天下午就被送上了断头台。关于拉瓦锡的死，拉格朗日说道：

"他的脑袋落地只用了一瞬间，然而再用一百年也不足以产生这样的脑袋。"

拉瓦锡死后，主要是由于拉格朗日的影响，该委员会最终确定选择米、千克单位制，十分度也被接受。拉格朗日余生都在巴黎综合理工学院担任教授。1808 年，拿破仑·波拿巴授予拉格朗日帝国荣誉军团勋章，并封他为伯爵。1813 年 4 月，拉格朗日去世。同年，他被安葬在巴黎的先贤祠。他也是 1889年 "埃菲尔铁塔首次开放时，第一级牌匾上纪念的 72 位著名法国科学家之一"。由于数学和物理学中的许多概念和方法都以拉格朗日的名字命名，如拉格朗日函数、拉格朗日力学和欧拉－拉格朗日方程等，因此他至今仍然广为人知。

第 28 章

苏菲·热尔曼
（1776—1831，法国）

20 世纪最重要的数学成就，也许是 1993 年 6 月 23 日安德鲁·怀尔斯在剑桥大学的一次演讲中宣布的。当时，怀尔斯声称他已经证明了费马大定理，即法国著名数学家皮埃尔·德·费马在 350 多年前提出的猜想（见第 15 章）。这成了翌日《纽约时报》的头版新闻，标题是"终于，古老的数学之谜喊出了'尤里卡'"[①]。然而不久之后，人们在怀尔斯的证明中发现了一个小小的错误。在接下来的一年里，怀尔斯着手解决了这个问题，并于 1994 年 10 月 25 日宣布了修正结果。不过，必须指出的是，怀尔斯用来证明费马大定理的技巧和学科领域，在费马那个时代及此后的几个世纪里都不为人所知。

几个世纪以来，数学家一直在努力研究这条定理。苏菲·热尔曼被认为在 19 世纪早期对证明费马大定理做出了最重要的贡献之一。在我们深入研究热尔曼为解决这个令人困惑的问题所做的重大贡献之前，我们需要先了解她由于对数学的热爱而不得不面对的错综复杂的情况。

1776 年 4 月 1 日，玛丽 – 苏菲·热尔曼（Marie-Sophie Germain，见图 28.1）出身于法国巴黎的一个相当富裕的家庭。她的父亲是一位成功的丝绸商人和政治家，在苏菲成年以后仍然能一直从经济上向她提供支持。由于她的一个姐妹和她的母亲都将玛丽这个名字作为她们的名字的第一部分，因此她放弃了这个名字，改名为苏菲·热尔曼。1789 年巴士底狱陷落后，由于动荡的局面

---

①   Gina Kolata, "At Last, Shout of 'Eureka!' in Age-Old Math Mystery, " *New York Times*, June 24, 1993. ——原注

和街头的骚乱，热尔曼被迫留在家中。虽然我们不能确定，但普遍认为她在阅读父亲收藏的一些图书，特别是关于数学史的那些图书时，第一次邂逅这门学科。热尔曼由此自学了拉丁语和希腊语，从而能够阅读艾萨克·牛顿和莱昂哈德·欧拉的著作。她的这一努力尝试面临着家人的阻拦，因为他们认为女性学习数学是不合适的。尽管遭到家人的反对，但她暗自继续追求她对数学的真正兴趣。最终，她的母亲产生了同情心，支持热尔曼学习数学。

图 28.1　苏菲·热尔曼
[摘自《社会主义历史》（*Histoire du socialisme*），约 1880 年]

　　1794 年，法国高等综合理工学院成立，但不招收女生。不过，任何人只要索要课堂讲稿就可以得到。当时 18 岁的热尔曼拿到了这些讲稿，并仔细阅读。然后，她把自己对这些讲稿的研究笔记以勒布朗先生（M. LeBlanc）这个笔名寄给了意大利著名数学家拉格朗日，拉格朗日当时在该学院任职。拉格朗日对她递交的笔记有着深刻的印象，并要求与她会面。她在这时透露了自己是一名女性。拉格朗日并没有因此感到不安，继续到她的家里指导她。

　　热尔曼对数论的特别兴趣始于 1798 年，当时她阅读了法国数学家阿德里安-马里·勒让德（Adrien-Marie Legendre）的《数论随笔》（*Essai sur la théorie des nombres*）。热尔曼开始与勒让德通信，提出了一些绝妙的想法，这最终导致勒让德将她的一些成果纳入了他后来出版的《数论》（*Théorie des*

Nombres）一书中，并赞许了她的贡献之巧妙。

当热尔曼读到德国数学家卡尔·弗里德里希·高斯的不朽著作《算术研究》（*Disquisitiones Arithmeticae*）时，她对数论的兴趣进一步得到激发。1804 年 11 月 21 日，她再次用她早前的笔名勒布朗先生给高斯写信。在这封信中，她提出了解决费马大定理的一些想法。高斯回复了她的来信，但没有对她的工作加以评论。

此刻，让我们来回忆一下费马大定理的断言会有所帮助。费马在 1637 年将这条定理写在他的一本算术书的页边空白处。费马声称，对于整数 $n>2$，没有任何三个正整数 a、b、c 能满足等式 $a^n + b^n = c^n$。他同时又写道，页边空白不够大，因此他无法写下关于这一说法的证明。

苏菲·热尔曼在试图证明费马大定理的过程中做出了一些发现，其中之一是如果 $a^5 + b^5 = c^5$，那么 a、b、c 这三个变量中至少有一个必定可以被 5 整除。此外，她还提出了一个特例：设 n 是任意奇素数，于是她断言，如果存在另一个素数 $P = 2kn + 1$（其中 k 是任何不能被 3 整除的正整数），从而有 $a^n + b^n - c^n = 0\,(\bmod P)$，那么 P 就可以整除 abc，而 n 不是一个 n 次幂的剩余（$\bmod P$）[①]。最后，她证明了费曼大定理对于所有不整除 a、b、c 的 n 值都成立。这被称为苏菲·热尔曼定理，是证明费马大定理的重要一步。她接下去又证明了她的观点对于所有 $n<100$ 的奇素数都成立。后来人们对她的工作所进行的研究表明，事实上她的定理还可以更进一步，对于所有 $n<197$ 的指数都成立。热尔曼继续在未发表的著作中寻求对这条定理的证明，进一步激励了勒让德和拉格朗日等著名数学家。

热尔曼的名字在数论中一直很突出，这不仅因为她的那条定理，还因为有一些以她的名字命名的数，其中一个例子是苏菲·热尔曼素数。只有当 $2p+1$ 也是素数时，素数 p 才被认为是一个苏菲·热尔曼素数。例如，数字 3 是一个苏菲·热尔曼素数，因为 3 是一个素数，$2 \times 3 + 1 = 7$ 也是一个素数。数字 7 不是苏菲·热尔曼素数，这是因为 $2 \times 7 + 1 = 15$ 不是素数。她的名字也出现在

---

① 这句话的意思是不存在任何整数 m，使得 $m^n - n$ 能被素数 P 整除。——译注

代数中，那里有一个苏菲·热尔曼恒等式，即对于任意的 x 和 y 值，有：

$$x^4 + 4y^4 = \left[(x+y)^2 + y^2\right]\left[(x-y)^2 + y^2\right] = \left(x^2 + 2xy + 2y^2\right)\left(x^2 - 2xy + 2y^2\right)$$

热尔曼继续与她那个时代最著名的数学家通信，正如我们前面提到的，其中之一是卡尔·弗里德里希·高斯。高斯比热尔曼年轻一岁，因为与他通信的对象一直用她的笔名，因此他以为那是一个男人。在拿破仑战争期间，当热尔曼听说法国人占领了高斯的家乡、德国的布伦瑞克时，便写信给一位法国将军（也是她家的朋友），以确保高斯的安全。当高斯得知是苏菲·热尔曼为他寻求保护时，他才惊讶地得知，在他与勒布朗先生通信的这段时间里，实际上一直是在与一个女人书信往来。高斯随后热情地赞扬了热尔曼的天才。有趣的是，高斯和热尔曼始终没有见过面。

虽然热尔曼最感兴趣的是数论，但她的注意力并不局限于这一领域。她还写过一篇关于弹性的获奖论文。1821 年，热尔曼自费发表了她的获奖论文《超弹性理论研究》（"Récherches sur la théorie des surfaces élastiques"，见图 28.2）。她这样做主要是因为她想展示自己的研究与法国数学家西莫恩–德尼·泊松（Siméon–Denis Poisson）的研究结果相反。除了数学、数论和弹性力学之外，热尔曼还学习了哲学、心理学和社会学。她的大部分作品都是在她去世后发表的，包括她的《关于表面曲率的论文》（"Mémoire sur la courbure des surfaces"）。这是一篇关于弹性的文章，她在研究中使用了平均曲率。

1829 年，热尔曼开始患乳腺癌。她不顾痛苦，仍然狂热地继续工作，不断发表论文，直到她于 1831 年 6 月 27 日去世。热尔曼在她终生居住的房子里去世，这所房子位于巴黎萨

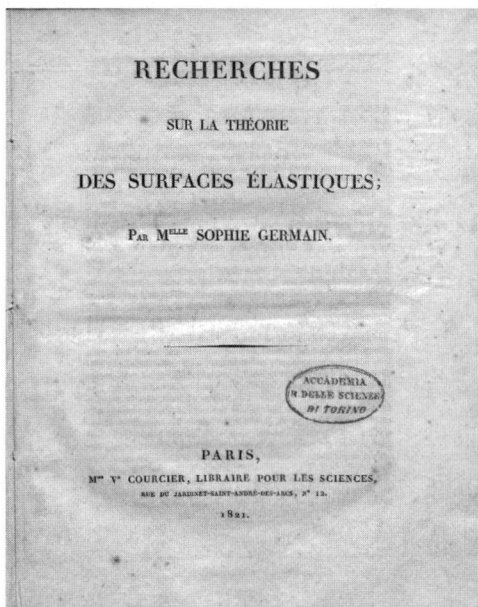

图 28.2 《超弹性理论研究》

沃伊街（现在以她的名字命名，见图 28.3）13 号。在她去世后，高斯还给了她进一步的荣誉，提出哥廷根大学应该授予她荣誉学位。然而，这是在她去世 6 年之后。从本质上讲，热尔曼的人生故事是一个富有的女性想方设法不让自己的性别阻碍她从事数学和科学研究，尽管家庭和文化都由于性别原因与她对立。

图 28.3　苏菲·热尔曼街

　　尽管苏菲·热尔曼的才华在她有生之年并没有得到广泛的认可，但她自 1831 年去世以来获得了许多荣誉。她的雕像矗立在巴黎的一所学校的校园里，这所学校也是以她的名字命名为苏菲·热尔曼学院。苏菲·热尔曼酒店位于苏菲·热尔曼街 12 号。另外，法国科学院每年颁发数学奖"苏菲·热尔曼奖"。

第 29 章

卡尔·弗里德里希·高斯
（1777—1855，德国）

　　对于有史以来最伟大的数学家之一，要总结他的一生并不容易，但我们希望能对这位伟人做一个概述。卡尔·弗里德里希·高斯（见图 29.1）于 1777 年 4 月 30 日出身于德国布伦瑞克的一个贫苦的工人家庭。有很多关于高斯早期如何被认定为神童的故事，据说他在三岁时就能在他父亲的计算中发现错误。

图 29.1　卡尔·弗里德里希·高斯
[布面油画，克里斯蒂安·阿尔布雷希特·詹森（Christian Albrecht Jensen）创作于 1840 年]

　　关于高斯的天才少年时期，最著名的故事也许发生在他 8 岁的时候。有一次，他的小学老师要求学生们把从 1 到 100 的数加起来。老师刚把任务布置下去，年少的高斯就放下了他的写字板，表示他已经得到了要求的总和。老师没有理会他，以便让班上的其他学生完成作业。半小时后，当老师向学生们询问结果时，高斯是唯一得到正确答案的人。他如此快速地求出总和的聪明方法并不是像班里的其他学生那样一个加一个地去做加法，而是将第一个数和最后一个数相加（1 + 100 = 101），再将第二个数和倒数第二个数相加（2 + 99 = 101），然后按照同样的模式继续下去（3 + 98 = 101，等等），直到这 100 个数中的所有数都成对相加。他意识到有 50 个这样的加法运算，所以他只需用 50 乘以重复出现的和 101，即 50 × 101 = 5050。所有优秀的数学老师都应该在适当的时候，也就是在介绍等差数列求和公式时，向学生分享这个故事。

1791 年，高斯 14 岁时，布伦瑞克公爵卡尔·威廉·费迪南（Carl Wilhelm Ferdinand）发现了他的才华，并提出资助他在如今的布伦瑞克理工大学学习。从那里毕业后，高斯被哥廷根大学录取，继续得到公爵的资助。他从 1795 年到 1798 年在哥廷根大学学习，但没有获得学位就离开了。在这段时间里，他撰写了他的一些不朽著作，主要是关于数论的《算术研究》（*Disquisitiones Arithmeticae*）。虽然这本书在 1798 年就完成了，但由于在莱比锡出版困难，因此直到 1801 年才出版。

《算术研究》通常被认为是高斯最伟大的杰作。尽管高斯最喜欢的科目是算术，但他也钻研了天文学、大地测量学和电磁学等其他领域。这本书分为七部分。前三部分介绍“同余”理论，也就是我们今天通常所说的模算术。第四部分讨论二次剩余理论。对于该理论，他有一种巧妙的方法，在他那个时代给许多人留下了惊异而深刻的印象。对二次方程的研究一直持续到第七部分，大多数人认为这部分是此书的亮点。在这一部分中，他讨论了方程 $x^n = 1$，其中 n 是一个给定的整数。他在讨论中将算术、代数和几何结合起来。这个方程是用代数方法解决正 n 边形作图问题的基础。这是高斯最自豪的发现之一，即只需一把无刻度的直尺和一副圆规就可以作出一个正十七边形。这是自著名的希腊数学家时代以来几何学的重大进步之一。高斯常说，他想在他的墓碑上看到这个正十七边形，但是石匠不愿承担这项工作，说这样的图形看起来就像一个上面有 17 个点的圆。

现在我们知道，可以用一把无刻度的直尺和一副圆规作出的正 n 边形的边数 n 可以是以下任何一个数字：3、4、5、6、8、10、12、15、16、17、20、

24、30、32、34、40、48、51、60、64、68、80、85、96、102、120、128、136、160、170、192、204、240、255，256、257、272、320、340、384、408、480、510、512、514、544、640、680、768、771、816、960、1020、1024、1028、1088、1280、1285、1360、1536、1542、1632、1920、2040、2048……

我们之所以知道这一点是因为当且仅当 $n = 2kp_1p_2\cdots p_t$ 时，可以用这些工具作出正 n 边形，其中 k 和 t 是非负整数，p_i（当 $t>0$ 时）是互不相同的费马素数（即可以表示为 $2^{2^n}+1$ 的素数）。已知的 5 个费马素数是 $F_0 = 3$，$F_1 = 5$，$F_2 = 17$，$F_3 = 257$，$F_4 = 65537$。

回到哥廷根大学后，高斯终于在 1799 年获得了他的第一个学位。公爵进一步要求高斯向赫尔姆施泰特大学提交博士论文，随后他在那里获得了博士学位。在接下去的几年里，他钻研天文学，帮助哥廷根建立了一个天文台。1805 年 10 月 9 日，高斯与乔安娜·奥斯多夫（Johanna Osthoff）结婚，两人育有一儿一女。他的妻子于 1809 年 10 月 11 日去世，他们的第二个孩子不久之后也夭折了。次年，高斯娶了明娜·沃尔代克（Minna Waldeck），两人又生了三个孩子。在这段婚姻中，他与孩子们的关系越来越亲密。不幸的是，他的第二任妻子于 1831 年去世。

回来谈高斯的学术生涯。他于 1807 年离开布伦瑞克，来到哥廷根担任天文台台长一职。次年，高斯遭遇的一连串不幸开始了。他的父亲在那一年去世，再加上两年后妻子的去世，他十分抑郁。尽管发生了这些不幸的事情，他的成果仍在继续产出。1809 年，他出版了一部两卷本的关于天体运动的专著，其中第一卷涵盖微分方程、圆锥曲线和椭圆轨道，第二卷着重于估算行星的轨道。

1818 年，他接受了一项任务，对汉诺威州进行大地测量。在那里，他那令人难以置信的计算能力再一次提供了巨大的帮助。他的许多发现似乎都源于他那远远超出一般人所能想象的心算能力。

他发表在《算术研究》上的发现之一就是这方面的一个例子。这一发现如今被称为高斯的尤里卡定理（因为他在日记中写到 "EYPHKA! num = Δ + Δ + Δ"），内容是每个正整数都可以表示为几个三角形数之和。例如，$18 = 15 + 3$，$28 = 15 + 10 + 3$。三角形数是 0、1、3、6、10、15 等，它们可以表示为 $\dfrac{n(n+1)}{2}$。

高斯的另一项发现是，他证明了如今所说的代数基本定理。简单地说，它表明每个单变量代数方程都有一个根或解。这些根既可以是实数，也可以是复数，因此高斯采用符号 $a+bi$，其中 $i=\sqrt{-1}$。此外，高斯首先全面解释了复数及其在笛卡儿坐标平面上标记为点的方法。

由于这些以及其他许多原因，高斯被认为是他那个时代最杰出的数学家之一。1816 年，巴黎学院悬赏在 1816—1818 年证明费马大定理。有人力劝高斯参加竞争，但他写信给一位朋友说："费马大定理作为一个孤立的命题，几乎引不起我的兴趣，因为我可以轻易地提出许多这样的命题，人们既无法证明也不能丢弃。"你可能记得，费马大定理指出，对于任何大于 2 的整数 n，没有任何三个正整数 a、b、c 满足等式 $a^n+b^n=c^n$。历时 358 年，才有英国数学家安德鲁·怀尔斯在 1995 年发表了对这一定理的证明。

众所周知，高斯不喜欢教书，但有时他也确实会宣布做一个讲座，或者教授私人课程。我们看一下他在 1831 年发布的公告（见图 29.2），他声明："10点钟，我将解释概率及算法在应用数学中的应用，特别是天文学、高等大地测量学和晶体测量学。我将在大多数私教课中教授实用天文学。第一次讲座将于10 月 28 日举行。"拉丁语是他在数学和其他科学交流中最喜欢使用的语言，这份公告就证明了这一点。

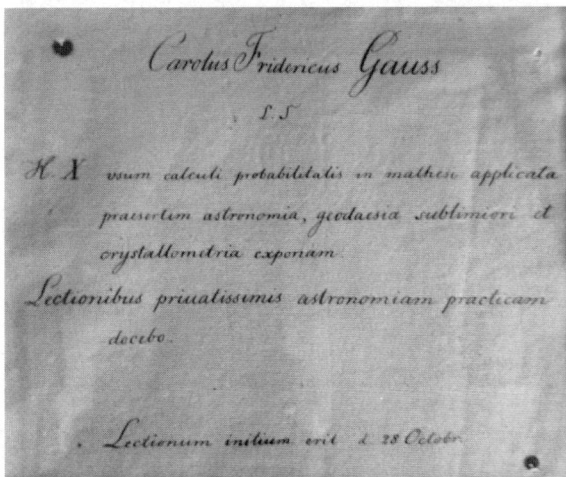

图 29.2　1831 年高斯发布的一份关于他将于当年 10 月开办讲座和私教课的公告

1817—1832 年，高斯又经历了一些情绪低落的日子。一直深爱着他的母亲病倒了，此后便一直和他住在一起，直到 1839 年去世。

1832 年，高斯与他那个时代的著名物理学家威廉·韦伯（Wilhelm Weber，1804—1891）建立了合作关系。他们在 1833 年制造了第一台电磁电报机，第一次电报联系是在高斯的磁观测站与德国的哥廷根物理研究所之间进行的。在普鲁士科学家亚历山大·冯·洪堡（Alexander von Humboldt）的推动下，高斯和韦伯决定在世界上的多个区域测量地球磁场。在高斯的磁观测站中，他们开始修改洪堡的测量程序，这令洪堡感到不悦。然而，经高斯修改后的程序要高效和准确得多。高斯在其一生中还与生命科学领域的科学家有所交往，如著名的德国内科医生和人类学家约翰·弗里德里希·布鲁门巴赫（Johann Friedrich Blumenbach，1752—1840）。高斯写给布鲁门巴赫的一份备忘录（如图 29.3 所示）证明了他们之间的联系。高斯在这份备忘录中写道："尊敬的同事，附上这篇有趣的论文。这是作者从慕尼黑寄给我的，附有恭请皇家学会接受的请求，作为他真挚的诚意。"

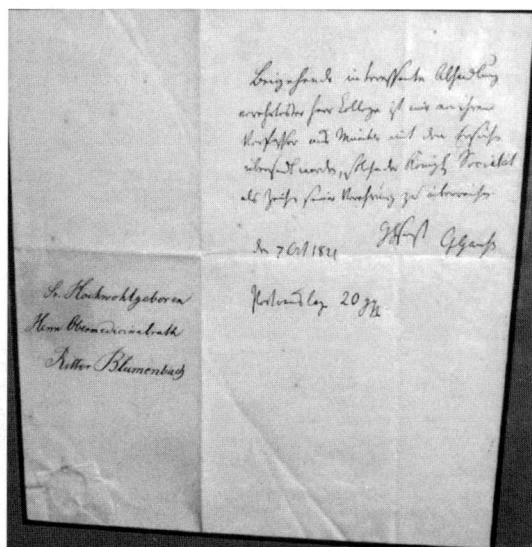

图 29.3　高斯写给布鲁门巴赫的一份备忘录，标注日期为 1821 年 10 月 7 日

1837 年，由于政治原因，韦伯不得不离开哥廷根，此后高斯的工作逐渐减

少，但他总是热心支持其他科学家的工作。1855 年 11 月 23 日，卡尔·弗里德里希·高斯（见图 29.4）在哥廷根与世长辞，他被埋葬在那里的阿尔巴尼公墓。

他最著名的一句话，也是今天经常被提及的名言，也许是："数学是科学的女王，而数论则是数学的女王。"

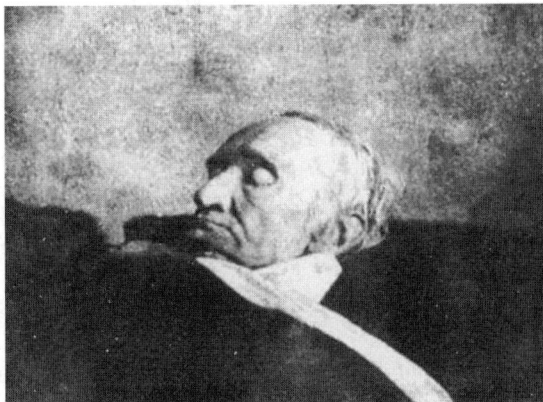

图 29.4　临终前的高斯 [菲利普·佩特里（Philipp Petri）绘于 1855 年]

第 30 章

查尔斯·巴贝奇
（1791—1871，英国）

在现代世界里，计算器和计算机的使用常常被认为是理所当然的。然而，我们应该回过头来确定计算器（它最初被称为计算机）的概念从何而来。最早研制出计算机器的殊荣属于英国数学家查尔斯·巴贝奇（Charles Babbage，见图 30.1）。他于 1791 年 12 月 26 日在伦敦出生。

查尔斯·巴贝奇的父亲是伦敦银行家本杰明·巴贝奇（Benjamin Babbage）。由于查尔斯·巴贝奇经常生病，因此他大部分时间在家里接受教育。在早年的那段时间，他就培养起了对数学的热爱。1810 年，他被剑桥大学三一学院录取学习数学，他在那里很快就发现自己在数学方面的水平比他的老师更高。这促使他加入了一个同样对教学水平感到失望的学生组成的团体。这个团体叫作分析学会，致力于探究数学中比较高深的问题。在这段时间里，他和他的同伴被对数表中数字的不精确所困扰。他觉得由自己来计算这些数值会更好，这是他开发一台能够精确完成这项任务的机器的最初动机。1817 年，他获得剑桥大学硕士学位。不久之后，他成为了那里的数学讲师。

图 30.1　查尔斯·巴贝奇的讣告肖像，发表于 1871 年 11 月 4 日的《伦敦新闻画报》（*Illustrated London News*）（这张肖像来源于巴贝奇于 1860 年 7 月在第四届国际统计大会上拍摄的一张照片）

到了 1816 年，他当选为皇家学会的会员，1820 年参与建立了皇家天文学会。大约就是在这个时候，他开始在兴趣的引导下走上了开发一种计算机器的道路。这种最初的兴趣早已在他的心里潜伏一段时间了。1821 年，巴贝奇开发出差分机（见图 30.2）。1822 年，他在对一群选定的听众所做的一次演讲中，向皇家天文学会宣布了他的成果。尽管巴贝奇曾设想让他的机器打印出结果，但最初必须有一名助手充当抄写员，复制生成的数字。翌年，他获得了皇家天文学会的金质奖章，这是对他开发这台机器的奖励。进一步改进这台机器的工作得到了政府的慷慨资助。巴贝奇和资助者相处得并不好，因为他们提出的许多问题在他看来都很荒谬。由于花了太长时间才找到一个可行的模式，因此资金被撤回。不过，必须指出的是，1827 年巴贝奇经历了非常不幸的一段时间，他的父亲、妻子和两个孩子相继去世。有人劝他休假一段时间，他花了大半年的时间在欧洲大陆旅行。他于 1828 年回去工作。尽管缺乏财政支持，他的模型还是在 1832 年完成了，它能够帮助编制数学表格。不过，他对这种机器的局限性感到不满，于是他开始开发一种能够进行更广泛的计算的机器。巴贝奇对于建立英国科学促进会发挥了重要作用，他在 1830 年写的一篇颇有争议的论文起到了宣传这个协会的作用。尽管巴贝奇有着如此大的影响力，但由于政府对他的进展感到不快，因此差分机的改进工作在 1834 年被叫停。

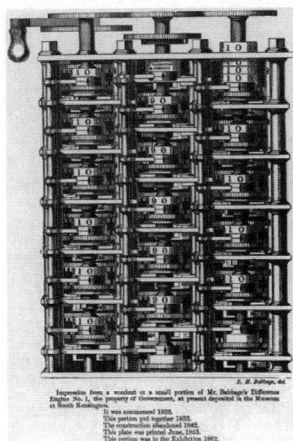

图 30.2　差分机
[根据本杰明·赫歇尔·巴贝奇（Benjamin Herschel Babbage）的绘画所制作的木刻，1853 年]

巴贝奇在最有建树的那些年里一直留在剑桥大学。从 1828 年至 1839 年，他在那里担任卢卡斯数学教授，但从未发表过一次演讲。巴贝奇是知识分子群体中非常活跃的一员，他支持许多科学领域的研究，例如当时英美政府使用的密码。在他努力改进这些计算机器的过程中，1843 年一位名叫乔治·舒茨（George Scheutz，1785—1873）的瑞典发明家在巴贝奇设计的基础上造出了新的差分机。1837 年，巴贝奇描述了差分机的改进型，并称之为分析机（见图 30.3）。这是一台通用计算机，其关于存储器的设计是多年后出现的电子计算机的先驱。这种设想的存储器要容纳 1000 个 40 位的十进制数。他设计这种机器的意图是要让它执行加减乘除以及开方运算，所使用的编程语言类似于现代的汇编语言。这种机器使用打孔卡片，一张用于算术运算，一张用于存储数值常量，还有一张用于将数字从存储器传输到算术单元。不幸的是，这台机器从来没有成功地达到巴贝奇想要的水平，它只执行了几项任务，还出现了一些明显的错误。

图 30.3　分析机
[多伦·斯瓦德（Doron Swade）提供]

巴贝奇是带着遗憾去世的，因为他的设想从未完全实现，他把这归咎于政府未能提供适当的财政支持。在巴贝奇于 1871 年 10 月 18 日去世后，他的儿子亨利·普雷沃斯特·巴贝奇（Henry Prevost Babbage）继续他的工作。事实上，他也不得不为继续完成父亲未完成的工作而投入大量资金。1910 年，亨利造出了他的分析机（见图 30.4），但它既不能编程也没有存储空间。

图 30.4　亨利的分析机，伦敦科学博物馆收藏

巴贝奇的遗产包括许多不同的贡献，例如他编制了可靠的精算表，并协助建立了现代英国邮政系统。他还发明了一种速度计、灯塔的隐显灯（这种灯持续发光的时间比熄灭的时间长）和一种火车头排障器（用于清除轨道上妨碍铁路交通的障碍物）。在查尔斯·巴贝奇的身上，我们看到了一位计算机世界的发起者，他努力制造出了一台机器，而他发明这台机器的动机在于他认为急需纠正早先被接受的那些错误信息。

第 31 章

尼尔斯·亨里克·阿贝尔
（1802—1829，挪威）

挪威现在是世界上最富有的国家之一，拥有丰富的自然资源。按人均水平计算，挪威是除中东以外世界上最大的石油和天然气生产国。与世界上大多数国家截然不同的是，挪威没有外债。从石油工业中获得的收入甚至使政府得以建立一个主权财富基金。到 2017 年，该基金为每位公民积累了 185000 美元的资金[①]。公共医疗和公共教育几乎是免费的，这可能是挪威在 2017 年联合国发布的《世界幸福指数报告》中排名第一的原因。虽然在当今这个时代，挪威显然是一个非常适合居住的地方，吸引来自世界各地的移民，但 19 世纪初的情况大不相同，由极端气候引起的频繁饥荒造成了大量死亡。

在这样的困难时期，尼尔斯·亨里克·阿贝尔（Niels Henrik Abel，见图 31.1）于 1802 年 8 月 5 日出生在挪威西海岸的一个小村庄。阿贝尔在安妮·玛丽·西蒙森（Anne Marie Simonsen）和牧师索伦·格奥尔格·阿贝尔（Sören Georg Abel）的 7 个孩子中排行第二。由于阿贝尔的父母负担不起孩子们上学的费用，因此他在家接受拥有语言学和神学学位的父亲

图 31.1 尼尔斯·亨里克·阿贝尔仅存的肖像，由约翰·格尔比茨（Johan Gørbitz）绘于 1826 年

---

① 见挪威银行投资管理公司、挪威银行、挪威统计局的有关数据。——原注

的教育。记录表明，由于父母双双酗酒，因此他在贫困家庭中的童年生活更加困难。13 岁那年，阿贝尔进入克里斯蒂安尼亚（现在的奥斯陆）的天主教学校学习，他很快就给家人写信说他"感到如鱼得水"[1]。不过，他在学校的第一年只取得了差强人意的成绩。19 世纪，学校里的体罚是一种被普遍接受的管理方法，造成学生受伤的情况屡见不鲜。1817 年，阿贝尔的数学老师被解雇了，原因是他狠狠地打了一个学生，致使该学生在 8 天后死亡[2]。新来的数学老师伯恩特·霍尔姆博（Bernt Holmboë，1795—1850）仅比阿贝尔大 7 岁，他认识到阿贝尔在数学方面的超人天赋和对数学的迷恋，因此开始辅导阿贝尔。他鼓励阿贝尔学习学校课程之外的大学水平的书籍，他们一起阅读莱昂哈德·欧拉、艾萨克·牛顿、让 – 勒朗·达朗贝尔、约瑟夫 – 路易·拉格朗日和皮埃尔 – 西蒙·拉普拉斯的著作。1818 年，阿贝尔的父亲失业，并于两年后去世。父亲的去世严重加剧了家庭的经济问题，也给阿贝尔增加了额外的负担。阿贝尔的哥哥陷入抑郁状态，无法支撑这个家庭，因此这时要由阿贝尔来对母亲和兄弟姐妹负责了。倘若没有霍尔姆博的帮助，阿贝尔原本不可能继续接受教育。霍尔姆博为阿贝尔筹集资金，使他得以完成学业，并于 1821 年秋季进入奥斯陆大学（旧称皇家弗雷德里克大学）。霍尔姆博在一份报告中这样描述他的这位天才学生：

> "他以最令人难以置信的天赋，把对数学的热情和兴趣结合在一起。如果他活下去，很可能成为伟大的数学家之一[3]。"

奥斯陆大学成立于 1811 年，最初不提供任何自然科学方面的教育，重点是以职业为导向的学习，如神学、医学和法律[4]。阿贝尔在大一时已经是全国最好的数学家之一了。他在中学的最后一年开始追求自己的理想，尤其对求解五

---

① Olav Arnfinn Laudal and Ragni Piene, *The Legacy of Niels Henrik Abel: The Abel Bicentennial, Oslo, 2002* (Berlin: Springer, 2013).——原注

② Arild Stubhaug, *Called Too Soon by Flames: Niels Henrik Abel and His Times* (Heidelberg: Springer, 2000).——原注

③ Arild Stubhaug, *Niels Henrik Abel and his Times: Called Too Soon by Flames Afar*, translated by R. H. Daly (Springer Science & Business Media, 2013), p. 231.——原注

④ Krishnaswami Alladi, *Ramanujan's Place in the World of Mathematics* (New Delhi: Springer, 2013), p. 83.——原注

次方程感兴趣。这在当时是一个尚未解决的重大数学问题。五次方程是具有 $ax^5 + bx^4 + cx^3 + dx^2 + ex + f = 0$ 形式的方程，即未知数 x 的最高次数为 5 的多项式方程。这里的系数 a、b、c、d、e、f 为实数。你可能还记得，二次方程 $ax^2 + bx + c = 0$ 的根可以通过公式 $x_{1,2} = \dfrac{-b \pm \sqrt{b^2 - 4ac}}{2a}$ 求得。

三次方程和四次方程存在着复杂得多的求解公式。求解一般二次方程的第一个明确的公式是由印度数学家婆罗摩笈多提出的。三次方程和四次方程的求解公式是由意大利数学家西皮奥尼·德尔·费罗（Scipione del Ferro，1465—1526）和洛多维科·德·费拉里（Lodovico de Ferrari，1522—1565）提出的，另一位意大利数学家吉罗拉莫·卡尔达诺首次将其发表在一本书中。然而，求解一般形式的五次方程的问题已经困扰了数学家几百年，没有人取得成功。1821 年，阿贝尔认为自己已经完全解决了这个问题。他给当时北欧的主要数学家哥本哈根的费迪南·德根（Ferdinand Degen，1766—1825）寄去了一篇论文。当德根要求阿贝尔为他的方法提供一个数值例子时，他发现了一个错误。不过，德根注意到了阿贝尔在数学推理方面的卓越才能，并建议他在其他数学领域也发挥自己的才能。

上了一年大学后，阿贝尔的成绩不是很突出，只有数学除外，他在数学方面的表现优异。由于除了神学、医学和法律外，这所大学没有开设其他高等课程，因此阿贝尔只能通过从图书馆借阅数学书籍来自学数学。他读完了他能找到的所有数学课本。当时这所大学只有两位数学教授，他们很快就意识到阿贝尔必须出国深造。1823 年，他们资助阿贝尔去了一趟哥本哈根，以便他能拜访那里的数学家。然而事实证明，那些数学家向他展示的一切他早就已经知道了。在哥本哈根的一次舞会上，阿贝尔遇到了克里斯汀·坎普（Christine Kemp，1804—1862）。一年后，她成为了他的未婚妻，随后跟随他来到挪威。她在那里找到了一份家庭教师的工作。与此同时，阿贝尔在他的一位教授创办的一份新的科学期刊上发表了数篇关于高等微积分的论文。他又开始研究五次方程，这次采取了一种不同的途径。他最终解决了这个在长达几个世纪的时间里未解决的问题，不过采用了一种非常令人惊讶的方式。他证明了五次或更高次的一般多项式方程不存在代数解，也就是说他确定了此时不可能用方程的系数来表示解——这与一次、二次、三次、四次方程不同。解确实存在，但它们只能用近似方法求得。一般来说，对于五次或更高次方程，不可能"解出 x"。这个重要的结论现在被称为阿贝尔 – 鲁菲尼定理，因为保罗·鲁菲尼（Paolo Ruffini，1765—1824）在 1799 年曾发表过一个不完整的证明。为了证明这一点，阿贝尔（独立于埃瓦里斯特·伽罗瓦）建立了如今被称为群论的数学分支。还有一种以阿贝尔的名字命名的群——阿贝尔群，这是一种符合交换性的群。换言之，对于阿贝尔群来说，运算顺序无关紧要。

阿贝尔申请资助前往法国和德国的数学中心，但他只得到了一小笔学习语言的津贴，以及两年后他将获得一笔旅行补助金的承诺。为了在拜访欧洲伟大的数学家之前写出一部令人印象深刻的作品，他自费出版了他在五次方程方面的研究成果。他用法文写作以引起更多读者的注意，同时尽可能缩短证明过程以节省印刷成本。他把这部作品寄给了欧洲大陆的几位数学家，其中包括卡尔·弗里德里希·高斯。但是他极其凝练的写作风格使他的证明很难阅读，因此他的作品并没有得到他所希望的关注。阿贝尔在很好地掌握了法语和德语后，认为自己已为欧洲之行做好了充分的准备，于是他给挪威国王写了一封私人信件，要求提前获得旅行补助金。有了挪威政府的资助，他得以在 1825 年秋季踏上了他的欧洲大陆之旅。虽然他原计划先去哥廷根拜访高斯，然后去位于巴黎的法国科学院（当时的世界数学中心），但他实际上先去了柏林。在那里，他遇到了奥古斯特·利奥波德·克雷尔（August Leopold Crelle，1780—1855）。克雷尔是一位工程师和数学家，与德国政府有着良好的关系。他长期以来一直在计划创办一份德国数学期刊，以打破那些已树立声誉的法国著名期刊的统治局面。克雷尔鼓励阿贝尔把他关于五次方程的研究结果写成一个更容易理解的扩展版本，这是他热切希望发表在他的期刊上的一篇数学杰作。克雷尔的《纯数学与应用数学杂志》（*Journal für die reine und angewandte Mathematik*）第一期于 1826 年 2 月出版，其中包括阿贝尔的 7 篇论文。阿贝尔也是接下来几期的主要撰稿人。阿贝尔论文的高质量和重要性对树立该杂志的声誉至关重要。如今，克雷尔的这本期刊仍然是最著名的数学期刊之一。阿贝尔被告知高斯不赞同他的工作，于是放弃了拜访高斯的计划。（高斯实际上从未读过阿贝尔关于五次方程的论著，因为在高斯去世后，人们发现这部论著从未被翻开过。）

当阿贝尔来到巴黎时，他完成了一篇长长的手稿。他认为这是他到当时为止最令人印象深刻的作品，其中包含了一条以全新的见解论述代数微分加法的定理。他将其提交给法国科学院，并希望这篇文章能发表在最重要的数学期刊上，从而给挪威当局留下足够深刻的印象，以便当局在奥斯陆大学为他设置一个职位。奥古斯丁 – 路易·柯西（Augustin-Louis Cauchy，1789—1857）和阿德里安 – 马里·勒让德（Adrien-Marie Legendre，1752—1833）被指定为审稿人。阿贝尔在巴黎度过了冬天，等待着答复，但柯西把手稿放在一边，忘记了它。阿贝尔的钱已所剩无几，每天只能吃一餐，因此他的健康状况恶化。他开始发烧和咳嗽，但仍以惊人的速度继续工作，为克雷尔的杂志撰写了更多的论文。虽然他经常光顾巴黎的科学界，结识了那里的顶尖数学家，但他们对他的工作几乎没有兴趣，他也从来没有真正有机会与他们讨论他的数学思想。阿贝尔访问巴黎时，数学家约瑟夫·刘维尔（Joseph Liouville，1809—1882）还是一名学生。他多年以后说，遇到阿贝尔而没有了解他，是他一生中最大的错误之一。尽管阿贝尔在克雷尔的杂志上发表了许多论文，但这次欧洲之行令他感到失望，他开始想家了。

当他在 1827 年回到挪威时，他非常沮丧和贫穷。由于没有在巴黎发表论文，也没能与高斯接触，他发现他的资助没有得到续期。他不得不靠私人借贷来还清家里的债务。他在报纸上刊登做私人家教的广告，想挣点钱。与此同时，他继续以令人难以置信的速度不断给他的朋友克雷尔寄论文，其中大多数都是关于数学的不同领域的前沿研究。克雷尔不知疲倦地试图利用自己的影响力在柏林大学为阿贝尔设置一个永久职位。1828 年春，阿贝尔获得了奥斯陆大学的一个临时讲师职位，为一位去西伯利亚进行科学考察的教授代课。尽管他在克雷尔的杂志上发表的文章越来越受法国科学院的数学家的青睐，但在挪威获得永久职位的希望仍然渺茫。自从离开巴黎以来，他的健康状况并没有真正好转，并在 1828 年秋天进一步恶化。他想和未婚妻一起过圣诞节，她在距离奥斯陆 250 多千米的弗罗兰区当家庭教师。阿贝尔不得不在寒冷刺骨的冬天乘坐雪橇旅行。即使对一个健康强壮的人来说，这也是一次极其令人疲惫的旅行。他到达时病情已经很严重。圣诞节时，他感觉略有好转，可以好好过这个节日了，但很快他又卧床不起，越来越虚弱。阿贝尔担心他最伟大的成就（提交给法国学院的那篇论文）永远丢失了，于是他拼尽剩余的体力，重新写下了关于代数微分加法的主要定理的证明。在一次大出血之后，阿贝尔被诊断出患有肺结核。他很可能早在巴黎逗留时就患上了此病。他于 1829 年 4 月 6 日去世，享年 26 岁。两天后，克雷尔在不知道阿贝尔的死讯的情况下，给阿贝尔写了一封喜气洋洋的信，告诉他柏林大学有一个正教授的永久职位正等着他。克雷尔写道：

> "至于你的未来，你现在可以完全放心了。你是我们之中的一员，而且你不必再担心……你将来到一个好的国家，这里有更好的气候，更接近科学和真诚的朋友们。他们欣赏你，喜欢你。"

一年后，阿贝尔被追授法国科学院大奖。这是对他在数学方面取得的杰出成就的表彰。柯西经过仔细搜寻，终于找到了阿贝尔的那篇不朽的"巴黎回忆录"。该文于 1841 年首次发表，至今仍然是数学发展过程中的一个里程碑。尼尔斯·亨里克·阿贝尔在他短暂而悲惨的一生中做出了深刻而有影响的数学发现，多个数学定理、方程和数学名词都以他的名字命名，甚至月球上的一个陨石坑也是以他的名字命名的。当挪威数学家索弗斯·李（Sophus Lie，1842—1899）得知阿尔弗雷德·诺贝尔（Alfred Nobel）的年度奖计划中不包括数学奖项时，他提议设立一个阿贝尔奖，以表彰数学方面的杰出成就。然而，随着李在 1899 年去世，这些计划背后的动力已不复存在。此外，也是出于财政原因，政府决定建立一座阿贝尔纪念碑，而不是为阿贝尔奖提供资金。20 世纪 60 年代末，北海的石油勘探开始了，这也是挪威石油时代的开端。到了 20 世纪末，挪威已成为世界上最富有的国家之一。随着石油行业资金的丰裕以及阿贝尔诞辰 200 周年的临近，挪威政府终于在 2001 年设立了阿贝尔奖。阿贝尔奖的奖金为 600 万挪威克朗（约 75 万美元）。阿贝尔奖与菲尔兹奖一起被视为数学家所能获得的最高荣誉。

第 32 章

埃瓦里斯特·伽罗瓦
（1811—1832，法国）

你可能认为埃瓦里斯特·伽罗瓦（Évariste Galois，见图 32.1）的生平故事很短，毕竟他只活了不足 21 年。然而在他的生命里，他经历了许多动荡的事件。我们应该注意到，他对数学的主要贡献是以他的名字命名的整个研究领域，这在数学领域中并不常见。伽罗瓦理论是抽象代数的一部分，并且在两大理论——群论和域论之间建立了联系。对非数学家来说，这种解释似乎毫无意义。不过，我们尝试展示一些由这种理论产生的新的洞察。例如，伽罗瓦的工作使我们能够判定

图 32.1　埃瓦里斯特·伽罗瓦
（绘于灰白纸上，约 1826 年）

仅用四种算术运算和开方（例如求平方根、立方根等）能否得出高次方程的解。他的工作还使我们能够确定哪些规则多边形是可以只用直尺和圆规来作图的，以及为什么只用直尺和圆规不能将一个一般角三等分。这些只是一些相当简单的论题，很可能已经在你的中学课程中介绍过了，而它们的解答则要归功于伽罗瓦的工作[①]。

现在让我们来介绍一下这位数学天才是如何度过短暂的一生的。他于 1811 年 10 月 25 日出生在法国的布尔格拉瑞恩。1814 年，他的父亲尼古拉斯·加布

[①]　参见《从一元一次方程到伽罗瓦理论》，冯承天著，华东师范大学出版社，2019 年。——译注

里埃尔·伽罗瓦（Nicolas Gabriel Galois）成为该镇的镇长。他的母亲阿德拉伊德·玛丽·德曼特（Adélaïde Marie Demante）是一位受过高等教育的律师，她在家里教儿子学习到 12 岁，尽管伽罗瓦在 10 岁时已经被兰斯学院录取了。这些在当时都是很不常见的。1823 年，他进入了路易大帝高中。在那里，他获得了拉丁语一等奖，但他更喜欢学习数学。他在 14 岁时就开始钻研数学。他快速阅读了阿德里安 – 马里·勒让德的《几何学基础》（*Éléments de Géométrie*），展示了他的才华。从某种意义上来说，这本书是美国高中几何课程的范本。15 岁时，他开始非常认真地研究方程理论。奇怪的是，他的老师对他并没有什么印象，或者正如有些人可能会说的那样，他们对他心存畏惧。

1828 年，他向久负盛名的巴黎综合理工学院递交了入学申请，但在口试中的表现不够好，因此没有被录取。不久之后，他向巴黎高等师范学校递交入学申请并被录取。这是一所较差的学校，考官们似乎对他有着深刻的印象。1829 年，他发表了第一篇关于连分数的论文。连分数是具有 $a+\cfrac{b}{c+\cfrac{d}{e+\cfrac{f}{g+\cdots}}}$ 形式的分数，可以用来表示像 $\sqrt{2}=1+\cfrac{1}{2+\cfrac{1}{2+\cfrac{1}{2+\cfrac{1}{2+\cdots}}}}$ 这样的数。

他随后不久提交的一些论文没有被接受，原因各种各样，其中有些不一定是数学方面的。1831 年 1 月的巴黎相当动荡。伽罗瓦辍学加入了民兵组织，在那里把时间全用在政治和数学两个方面。民兵组织的成员偶尔会被捕，但他没有在监狱里久待。1831 年 4 月，伽罗瓦和其他民兵军官被宣判无罪。随后的 5 月，他们荣幸地参加了一次宴会。在这次宴会上，伽罗瓦提议为国王干杯——实际上是在威胁他的生命。结果，伽罗瓦次日再次被捕。同年 6 月，他再次被宣判无罪。1831 年 7 月 14 日之后，他的激进行为仍然毫无收敛。当时，他身穿被解散的民兵的制服，带着手枪、步枪和匕首，全副武装地领导了一场抗议活动。他又一次被捕了。10 月，他被判处 6 个月监禁，然后于 1832 年 4 月 29 日获释。

伽罗瓦在狱中的时间并没有完全浪费，他继续在那里构建数学概念。他在狱中写的另一篇论文被拒绝发表，对此他表示了强烈的不满，并表示不再通过科学院发表论文，只与他的朋友奥古斯特·谢瓦利埃（Auguste Chevalier）一起发表。他收到的拒稿信指出，他需要提高精确性，减少令人费解的地方。他确实采纳了这一建议，开始收集他的数学手稿，将它们改写成一种更让人明白易懂的风格。

　　20 岁时，他陷入了一场手枪决斗。关于他为何与一个枪法高超的神枪手决斗，人们有许多猜测。是为了一个女人吗？决斗的对手是那个女人的叔叔还是未婚夫？这场决斗是警察为了消灭一个政敌而谋划的吗？在这场决斗前，伽罗瓦彻夜未眠，给朋友写信，并附上了他的一份更加易懂的手稿（见图 32.2）。人们相信，他预感到自己在即将到来的决斗中会失败。他在那个命运之夜留下的那份材料构成了我们今天所说的伽罗瓦理论的基础。

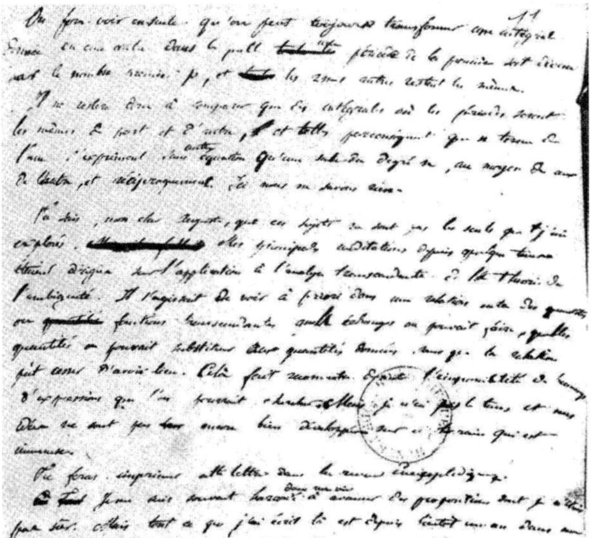

图 32.2　伽罗瓦的数学著作的最后一页，是他在去世的前夜写下的。他在倒数第二行写道："解密所有这些混乱不堪的东西。"（埃瓦里斯特·伽罗瓦写给他的朋友奥古斯特·谢瓦利埃的信，1832 年 5 月 29 日）

　　决斗发生在 1832 年 5 月 30 日清晨。他的腹部中枪，一位路过的农民把他送到医院，第二天早上他就死在那里。即使在这个悲伤的时刻，他的激进行为也没有停止。他拒绝牧师为他举办宗教仪式，并告诉他的弟弟阿尔弗雷德："别哭，阿尔弗雷德！在 20 岁的时候死去，我需要全部的勇气！" 6 月 2 日，埃瓦里斯特·伽罗瓦被安葬在蒙帕纳斯的一个普通坟墓里。

第 33 章

詹姆斯·约瑟夫·西尔维斯特
（1814—1897，英国）

英国数学家詹姆斯·约瑟夫·西尔维斯特（James Joseph Sylvester）于 1814 年 9 月 3 日出生在伦敦，他因生活在美国和英国期间对组合数学、矩阵理论、数论和其他数学分支做出了重大贡献而闻名。奇怪的是，这位被称为詹姆斯·约瑟夫·西尔维斯特的数学家在出生时并不叫这个名字，他的父亲的名字是亚伯拉罕·约瑟夫（Abraham Joseph），所以他出生时的名字是詹姆斯·约瑟夫。他的哥哥来到美国时，美国的要求是所有移民除了有姓氏之外，还必须有中间名。哥哥改姓西尔维斯特，他也这样做了。

刚满 14 岁时，西尔维斯特进入伦敦大学学习，师从英国著名数学家奥古斯都·德·摩根（Augustus De Morgan，1806—1871）。在他与另一个学生发生了一次小的冲突后，他的家人让他从伦敦大学退学。然后，他进入了利物浦皇家学院。1831 年，他在剑桥大学圣约翰学院继续更加严谨地学习数学。他病了好几年，此后终于参加了著名的剑桥数学考试——数学荣誉学位考试。他得了很高的分数，排名第二。他有资格获得大学学位，但结果没有得到。他拒绝接受英国国教会的 39 条信纲，这导致他被拒绝授予学位。不仅如此，这还使他没能获得史密斯奖和随后的一份奖学金。

尽管如此，他在 1838 年成为了伦敦大学学院的自然哲学教授，第二年又成为伦敦皇家学会会员。1841 年，他最终获得爱尔兰都柏林三一学院的文学学士学位和文学硕士学位。此后不久，他移居美国，成为弗吉尼亚大学的数学教授。4 个月后，他又一次与两名学生发生暴力冲突，这导致他离开。后来，他搬到纽约市。由于他的犹太信仰，哥伦比亚大学拒绝任命他为数学教授。1843年11月，他离开纽约市前往英国。

　　一回到英国，他便在衡平法与普通法人寿保险协会中担任领导职务。在那里，他利用自己的数学天赋开发精算模型。不过，这个职位需要法律学位，因此他随后便为律师资格考试而学习。在这段时间里，他遇到了阿瑟·凯利（Arthur Cayley，1821—1895），另一位也在学习法律的数学家。他与凯利合作多年，他们一起对矩阵理论和不变量理论做出了重大贡献。直到1855年，西尔维斯特才再次被任命为数学教授，这一次是在伦敦东南部的伍尔维奇皇家军事学院。他在那里一直待到1869年，当时他55岁，被迫退休。他不得不为争取全额养老金而斗争，最终他如愿以偿。直到1872年，剑桥大学才最终授予西尔维斯特早该获得的学士和硕士学位，排除了最初因他的犹太人身份而带来的阻碍。

　　1876年，他应马里兰州巴尔的摩市新成立的约翰斯·霍普金斯大学的邀请来到美国，成为该校最早的数学教授之一。1878年，他在那里创办了《美国数学杂志》（*American Journal of Mathematics*），这是当时美国的第二个专业期刊。他于1883年回到英国，接受牛津大学萨维安几何学教授职位。西尔维斯特（见图33.1）在那里也不是很受学生欢迎，他倾向于讲授自己的研究，而不太关心向学生传播其他数学知识。随着时间的推移，他的能力逐渐减弱，包

图 33.1　詹姆斯·约瑟夫·西尔维斯特，1884 年到达牛津后不久

括记忆力减退和视力下降。1892年，他保留了在牛津大学的职位，回到伦敦，在雅典娜俱乐部度过了他的晚年，直到1897年3月15日去世。

　　詹姆斯·约瑟夫·西尔维斯特被人们记住的原因是他在数学上有许多建树，以及在我们的数学语言中引入了一些术语，例如组合数学领域中的矩阵、判别式和图。事实上，"他曾自认为有'数学亚当'这个称谓，声称他相信他'给有数学推理的创造物所起的名字（进入公众传播领域的）比那个时代所有其他

数学家加起来的都多'。"[1] 他还提出了一种展开 π 值的有趣方法：

$$\pi = 2 + \cfrac{2}{1 + \cfrac{1\times2}{1 + \cfrac{2\times3}{1 + \cfrac{3\times4}{1 + \cfrac{4\times5}{1 + \cfrac{5\times6}{1 + \ddots}}}}}}$$

西尔维斯特的古典文学知识渊博，他的数学论文中满是拉丁语和希腊语引文。在划定西尔维斯特的身份时，我们可能会说他主要是一位代数学家。他在数论方面做了一些杰出的工作。例如，他展示了能将一个数表示为正整数之和的多种可能方式；他研究过丢番图方程，即要求整数解的代数方程。他也喜欢研究相关的问题，比如"我有许多张邮票，它们的面值只有 5d 和 17d。我用这两种不同的面值无法组合出的最大面额是多少"（正确答案是 63d）。

他不仅喜欢向普通听众和数学家提出谜题，还以自己能够作诗为荣。此外，他对音乐也有着浓厚的兴趣，甚至还上过查尔斯·古诺（Charles Gounod，1818—1893）的歌唱课。西尔维斯特写道："音乐不是可以被描述为感性的数学，而数学不是可以被描述理性的音乐吗？音乐家感受数学，数学家思考音乐；音乐是梦想，数学是运转的生活。"

---

[1]　J. D. North，"James Joseph Sylvester," *Complete Dictionary of ScientificBiography*（Charles Scribner's Sons,2008)。——原注

第 34 章

艾达·洛芙莱斯
（1815—1852，英国）

在这个技术时代，当计算机几乎引导着我们的日常生活时，计算机程序员的职业也因此流行起来。好奇的人可能会问：第一位计算机程序员是谁？人们普遍认为，英国数学家奥古斯塔·艾达·金·诺埃尔（Augusta Ada King Noel）拥有这一殊荣。她就是洛夫莱斯伯爵夫人，更广为人知的名字是艾达·洛夫莱斯（Ada Lovelace，见图 34.1）。

这一切都始于洛夫莱斯 17 岁时，科学家玛丽·萨默维尔（Mary Somerville）介绍她认识了

图 34.1 艾达·洛夫莱斯肖像，约 1840 年

数学家查尔斯·巴贝奇。巴贝奇向她展示了他刚刚发明的差分机，这被认为是世界上第一台机械计算器（见第 30 章）。巴贝奇还构想了分析机，其意图不仅仅是做减法。不幸的是，这台机器从未真正制造出来。巴贝奇比洛夫莱斯大 24 岁，他看到她对数学和科学的兴趣而深受感动。他们开始了长达 20 年的书信往来。洛夫莱斯一生都保持着对数学的热爱。例如，她在 25 岁时联系了英国著名数学家、伦敦大学第一任数学教授奥古斯都·德·摩根，请他辅导自己学习数学。有一次，德·摩根写信给洛夫莱斯的母亲，指出她在数学方面具有非凡的天赋，如果她是个男人的话，这会使她相当出名。

1843 年，洛夫莱斯做出了我们今天所认为的计算机编程的第一次尝试。故事开始于 1841 年，当时巴贝奇应邀在都灵大学做讲座，讲解他的分析机。后来成为意大利总理的数学家路易吉·梅纳布雷亚（Luigi Menabrea）为这次讲座做了笔记，并用法语译了出来。1843 年，巴贝奇的朋友查尔斯·惠斯通（Charles Wheatstone）请洛夫莱斯将这些法语笔记翻译成英语，因为她对法语的运用很熟练。她不仅翻译了这些笔记，还加上了自己对这一讲座的附注。其中一个附注是她对分析机的一种算法的描述，这种算法可以计算伯努利数（数论中经常出现的一个有理数序列，参见第 22 章）。这使她成为了为机器编写算法的第一人。洛夫莱斯以她的成就赢得了数学史上第一位计算机程序员的荣誉。在图 34.2 中，我们展示了洛夫莱斯的笔记中包含的一幅图。顺便说一下，这些附注的篇幅比她翻译的讲座内容大得多。

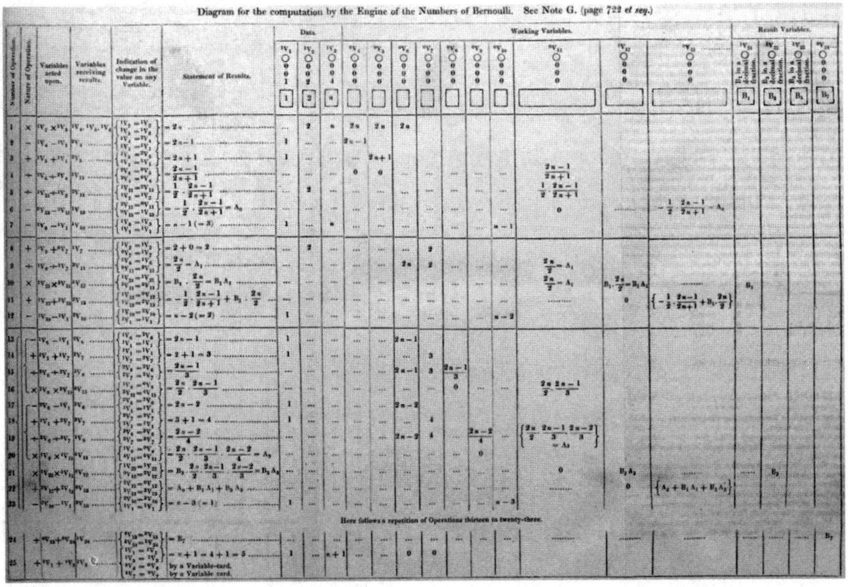

图 34.2　洛夫莱斯的算法，用于分析机计算伯努利数。她把这幅图包含在她的译文中 [摘自路易吉·梅纳布雷亚《查尔斯·巴贝奇发明的分析机概述》（*Sketch of the Analytical Engine Invented by CharlesBabbage*），刊有艾达·洛夫莱斯的附注（London: Richard and John E. Taylor，1843 ）]

　　既然我们现在已经熟悉了洛夫莱斯的数学成就，那就让我们来看看她的生平。她于 1815 年 12 月 10 日出生在英国伦敦。她的母亲是拜伦夫人，即安妮·伊莎贝拉·诺埃尔·拜伦（Anne Isabella Noel Byron），第 11 代温特沃思女男爵和拜伦男爵夫人，昵称安娜贝拉，父亲则是英国著名诗人拜伦勋爵，即乔治·戈登·拜伦（George Gordon Byron），第 6 代拜伦男爵。不幸的是，她出生一个月后，拜伦勋爵便与妻子分开了。几个月后，他永远离开了英国。在《恰尔德·哈洛尔德游记》（*Childe Harold's Pilgrimage: Harold the Wanderer*）的第三章中，拜伦提到了他的女儿："可爱的孩子，你的脸可像你的妈妈？我的家庭和心灵的独养女儿，艾达！"[①] 拜伦于 1824 年在希腊的米索隆吉去世。

　　洛夫莱斯的早年生活颇不寻常。她的母亲对丈夫的离去非常生气，所以她从小到大连一张父亲的照片都没见过，直到 20 岁时才终于见到。洛夫莱斯主要由她的外祖母朱迪丝·米尔班克（Judith Milbanke）抚养长大，她在年少时患过几次病。1829 年，她患上了麻疹，进而恶化为瘫痪，在床上躺了将近一年。洛夫莱斯不仅对数学感兴趣，而且对所有机械和科学的东西都感兴趣。她对飞行的概念很着迷，这促使她写了一本题为《飞行学》（*Flyology*）的书，尽管当时她尚未成年。她在《飞行学》中的研究表明了她对人类要像鸟一样飞行需要哪些条件的理解，考虑了人类为了飞行而可能需要使用的翅膀的大小。出于对科学的兴趣，洛夫莱斯找到了当时英国的许多顶尖科学家。其中值得注意的是迈克尔·法拉第（Michael Faraday），他在电磁学方面取得了重大进展。

　　1834 年，洛夫莱斯开始参加定期举办的宫廷活动，人们对她的聪明才智和舞蹈天赋深为着迷。1835 年 7 月 8 日，她嫁给了威廉，第八代金男爵。作为金夫人，洛夫莱斯（见图 34.3）的生活相当富裕。在接下来的四年里，她生了三个孩子，即拜伦（Byron）、安妮·伊莎贝拉（Anne Isabela）和拉尔夫·戈登（Ralph Gordon）。由于她是洛夫莱斯男爵的后裔，因此她的丈夫在 1838 年成为了洛夫莱斯伯爵，而她则成为了洛夫莱斯伯爵夫人。她的母亲继续与这个家庭保持着联系，她聘请了家庭教师来教育三个孩子，并确保女儿的品行端正。

---

① 　Lord Byron, *Childe Harold's Pilgrimage* (1812—1818), canto 3, ll. 1 - 2. ——原注
这段译文及题目均来自杨熙龄的译本，上海译文出版社，1990 年。这篇诗歌的原题为 *Childe Harold's Pilgrimage: Harold the Wanderer*，在字面上直译为"恰尔德·哈洛尔德的朝圣之旅：流浪者哈洛尔德"。——译注

图 34.3　艾达·洛夫莱斯肖像 [布面油画，玛格丽特·萨拉·卡彭特（Margaret Sarah Carpenter）绘于 1836 年]

也许正是艾达·洛夫莱斯对数学的兴趣导致她后来沉迷于赌博。19 世纪 40 年代末，她因赌马而损失了 3000 多英镑。1851 年，她试图建立一个数学模型来引导她成功下注，这导致了一场财务灾难。洛夫莱斯至今仍受到赞誉是由于她洞察到了巴贝奇的分析机的潜力，带动了数学的进一步发展。她对巴贝奇演讲的译文附注包含以下内容。

另外，它 [分析机] 可以作用于除数字之外的其他事物，前提是我们能够发现这些对象间的基本关系可以用抽象科学运算的关系来表达，而且应该能够改编，以适应分析机的运行符号和作用机制。例如，在音乐创作中，假设音调的基本关系可以受到这种表达和改编的影响，那么分析机就可以创作出任何复杂程度或长度的、精致而科学的音乐作品。

分析机的独特之处（使之有可能赋予机械装置这样广泛的能力，从而有希望使分析机成为抽象代数的得力执行工具）在于它引入了发明提花织机的雅卡尔（Jacquard）的设计原理。他通过穿孔卡片进行调节，织出了锦缎织造中最为复杂的图案。分析机和差分机的区别就在于此，差分机中不存在这类东西。我们可以十分恰当地说，分析机编织代数图案就像提花织机编织花朵和树叶一样[1]。

这些文字很好地说明了她对未来的憧憬。

1852 年 11 月 27 日，艾达·洛夫莱斯死于子宫癌，享年 36 岁。她在身患绝症期间得到了母亲安娜贝拉的安慰和照顾。洛夫莱斯在一生中遇到过众多名人，著名作家查尔斯·狄更斯（Charles Dickens）是其中之一。1852 年 8 月，狄更斯拜访了他的这位卧床不起的朋友，并应她的要求为她朗读了他于 1848 年发表的小说《董贝父子》（Dombey and Son）中的一个著名场景。在这一场景中，一个 6 岁的男孩死去了。如洛夫莱斯所愿，她被葬在父亲拜伦勋爵的旁边。她的墓地位于英格兰哈克纳尔的圣玛丽·玛格达琳教堂。

整个 20 世纪，人们通过书籍 [威廉·吉布森（William Gibson）和布鲁斯·斯特林（Bruce Sterling）的《差分机》（The Difference Engine）]、戏剧 [罗慕卢斯·林尼（Romulus Linney）的《恰尔德·拜伦》（Childe Byron）] 和电影 [林恩·赫什曼·利森（Lynn Hershman Leeson）执导的《构思艾达》（Conceiving Ada）] 记住了洛夫莱斯。值得注意的是，洛夫莱斯的名气是在 1953 年凸显出来的。当时 B.V. 鲍登（B.V.Bowden）的《比想象的更快：关于数字计算机的专题论文集》（Faster Than Thought: A Symposium on Digital Computing Machines）一书介绍了她所做的注释。如今，在英国每年 10 月的第二个星期二被定为艾达·洛夫莱斯夫人日。1980 年，美国国防部为了向洛夫莱斯表示敬意，将一种新开发的计算机语言以她的名字命名为 "Ada"[2]。她的遗产将被继续传承下去。此外，她确实颇有远见，因为她意识到了巴贝奇的分析机的重要性，从而预见到了可编程计算机的广泛适用性。

---

[1] Betty Alexandra Toole, *Ada, The Enchantress of Numbers*（Mill Valley, CA:Strawberry），pp. 240–61.——原注

[2] 美国国防部指定的唯一可用于军用系统开发的语言称为 Ada 语言。——译注

第 35 章

乔治·布尔
（1815—1864，英国）

英国数学家和逻辑学家乔治·布尔（George Boole，见图 35.1）创建了一种逻辑理论，该理论如今已成为数字计算机和其他电子设备的基础。在数学界，我们稍后将介绍的布尔代数使他的名字流传至今。

乔治·布尔于 1815 年 11 月 2 日出生在英国林肯郡的林肯镇。虽然布尔的父亲是一个鞋匠，但他定期给儿子上课，其中包括制作光学仪器。除了上过几年小学，布尔的数学知识基本上是自学的。为

图 35.1　乔治·布尔肖像

了帮着父亲养家糊口，布尔 16 岁时就在当地的小学教书，并在 20 岁时开办了自己的学校。闲暇之余，他阅读诸如艾萨克·牛顿、皮埃尔 - 西蒙·拉普拉斯和约瑟夫·路易·拉格朗日等著名数学家的经典数学书籍。一些当地人教他学习拉丁语，他还自学了一些现代语言。在教育和其他社会问题上，他在当地一直深孚众望。在这段时间里，他继续学习数学，并开始发表论文，特别是代数方面的论文，其中使用了一些符号方法。

1849 年，他被任命为爱尔兰科克郡皇后学院的数学教授。在那里，他遇到了后来的妻子玛丽·埃弗雷斯特（Mary Everest）。她凭借自己的能力也成为了一位著名的数学家。他们在这段婚姻中生了 5 个女儿。1854 年，布尔写了一篇论述亚里士多德逻辑体系的论文，题目为《对逻辑和概率的数学理论所基于的

思想规律的研究》（ *An Investigation of the Laws of Thought, on Which Are Founded the Mathematical Theories of Logic and Probabilities*)。这篇论文就是后来被称为布尔代数的基础。布尔代数仅仅基于两个量：真和假，或者说 1 和 0。布尔代数中除了 1 和 0 之外，不使用其他数字。

让我们快速了解一下布尔代数的一些基础知识。首先，其中的加法只使用了两个可用的数字 1 和 0。

$$0+0=0$$
$$0+1=1$$
$$1+0=1$$
$$1+1=1$$

这类似于逻辑中的"或"（or）函数，其中 1 可以替换"真"（true），0 可以替换"假"（false）。也就是说，如果两个相加元中的任何一个是 1，那么它们的和就是 1。

因此，对于更长的加法，这也同样适用。例如，$1+0+1+1+1+0=1$。在图 35.2 所示的开关电路中也能看到这一规则。

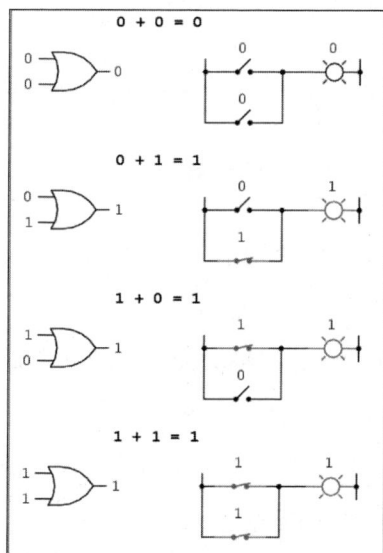

图 35.2　逻辑"或"

布尔代数也有乘法，它遵循逻辑推理的"与"（and）规则。也就是说，当二者都为真时，结果为真，可以用符号表示如下：

$$0 \times 0 = 0$$
$$0 \times 1 = 0$$
$$1 \times 0 = 0$$
$$1 \times 1 = 1$$

我们看到，为了得到一个 1 或一个真的结果，就必须二者都为真。也就是说，一个真和一个真相与产生一个真。我们再次看到，要使图 35.3 所示的开关电路中的电灯亮起，就必须将两个开关都闭合。

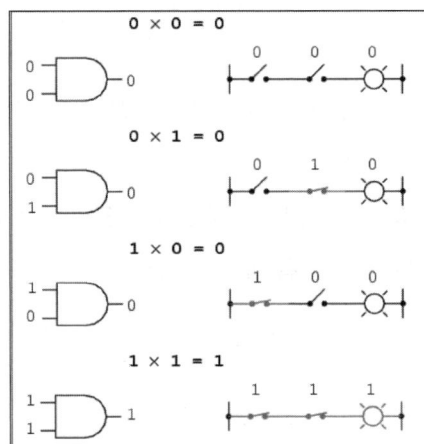

图 35.3　逻辑"与"

在布尔代数中，如果一个变量不是 1，那么它就是 0，因此我们可以说 0 是 1 的补码。我们可以继续下去，阐明整个布尔代数，但本书的篇幅不够用来探讨这门学科。我们将此留给感兴趣的读者去进一步研究。

乔治·布尔继续参与大学教学和社会事务。1864 年 11 月底，布尔前往离家里仅 5 千米的大学，路上遇到了一场暴雨。他穿着湿衣服继续讲课。不久以后，他便患上了肺炎，病情不断恶化。1864 年 12 月 8 日，他在爱尔兰科克郡的巴林特普尔去世。如今，乔治·布尔主要因为他创建的布尔代数以及月球上的一个以他的名字命名的陨石坑而被人们铭记。

第 36 章

波恩哈德·黎曼
（1826—1866，德国）

在欧洲的许多国家，单凭一篇博士论文是不足以获得大学教授职位的。除此之外，你还必须写一篇教授资格论文，这篇论文必须通过学术委员会的评审，并且你面对他们答辩成功。取得教授资格这个过程常常被视为撰写第二篇博士论文。在欧洲，要在大学里独立讲授一门课程，教授资格是必须在获得博士学位之后取得的一种资格。你必须在没有导师指导的情况下完成，并且要比博士论文具有更高的学术水平。在数学和自然科学中，获得教授资格的典型期限是4~10年。在此期间，申请人必须在高质量的学术期刊上发表大量研究文章。如果教授资格论文得以通过评审，申请人就必须进行一次公开演讲，然后才能取得这一资格。美国没有教授资格这个概念，而德国和其他国家也正在展开废除教授资格制度的讨论。

1853 年，格奥尔格·弗里德里希·波恩哈德·黎曼（Georg Friedrich Bernhard Riemann，见图36.1）在哥廷根大学进入了获得教授资格的最后阶段。他已经为此做了近三年的研究，取得了一些重要的新成果，并解决了用三角级数（即不同波长和振幅的正弦函数和余弦函数的无穷和）表示函数的那些未解问题。他还为不连续函数的积分引入了一个数学上严格的概念，这个概念后来被称为黎曼积分。他作为一位数学家已经赢得了一定的声誉，要

图 36.1　波恩哈德·黎曼

获得教授资格，唯一缺少的步骤就是面对学术委员会做一次公开演讲。根据大学的规定，黎曼必须提交分属于不同数学领域的三个不同的演讲题目，由哲学系的教员们从中选出一个。黎曼已经考虑好了其中两个题目的细节，但未细想第三个题目，这个题目是"关于建立在几何基础上的假设"。尽管（也可能正是因为）这是与黎曼先前的工作和兴趣的关系最小的一个题目，但全体教员选择了这个题目。更确切地说，做出这一选择的是哥廷根大学的教授卡尔·弗里德里希·高斯，他也是黎曼的博士论文导师。黎曼花了几个月时间准备的这场教授资格演讲已成为经典，改变了整个几何学。他通过引入全新的、精辟的几何学观点，用一种独创的方式推广了几何概念，甚至包括空间本身，从而发展出一个全新的数学分支。在介绍黎曼的一些开创性思想及其影响之前，我们先对他的生平做一个简要的概述。

黎曼于 1826 年 9 月 17 日出生在汉诺威王国（现德国）的一个名叫布雷塞伦茨的村庄。他的父亲是一位贫穷的路德教会牧师，他的母亲在孩子们成年之前就去世了。直到 14 岁，黎曼在当地的一所学校的一位老师的协助下，一直在家里接受父亲的教育。他是个害羞而又焦虑的孩子。1840 年，黎曼到汉诺威市和他的祖母一起生活，并就读于莱克姆中学。他在那里直接进入了三年级。两年后，黎曼的祖母去世，他搬到吕讷堡，继续在约翰诺伊姆高中读书。虽然他在语言、历史和地理方面的成绩不是很好，但他对数学表现出了非凡的天分和兴趣。他的老师很快就注意到了他不可思议的天赋，校长允许他利用自己的藏书学习数学，其中包括勒让德的一本 900 页的关于数论的书。黎曼只用了 6 天就读完了这本书。1846 年，黎曼注册进入哥廷根大学学习神学，准备像他的父亲一样成为一名牧师。由于他对数学的兴趣浓厚，他自然也参加了一些数学讲座。他越来越清楚自己真正想学的是数学。他征得父亲的同意，开始像正规学生一样去学习数学课程。他的基础课程教师有著名数学家莫里茨·斯特恩（Moritz Stern, 1807—1894）和约翰·本尼迪克特·利斯廷（Johann Benedict Listing, 1808—1882）。哥廷根大学最著名的数学家高斯当时主要教授天文学。在哥廷根待了一年后，黎曼移居柏林，在彼得·古斯塔夫·狄利克雷（Peter Gustav

Dirichlet，1805—1859）、戈特霍尔德・艾森斯坦（Gotthold Eisenstein，1823—1852）、卡尔・雅各比（Carl Jacobi，1804—1851）和雅各布・施泰纳（Jakob Steiner，1796—1863）的指导下学习高等课程。在柏林的这些老师中，狄利克雷对黎曼的影响很可能是最大的。狄利克雷总是试图把数学理论的精髓浓缩成直观易懂的想法，然后以这种想法作为指导原则来寻找新的数学结论。黎曼欣然采纳了狄利克雷研究数学的风格，1849 年他带着满脑子的想法回到了哥廷根。他开始在高斯的指导下撰写博士论文，并成为了物理学家威廉・韦伯的临时助理，从韦伯那里学到了很多理论物理知识。黎曼的博士论文完成于 1851 年，高斯在给他的论文所写的评语中形容他具有"极高的独创性"。在高斯的指导下，黎曼开始致力于取得他的教授资格。

　　当黎曼做题为"关于建立在几何基础上的假设"的教授资格演讲时，只有高斯能够充分认识到他的工作的重要性，并对其印象深刻。这次演讲几乎没有用到任何公式，这不是纯数学表述，而是关于几何概念的意义的哲学论述，从而确定了一些关于空间本质的隐含假设。我们对几何学的理解就是基于这些假设的。黎曼思想的独创性在于放弃这些假设，并将依赖这些假设的几何概念替换为更一般的概念，而这些概念可以在没有任何关于基础空间的前提假设的情况下得到表述。黎曼放弃的假设是什么？

　　你可能还记得高中时学习的几何学叫作欧几里得几何学，它基于古希腊数学家欧几里得的五条公设。他的第五个公设实质上是说两条平行线永不相交，即使我们无限延长它们。然而，这只是一个无法通过实验证明或验证的假设。为了说明平行公设绝非微不足道，让我们考虑地球的表面。为了简单起见，我们可以把它看作一个完美的球面。我们知道，如果我们在一个球面上画两条开始时平行的线，那么它们就不可避免地会相交于某一点。想想两个经线圈，它们在赤道附近定义了两条完全平行的轨道，但它们在两极处相交。现在你可能会提出异议，认为球面上的线实际上并不直，所以平行公设在这里不适用。我们知道球面不是平的，确定经度的那些线在太空中看起来并不是直线。但请花片刻工夫想象一下，我们不是生活在地球表面上的人类，而是生活在其"表面中"的人类，这意味着我们是生活在二维世界中的二维生物，正如英国作家埃德温·A. 艾勃特（Edwin A. Abbott）的著名讽刺小说《平面国：一部多维的罗曼史》（*Flatland: A Romance of Many Dimensions*，此书于 1884 年首次出版）[①] 所说的那样。假设有一个"平面国人"，他被限制在一个球面的两个维度中，而不可能在第三个维度上移动，那么他要如何去定义一条线是直的呢？嗯，线段是任意两点之间的最短路径。但球面上两点之间的最短路径实际上是大圆（球面上的那些圆心在球心处的圆）的一段弧，它们是连接球面上两点的最短路径。这也是从美国西海岸飞往欧洲的飞机要飞越格陵兰岛的原因，它们是在沿着一个大圆飞行。美国旧金山和希腊雅典这两座城市几乎位于同一纬度，但如果沿着一个纬度圈向东飞行的话，就会比向东北飞到格陵兰岛后再向东南飞到雅典远得多。倘若你的手边有一个地球仪，那么你就很容易看到这一点。只有在比例被扭曲的平面地图上，沿着纬度圈的"直线"路线才会显得比较短。

对于生活在球面上的"平面国人"，一个大圆的弧看起来"直得不能再直了"，因为他们的世界只由两个维度构成，他们看不到他们的二维空间实际上是弯曲的。在周围的三维空间里的一位观察者会称之为一个大圆的那条线，而这在"平面国人"看来就是一条直线。此外，如果他们的栖息地只覆盖球面的一小部分（想想地球表面上如人类大小的生物），那么他们就永远不会发现这些完美的线只要延伸得足够长，最终就会相交。如果我们让一个球在地球表面自由滚动，那么它的轨迹就是一个大圆，但它的局部路径看起来像一条直线。如果两个球并排出发，以相同的速度自由滚动，那么它们最终就会发生碰撞，这是因为它们会沿着大圆运动。不过，由于我们比地球小得多，因此我们无法通过观察球在地球表面的滚动来查明地球的曲率。根据其他一些效应，可以推断出地球的形状是球形。但是，"平面国人"怎么知道他们是生活在一个平面上，还是生活在一个像球面那样的曲面上呢？除了测量两条直线延长时它们之间的距离是否保持不变，他们还可以测量三角形的内角和。你知道，平面上三角形的内角和总是 180 度。但对于球面三角形，这一点并不成立！球面三角形的内角和总是大于 180 度。实际上，球面三角形的内角和在 180 度到 540 度之间。

[①]　此书有多个中译本，此处的中文书名取自高等教育出版社 2021 年版，涂泓译、冯承天译校。——译注

例如，图 36.2 所示的三角形 *ABC* 在其顶点 *A* 和 *B* 处有两个直角，它们加起来已经达到了 180 度，此外还有顶点 *C* 处的角。

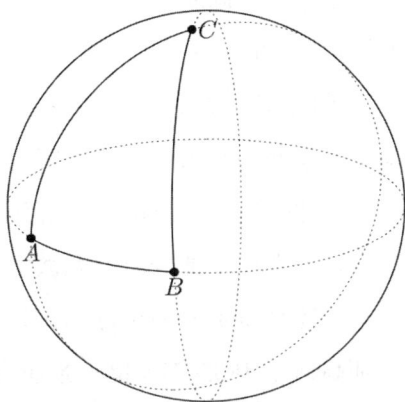

图 36.2　曲面三角形

为了看出曲面三角形的内角和可以无限接近 540 度，我们保持点 *A* 和 *C* 不动，而使点 *B* 沿着赤道向东移动，绕过球面，直到它几乎触碰到点 *A*。于是我们在 *A* 和 *B* 处仍然有两个直角，但顶点 *C* 处的角将无限接近 360 度，因此这三个角的和就可以无限接近 540 度。因此，我们信服了在球面上三角形的内角和等于 180 度不成立，平行线永不相交也不成立。如果我们把球面看作三维空间中的一个二维曲面，那么这两种断言都是相当明显的。这两种说法也可以反过来说，即如果我们发现一个三角形的内角和不等于 180 度，那么这个三角形一定位于一个曲面上。这意味着生活在二维空间中的生物至少在原则上可以发现他们的空间是否弯曲。黎曼的独创性在于认识到，不仅可以在不了解周围三维空间的情况下确定二维空间的曲率（例如通过测量三角形的内角），而且空间弯曲甚至不一定需要周围的高维空间存在。他发明了 *n* 维流形这一概念来描述这样的一种空间：欧几里得平行公设在其中不一定成立，且其中的三角形内角和大于或小于 180 度。此外，他还引入了使我们能够研究一般流形性质的数学工具和对象，比如说曲率。例如，球面的几何性质可以用一个二维黎曼流形来完全描述，而不必以周围的三维空间为参考。但是，是什么令我们如此确信我们生活的三维空间不是弯曲的呢？两条平行线也许在经过数千光年的距离之后最终会相交？黎曼在他的教授资格演讲中已经考虑到了这种可能性，他把我们的三维世界看成一个可能会弯曲的三维流形。黎曼的研究形成了现在所称的黎曼几何学的基础。不幸的是，他的同时代人并不理解其辉煌之处和会带来的结果，他的思想太超前于他所处的时代了。

在取得教授资格之后，黎曼开始在大学里讲课。在那个时候，教师的主要收入来自所教学生的学费。黎曼的收入特别低，因为他教授的是只有少数学生会选择的高等课程。不过，他仍然对自己的工作感到满意，正如他在写给父亲的一些感人的信件中所表露的那样。他的研究和教学帮助他慢慢地克服了羞怯。尽管他的收入很低，但他还坚持供养两个妹妹，她们是在他哥哥去世后来到他的身边的。黎曼的导师高斯于 1855 年去世，黎曼当时还不满 30 岁，没有继任高斯在哥廷根大学的职位。比黎曼大 20 岁的狄利克雷成为高斯的继任者，而为黎曼设置一个永久职位的尝试都以失败告终。不过，这所大学在 1857 年至少给了他一份固定工资。黎曼是一位格外多面的数学家，他对数学和物理学的各个分支都感兴趣。他的研究总是以直观的想法为指导，他还试图在他的出版物中传达和运用这些想法，这常常使他能够避免烦琐的计算，而这些计算并不会提供任何更深入的见解。这也是数学家至今仍然觉得他的出版物读起来极具启发性的原因之一。它们决不会显得过时或老套！ 1859 年，狄利克雷去世，黎曼最终被任命为哥廷根大学数学系主任，并入选柏林科学院。在经济上有了保障之后，他于 1862 年与伊莉斯·科赫（Elise Koch）结婚。那年秋天，黎曼得了重感冒，后来发展成肺结核。他一生都有健康问题，他的母亲以及 6 个兄弟姐妹中的 4 个都英年早逝。黎曼希望在较温暖的气候中自己的健康状况能有所改观，因此他去了西西里岛，并在那里度过了冬天。他回到哥廷根大学后，健康状况很快再次恶化，因此他搬回了意大利，这次待了一年多。在哥廷根大学又待了一段时间后，黎曼在第三次前往意大利的旅程中，于 1866 年 7 月 20 日在马焦雷湖畔的塞拉斯卡去世。

1905 年，阿尔伯特·爱因斯坦发表了他的狭义相对论。在这一理论中，空间和时间不再相互独立，而是构成一个四维时空，或者正如赫尔曼·闵可夫斯基（Hermann Minkowski，1864—1909）所写的那样：

空间本身和时间本身注定会逐渐消失，只留下影子，只有二者的一种结合才能保持一个独立的存在。

在物理学的这一革命性的里程碑出现之后，爱因斯坦开始寻找将引力纳入他的理论的方法。他在尝试过程中偶然发现了黎曼用于描述弯曲空间的流形理论，这种理论成了相对论引力理论的关键。然而，爱因斯坦不是数学家，所以他需要帮助。数学家马塞尔·格罗斯曼（Marcel Grossmann，1878—1936）是爱因斯坦的朋友和前同事，他在黎曼几何方面为爱因斯坦提供指导，并与他合作。付出了 10 年的"热血、汗水和眼泪"，爱因斯坦提出了他的广义相对论。许多人认为这是有史以来最美丽的物理理论。在这一理论中，引力被描述为四维时空的曲率，用所谓的半黎曼流形来表示。爱因斯坦的场方程通过将黎曼曲率张量与物质和辐射的分布联系起来，指明了物质和辐射如何影响这个四维流形的几何结构。黎曼的弯曲空间理论是爱因斯坦的广义相对论的关键要素，而且值得注意的是，黎曼在思考我们生活的物理空间实际上可能是一个弯曲空间时，他已经"走在正确的轨道上"。

第 37 章

格奥尔格·康托尔
（1845—1918，德国）

莎士比亚无疑是历史上最伟大的作家和剧作家之一。许多人认为，至少在英语这种语言中，他是最伟大的，而不是之一。尽管他的戏剧写于大约 400 年前，但至今仍然在全世界广受欢迎。它们是永恒的杰作，永远不会过时，因为它们在现代作品中很容易在不同的文化和政治背景下重新得到诠释。虽然有大量文献论述莎士比亚的作品，但我们对他的生平知之甚少。事实上，关于他的传记记录如此罕见，以至于在 19 世纪中叶人们开始对他是否确实是这些作品的作者表示怀疑。提议的备选作者包括哲学家和政治家弗朗西斯·培根（Francis Bacon，1561—1626）、诗人和剧作家克里斯托弗·马洛（Christopher Marlowe，1564—1593）和第十七任牛津伯爵爱德华·德·维尔（Edward de Vere，1550—1604）。如今，只有极少数学者仍在追逐作者另有其人的各种说法，不过这些说法通常被认为是极端信念，它们与学术界的共识（威廉·莎士比亚确实是以他的名字出版的这些作品的作者）相抵触。在 19 世纪的后几十年里，关于莎士比亚的作品存在着一位隐匿的作者，支持和驳斥这种理论在学术界非常流行，而不仅仅局限在该领域的专家中。

1896 年及次年，德国著名数学家格奥尔格·康托尔（Georg Cantor，1845—1918）出版了两本小册子，为弗朗西斯·培根就是莎士比亚这一理论提供了有利的依据。直到 20 世纪初，这一直是备选理论中最流行的一种。当时康托尔经历了一场严重的个人危机，为了分散对数学的注意力，他开始对伊丽莎白时期的文学进行深入的研究。这场危机暴发的原因是他的数学研究遭到了那个时代的一些最杰出的数学家的强烈批评和排斥。法国数学家亨利·庞加莱（Henri Poincaré，1854—1912）将康托尔的思想称为影响数学学科的"严重疾病"，德国数学家利奥波德·克罗内克（Leopold Kronecker，1823—1891）甚至对康托尔发起了人身攻击，称他为"科学骗子"和"年轻人的腐蚀者"。康托尔的研究为什么引起了这么大的争议？

格奥尔格·康托尔（见图 37.1）于 1845 年 3 月 3 日出生在俄罗斯的圣彼得堡，11 岁时随家人移居德国。在整个求学期间，他表现出出众的数学才能，并于 1860 年以优异成绩从高中毕业。随后，他在瑞士联邦理工学院和柏林大学学习数学，并于 1867 年获得博士学位。康托尔常常被称为集合论的创始人，他基于比较包含无穷多个元素的集合这一绝妙的想法，提出了数学中无穷大的新概念。包含无穷多个元素的集合的一个例子是自然数集 $\mathbb{N} = \{1, 2, 3, \cdots\}$，但也存在其他数的无穷集。那么，当我们试图

图 37.1　格奥尔格·康托尔

比较两个无穷集时会发生什么？让我们考虑包含所有整数的集合 $\mathbb{Z} = \{\cdots, -3, -2, -1, 0, 1, 2, 3, \cdots\}$ 并将其大小与集合 $\mathbb{N}$ 进行比较。我们可以得出结论，$\mathbb{Z}$ 比 $\mathbb{N}$ 要大得多。说得更确切些，前者实质上是后者的两倍。这似乎是一个完全合理和朴实无华的假设，没有人会对此提出疑问。既然我们知道 $\mathbb{N}$ 是一个无穷集，那么我们假设 $\mathbb{Z}$ 大于 $\mathbb{N}$ 就意味着 $\mathbb{Z}$ 在某种意义上应该"具有更大的无穷"。这应该意味着什么呢？此外，在任何两个整数之间，我们都可以找到许多分数。因此，所有分数（或有理数）的集合 $\mathbb{Q}$ 就应该是比 $\mathbb{Z}$ "大得多的无穷"，但是大多少呢？所有实数的情况又如何呢？有没有什么办法来"度量"无穷？康托尔是第一个发现这样的问题确实可以用一种数学上严格的方式来处理和回答的人。他发现了一种非常简单而又很巧妙的方法来比较不同集合的大小，即使它们是无穷集。他还建立了集合的基本数学概念，并创建了集合论领域。这一领域如今已成为现代数学的基础之一。为了解释康托尔比较集合的绝妙想法，

我们给定两个集合 A 和 B，它们都只包含有限个元素（见图 37.2）。

那么，以下三个陈述中的一个（且只有一个）必须为真。

（1）集合 A 的元素比集合 B 多。

（2）集合 A 的元素比集合 B 少。

（3）集合 A 和 B 包含相同数量的元素。

在不计算 A 和 B 的元素数量的情况下，有没有办法找出这些陈述中的哪一个是正确的？是的，有！我们只需将 A 的每个成员与 B 的一个相应成员配对，例如通过画一条从集合 A 的一个成员到集合 B 的一个成员的线（见图 37.3）。

如果我们设法对 A 和 B 的所有元素都进行这样的处理，并且这两个集合都没有任何元素被遗漏，那么对于 A 的每个成员，B 中都必须恰好有一个"搭档"元

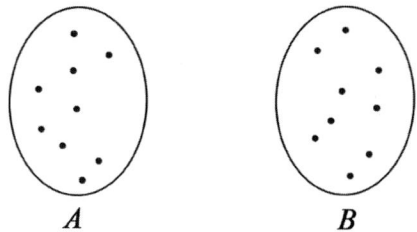

图 37.2　两个有限集合

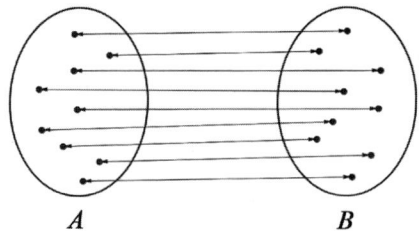

图 37.3　比较两个集合的元素数量

素，因此这两个集合就必须包含相同数量的元素。在数学中，这称为两个集合的元素之间的一一对应。虽说这种比较集合的方法非常古老，因为这实际上只不过是"扳手指计数"，但康托尔是认识到这种策略也可以应用于无穷集的第一人。

康托尔的一一对应概念使我们能够对两个无穷集进行比较，因为我们不必分别计算每个集合中的元素数量，然后再比较。我们只需要确定能否在两个集合的元素之间建立一一对应关系。在上文中，我们试图让你信服有理数（或分数）比整数多，整数比自然数多。令人惊讶的是，这是错误的。在 $\mathbb{N}$ 和 $\mathbb{Z}$ 之间可能建立一一对应关系，例如可以对 $\mathbb{Z}$ 的成员进行编号：令该数列中的第一个整数是数字 0，第二个整数是数字 1，第三个整数是 -1，第四个整数是 2，第五个整数是 -2，第六个整数是 3，以此类推。这种编号方式显然使 $\mathbb{N}$ 与 $\mathbb{Z}$ 建立起了一一对应关系，这表明这两个集合的大小实际上"相等"。这不仅违反直觉，而且令人不安。在康托尔发表他的想法时，即使对于许多数学家而言

也是如此。康托尔甚至证明了有理数与自然数也可以构成一一对应关系。换言之，对于排成一条无限长的队列的所有有理数，我们可以给其中每个数发一个等位号。我们在这里不进行详细的证明，但康托尔的证明的基本思想并不难理解。暂时仅考虑正分数，我们可以将分数 $\dfrac{p}{q}$ 放在第 p 行和第 q 列交叉处的单元格中，从而将它们排成一张表（见图 37.4）。

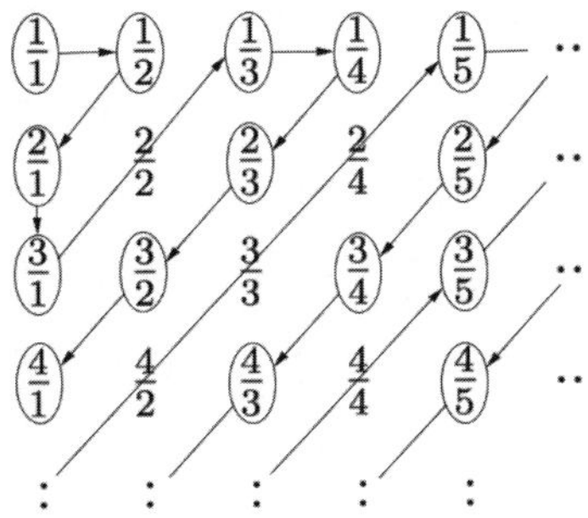

图 37.4　所有正分数构成的表

例如，分数 $\dfrac{73}{111}$ 将出现在表中第 73 行和第 111 列的交叉处。现在我们想将所有分数排成一队。当然，这个队列是无穷无尽的，因为这张表也是无穷无尽的。但这并不重要，我们只需要确保每一个分数都被包括在内。为了达到这个目的，康托尔提出了一种巧妙的"对角线"计数方案：从 $\dfrac{1}{1}$ 开始，向右画一个箭头，到达 $\dfrac{1}{2}$，再从 $\dfrac{1}{2}$ 开始，沿对角线斜向下移动到 $\dfrac{2}{1}$，然后竖直向下移动到 $\dfrac{3}{1}$，接着沿对角线斜向上到达 $\dfrac{1}{3}$（我们跳过了 $\dfrac{2}{2}$，因为它等于 $\dfrac{1}{1}$，已经被计算过了）。现在重复整个过程，也就是说，向右移动一格，再沿对角线斜向下到达第一列，然后竖直向下，接着沿对角线斜向上。每当遇到的一个分数等于一个已经遇到的数时就跳过它（就是图 37.4 中被跳过的那些分数）。为了了解这种对角线计数方案的重要性，下面的例证可能有所帮助。假设你有一台自动割草机，图 37.4 所示的无限分数表给出了要修剪的区域。割草机应该如何移动才能走遍这片无边无际的草坪的每一处？由于这片无限大的草坪只有一个角，因此我们必须从那个角开始，沿着图 37.4 中所画的无限长等待队列，蜿蜒曲折地远离那个角。通过康托尔的这种巧妙的对角线方案，我们就做到了将所有分数排成了一队，而不会遗漏其中任何一个。因此，我们就在所有正分数与自然数之间建立了一一对应关系：第一个分数是 $\frac{1}{1}$，第二个分数是 $\frac{1}{2}$，第三个分数是 $\frac{2}{1}$，第四个分数是 $\frac{3}{1}$，以此类推（见图 37.4）。每一个分数都会根据它在队列中的位置得到一个编号。到目前为止，我们忽略了负分数。我们可以简单地将每个负分数塞到队列中相应的正分数之后，并将 0 放在最开始的位置。由于我们可以将每个有理数与一个自然数配对，而且这两个集合中都没有遗漏任何一个数，因此自然数就必定和有理数一样多。如果一个集合的成员可以放入一个队列，而不丢失其中任何一个元素，那么这个集合就称为可数集。康托证明了 $\mathbb{Q}$ 是一个可数集，这真是一个非常惊人的结果！

在受到这一结果的鼓舞后，我们可能会问，是否也有可能将实数（即有理数和无理数）与自然数一一对应。康托尔证明了这是不可能的，因为无论我们如何巧妙地设法排列实数，让它们排成一队，总会剩下一些数字。更确切地说，对于所提出的任何列表或计数过程，我们总是可以构造出一个不能包含在这个列表中的数。实数在小数点后可以有无穷多个不循环的数列。正是这个性质使它们成为"不可数的"。不可数集是一个包含太多元素而无法计数的集合，因此它们比自然数的集合 $\mathbb{N}$"大"。

假设有人声称找到了一种程序来枚举所有小于 1 的正实数（这只是所有实数的一个子集）。如果每当我们遇到一个小数部分有限的数时就在后面连续加上无穷多个零，那么所有小于 1 的正实数就将以一个零和一个小数点开始，后面跟着无穷多个数字。你可以让他告诉你哪个数在他的列表中排第一，哪个数排第二，以此类推。假设你一个接一个地写下每个数，从而产生一个由小数部分无限的数所构成的无穷列表。我们可以证明，总是可以写出一个介于 0 和 1 之间的数，这个数不是他的列表中的一个成员，而这就意味着他的计数方案并没有包含所有的实数。我们的"魔法数"当然必定以一个零和一个小数点开始。我们获得这个数的小数点后的第一位数字的方法是，查找他的列表中的第一个数的小数点后的第一位数字，然后写下比它大 1 的数字（例如，如果遇到的是 0，则写下 1；如果遇到的是 1，则写下 2，以此类推），而如果这一位上的数字是 9，则写下 0。这将是我们的"魔法数"的小数点后的第一位数字。对于该"魔法数"的下一位数字，我们取列表中第二个数的小数点后的第二位数字，并根据我们的替换方案对其进行更改，以此类推。这样构造出来的"魔法数"不同于列表中的所有数字，因为它的构造方式使得它的第 n 位数字与列表中第 n 个数的对应位数上的数字不一致。它必定不同于列表中的第二个数，因为它们的小数点后的第二位数字不同。它还必定不同于列表中的第三个数，因为它们的小数点后的第三位数字不同，以此类推。因此，这个"魔法数"不可能出现在枚举的列表中！这种证明现在被称为康托尔对角论证，而由序列的一个无穷集构造出一个"对角序列"也成为了数学证明中常用的一种重要技术。

康托尔指出，枚举所有实数是不可能的，它们不能与自然数构成一一对应关系。因此，它们比自然数"多"，因而代表了一个"更大"的无穷。他将这样的集合称为不可数集。康托尔还表明，在不可数集中存在着不同"大小"的无穷。他建立了一种关于无穷的算法。为了度量无穷集的大小，他用一些被称为"基数"的数来表征它们。这些基数都是用带有自然数下标的希伯来语字母 $\aleph$（aleph）写出的。例如，$\aleph_0$ 是自然数集的"基数"——它是数学中"最小"的无穷。当康托尔发表这些结果时，数学界震惊了。它们与大家的普遍看法相冲突，因此被认为是革命性的。康托尔很清楚他的想法所遭遇的反对意见。他在 1883 年的论文中写道：

> 我意识到，在这项研究中，我将自己置于某种与人们广泛持有的、关于数学无穷的观点以及经常得到捍卫的关于数的本质的那些观点对立的立场。

许多著名数学家试图证明康托尔是错误的，他们不接受他的研究成果。他的研究成果所受到的批评使他陷入了深深的沮丧之中，甚至有一段时间放弃研究数学。他写道：

> "我不知道我什么时候才能恢复我的科学研究。目前，我在这方面什么都做不了，只能把自己局限在最必需的讲课任务上。要是我能

在精神上保持必要的振奋，该有多好。 那样的话，我就能在科学上保

持活跃，会比现在高兴得多。"

那个时候，康托尔开始研究伊丽莎白时代的文学，从而就通常人们认为是莎士比亚所写的那些剧本的作者问题得出自己的结论。尽管他关于这个问题的小册子没能经得起时间的检验，但专注于与数学全然无关的问题可能有助于他从抑郁中恢复过来。然而，他再也没有完全恢复对数学的热情。他继续研究莎士比亚作品的隐匿作者，发表他的培根 – 莎士比亚理论，直到他的生命结束。人们花了几十年时间才充分认识到他的数学思想的重要性和独创性。康托尔超前于他的时代。他证明了有理数集 $\mathbb{Q}$ 并不比自然数集 $\mathbb{N}$ 大，这是一个完全违反直觉的事实。虽然这一说法似乎与常理相悖，但其证明其实相当简单，并不难理解。实数集 $\mathbb{R}$ 本质上大于 $\mathbb{N}$ 的证明也是如此，这表明存在着不同大小的数学无穷。在自然数、有理数、实数这类最单纯的结构中，能够发现这些非常令人惊讶和意外的结果，这是数学之美的一个方面。

康托尔作为最杰出的外国学者之一，于 1911 年应邀出席苏格兰圣安德鲁斯大学建校 500 周年纪念活动。他去那里的动机在很大程度上是为了能见到伯特兰·罗素（Bertrand Russell），罗素当时刚出版了他的《数学原理》（*Principia Mathematica*），他在此书中频繁引用康托尔的研究成果。不幸的是，他们始终未能会面。1912 年，圣安德鲁斯大学授予他荣誉博士学位，但他因病无法亲自接受该学位。康托尔于 1913 年退休，生活贫困，体弱多病。1917 年，他住进了德国哈雷的一所疗养院，这十分违背他的意愿，因此他不断要求出院。康托尔在生命的最后几年饱受病痛的折磨，于 1918 年 1 月 6 日因心脏病发作在那所疗养院去世。

第 38 章

苏菲亚·柯瓦列夫斯卡娅
（1850—1891，俄国）

自 1982 年以来，美国每年获得学士学位的女性都多于男性。自 2009 年以来，美国每年获得博士学位的女性也占大多数。在接受高等教育方面，女性在过去并不总是享有平等的机会。自古以来，教育中重男轻女一直是一个显著的特点。直到 19 世纪中后期，女性进入大学的机会才在美国变得普遍，这主要是由于女权运动所带来的压力。虽然目前男性获得的大学学位占少数，但我们在学术界仍能发现男性享有特权，女性更可能担任较低级别的学术职位。2015 年，美国的助理教授和副教授中约有一半是女性，但在正教授这个级别上，女性仅占三分之一。在数学领域，这一差距更大。2015 年，在数学领域的终身职位中，女性只占 15%。索菲亚·柯瓦列夫斯卡娅（Sofia Kovalevskaya，见图 38.1）是女性在数学领域中的先锋，当时数学在全世界几乎都是由男性主导的领域，人们普遍认为女性在这门学科上有天生的缺陷。此外，人们还认为，如果一个妇女从事严格的"脑力劳动"，比如说数学，那么能量就可能从她的生殖系统转移，从而威胁她们的生育能力和全民安康。柯瓦列夫斯卡娅是第一位获得数学（现代意义上的）博士学位的女性，也是现代欧洲第一位被任命为正教授的女性。由于柯西 - 柯瓦列夫斯卡娅定

图 38.1　索菲亚·柯瓦列夫斯卡娅

理是微分方程理论的一个核心结论，因此她在数学家中仍然享有盛名。

索菲亚·柯瓦列夫斯卡娅于 1850 年 1 月 15 日出生在莫斯科，在三个孩子中排行第二。她的父母都是受过良好教育的俄国下层贵族。她的父亲瓦西利·瓦西里耶维奇·科尔文 - 克鲁科夫斯基（Vasily Vasilyevich Korvin-Krukovsky）中将曾在俄国军队中担任莫斯科炮兵司令。她的母亲叶利扎维塔·费多罗夫娜·舒伯特（Yelizaveta Fedorovna Schubert）出身于一个有着深厚学术背景的德国移民家庭。索菲亚是由保姆们照看的，只有在吃饭时才会见到父母。童年时期，她与姐弟们的接触也不多，这主要是因为年龄差异。姐姐安娜（Anna）比她大 6 岁，弟弟费奥多尔（Fjodor）则比她小 5 岁。索菲亚接受的教育来自家庭教师和私人教师，这些教师的母语包括英语、法语和德语。索菲亚 8 岁时，父亲从军队退役，全家搬到了位于维捷布斯克的家族庄园帕里比诺。在重建庄园的过程中，索菲亚的育儿室的墙纸不够了，因此墙上贴满了从阁楼中找到的书页。这些实际上是乌克兰数学家奥斯特罗格拉斯基（Ostrogradski，1801—1862）关于微积分分析的讲座笔记，是她的父亲在学生时代留下的。索菲亚对房间墙上的数学概念和公式很好奇，当她无意中听到自学成才、读过很多数学书的叔叔提到她在墙上看到的一些术语时，这些概念和公式就变得生动了。索菲亚后来在自传中写道：

> "当时我自然还不能理解这些概念的含义，但它们对我的想象起了作用，向我灌输了一种对数学的崇敬，使我认为数学是一门崇高而神秘的科学，它向那些有初步知识的人开启了一个充满奇迹的新世界，这是普通人无法企及的。"

她的叔叔培养了她对数学的兴趣，并花时间和她讨论他正在阅读的数学专题文献。虽然索菲亚对微积分中使用的概念和思想立即产生了兴趣，但她一开始对私人教师所教的初等几何和代数课程有点厌烦。随着他们转向更高等的内容，数学作为一个整体对她的吸引力开始增加。事实上，这种吸引力变得如此强大，以至于她的父亲决定停止她的数学课，但她继续自学数学。15 岁那年，她读了邻居蒂尔托夫（Tyrtov）教授写的一本物理书。当蒂尔托夫教授去拜访这个家庭时，他意识到她在没有学过三角学知识的情况下正确地解释了关于光学的那一章中的一些三角公式。她完全独立地对一些概念做出了解释，如三角函数中的正弦函数。蒂尔托夫认识到她的数学天赋，因此花了不少力气设法说服她的父亲让她学习更高等的数学，他最终获得了成功。1866—1867 年冬天的大部分时间，索菲亚全家在圣彼得堡度过，她在那里学习微积分方面的私教课程。她还在那里遇到了她很景仰的俄国小说家费奥多尔·陀思妥耶夫斯基（Fyodor Dostoevsky，1821—1881）。当时，俄国和其他许多国家一样，都不允许女性去大学听课，甚至旁听也不行。为了继续完成学业，索菲亚必须出国。然而，旅行也不是一件容易的事，因为当时的女性没有护照，需要她们的父亲或丈夫的书面许可才能过边境。索菲亚与弗拉基米尔·柯瓦列夫斯基（Vladimir Kovalevsky）达成了一桩权宜婚姻。柯瓦列夫斯基是古生物学专业的一名年轻的学生、图书出版商和激进分子，他是第一个将查尔斯·达尔文（Charles Darwin）的著作翻译成俄语并出版的人。这对夫妇在圣彼得堡只待了几个月，然后来到维也纳，在那里短暂停留后去了海德堡。当时海德堡大学不录取女性，但索菲亚说服学校方让她在那里学习。1869 年，她被录取为该校的第一名女生，尽管没有正式身份，条件是她必须分别获得每一位授课人的许可。她跟随利奥·柯尼斯伯格（Leo Koenigsberger，1837—1921）学习数学，并在他的建议下移居柏林，跟随当时最著名的数学家之一卡尔·魏尔斯特拉斯（Karl Weierstrass，1815—1897）继续她的研究。虽然海德堡的教授给她写了推荐信，但魏尔斯特拉斯还是想亲自评估她的能力。他给了她一道难题让她解答，当她一周后提交答案时，他的印象如此深刻，因此不仅收她为学生，而且努力支持她的研究。然而，他的倡导不足以使大学管理部门允许她来听他的讲座。因此，在接下去的三年里，魏尔斯特拉斯私下将讲课的内容教给她，因此学校的否决对她而言实际上是塞翁失马。她后来写道："这些研究对我的整个数学研究生涯产生了最深远的影响。它们最终不可逆转地确定了我在以后的科学研究中要遵循的方向：我所有的研究都是完全本着魏尔斯特拉斯的精神完成的。"

到了 1874 年，索菲亚完成了三篇论文，分别是关于偏微分方程、土星环动力学和椭圆积分的。魏尔斯特拉斯认为其中每一篇都值得给她一个博士学位。在他的支持下，她以优异的学业成绩获得了哥廷根大学的博士学位。索菲亚因此成为第一位在欧洲大学获得博士学位的女性。这三篇论文中的第一篇发表在 1875 年的《克雷尔期刊》（*Crelle's Journal*，主要数学期刊之一）上。这篇论文论述了现在所说的柯西 – 柯瓦列夫斯卡娅定理，它证明了在适当定义的初始条件下解析偏微分方程局部解的存在性。法国数学家奥古斯丁·路易·柯西在 1842 年证明了一个特例，但完整的结果则要归功于索菲亚·柯瓦列夫斯卡娅。如果你不熟悉高等微积分的话，就无法准确地理解这条定理的意义，因此我们将通过讨论一个例子来尝试至少传达一个模糊的概念。要理解这条定理的意义，很重要的一点是要知道偏微分方程可以用来描述各种各样的物理现象，如声音、热、电磁波、流体运动、弹性，甚至是量子力学和时空弯曲（包括引力波）。这些现象中的每一个都受一条基本物理定律的支配，这些定律可以在数学上用偏微分方程来表示。例如，如果你拨动吉他的一根弦，那么这根弦就会振动并发出声音。这根弦的运动就是由一个偏微分方程支配的，它的未知量是弦偏离平衡位置的伸长量，作为位置和时间的函数。根据你拨弦的位置和施加的力的大小，吉他发出的声音会有不同的音调和音量。想象一下，在你放开弦之前给它拍一张快照，那么发生形变的弦就会呈 V 字形，如图 38.2（a）所示。由 V 字形的顶点在弦上的位置及其与平衡位置的距离所确定的精确形状表示了振动弦偏微分方程的初始条件。如果你现在放开这根弦，它就会开始振荡，从而呈现出图 38.2（b）所示的正弦形状。

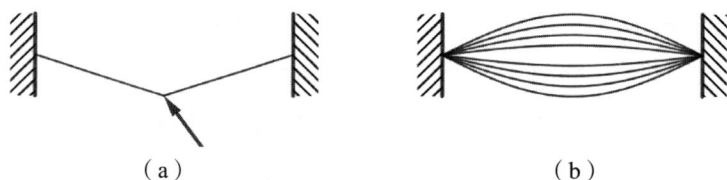

（a）　　　　　　　　　　　　　（b）

图 38.2　吉他弦的振荡

　　这种振荡运动是用偏微分方程的解来描述的。柯西 – 柯瓦列夫斯卡娅定理指出，在适当的初始条件下，偏微分方程确实有解，而且解是唯一的。在我们的这个例子中，这意味着如果对于一个 $t = 0$ 时刻的初始条件，我们能求解振动弦的方程，那么就可以准确地预测这根弦将如何运动，也就是说在 $t > 0$ 的任何时刻，弦的快照看起来会是怎样的。但柯西 – 柯瓦列夫斯卡娅定理不仅适用于弦的振动方程，它也适用于一大类偏微分方程，特别是物理学中使用的许多偏微分方程，因此这是一个非常基本的结果。不过，它并没有告诉我们如何得到解，而是告诉我们在什么条件下存在唯一解。这一点很重要，因为如果我们知道存在唯一解，我们就可以在抽象意义上来研究它的性质。事实上，对于许多偏微分方程来说，是不可能明确地计算出解的，但是可以通过假设存在解，然后从这个解所满足的方程中得出一些结论（例如弦的振动将随着时间的推移而减弱），从而了解它的许多性质。这种对于一个我们不能计算的对象得出结论的过程，由柯西－柯瓦列夫斯卡娅定理给出了其合理性。

获得博士学位后，索菲亚回到俄国，想在那里教授数学。然而，当时俄国不允许女性参加教师资格考试，因此她能得到的最好工作是在女子小学教算术。她有点灰心丧气，于是完全放弃了数学。她和丈夫试图成为一对传统的夫妻。1878 年，他们的女儿出生。索菲亚花了将近两年的时间抚养女儿，然后她决定重新开始研究数学。她的丈夫弗拉基米尔由于其激进的信仰而从未获得学术职位。他们试图通过房地产开发来养活自己的尝试失败，陷入了严重的财务危机。由于索菲亚仍然找不到合适的教学职位，因此她将精力都集中在研究上。她开始努力工作，把 6 年前的博士论文（用德语写的）翻译成俄语，并于 1880 年在俄罗斯的一次科学会议上介绍了这些研究成果。同年，她与丈夫、女儿移居莫斯科，她在那里参加了莫斯科数学学会的一些研讨会。她对数学的迷恋越来越深，于是在 1881 年离开丈夫，带着女儿去柏林继续她的研究。她全身心地投入到数学研究中，把女儿和家庭教师一起送回俄国，交给她的好朋友朱利娅·勒蒙托娃（Julija Lermontowa）。与此同时，弗拉基米尔与一家石油公司发生了牵连，这使他在经济上完全垮了。他的情绪波动很严重。1883 年，他自杀了。

在那个时候，妇女几乎不可能在大学里获得研究职位。不过，多亏了瑞典数学家哥斯塔·米塔格·莱弗勒（Gösta Mittag Leffler，1846—1927），索菲亚在斯德哥尔摩大学获得了一个从学生那里收取费用而不拿大学薪资的编外教职。米塔格·莱弗勒与索菲亚同为魏尔斯特拉斯的学生。1884 年，她被任命为任期为 5 年的助理教授，并成为米塔格·莱弗勒于 1882 年创办的数学杂志《数学学报》（*Acta Mathematica*）的编辑，这份杂志现在已成为最负盛名的数学期刊之一。1888 年，她获得了法国科学院的波尔当奖，获奖的研究成果包括现在被称为"柯瓦列夫斯卡娅陀螺"的发现（描述陀螺旋转运动的微分方程对于一般陀螺不能明确求解，但有三个特例可以计算出明确解，这三个特例中的第一个是由莱昂哈德·欧拉发现的，第二个是由约瑟夫－路易·拉格朗日发现的，第三个就是由索菲亚发现的）。

在接下来的几年里，索菲亚因其学术成就而获得了更多的荣誉。1889 年，她成为斯德哥尔摩大学的正教授。索菲亚是现代欧洲第一位获得这类职位的女性。同年，她爱上了与已故的丈夫有远亲关系的马克西姆·科瓦列夫斯基（Maxim Kovalevsky）。但是，她拒绝嫁给他，因为她知道自己无法安定下来与他一起生活。事实上，数学是她最初的爱，也是她最后的爱。这对情侣从尼斯度假回来后，索菲亚得了肺炎。1891 年，她在数学影响和声誉达到顶峰时死于流感，享年 41 岁。索菲亚被人们记住，不仅是因为她对数学的重大贡献，她还是一位有才华的作家。她的非数学出版物包括回忆录《俄罗斯童年》（*A Russian Childhood*，1890）和半自传体小说《虚无主义的女孩》（*Nihilist Girl*，1890）。

第 39 章

朱塞佩·皮亚诺
（1858—1932，意大利）

如果你曾经想知道集合论中所使用的那些符号是从哪里来的，比如表示并集（∪）和交集（∩）的符号，那么你只需看看意大利著名数学家朱塞佩·皮亚诺（Giuseppe Peano，见图 39.1）的著作就可以了。他是一位多产的作家，并且被许多人认为是数理逻辑和集合论的奠基人之一。他的研究包括对自然数特征的理解，这项研究成果通过他的皮亚诺公理一直伴随着我们。在快速了解他的人生故事之后，我们将讲解这些公理。

朱塞佩·皮亚诺于 1858 年 8 月 27 日出生在意大利皮埃蒙特州斯皮内塔的一个农场，他的父亲巴托洛米奥·皮亚诺（Bartolomeo Peano）和母亲罗莎·卡瓦洛（Rosa Cavallo）都在这个农场中干活，因此皮亚诺到学校需要步行 5 千米。他的叔叔注意到年少的皮亚诺是一个非常有天赋的孩子，因此在 1870 年把他带到都灵，开始让他接受中学教育。1876 年，他入读都灵大学，并在 1880 年以全班第一名的成绩毕业。毕业后，他留在了这所大学，并

图 39.1　朱塞佩·皮亚诺

最终得到了一个教职。学校分配给他的工作是教授微积分，这在当时显然是一个巨大的荣誉。他的第一部著作是 1893 年出版的一本微积分教科书，随后他又出版了一本关于数学逻辑的书，后者使他至今名扬四海。他正是在这本书中引入了我们在研究集合时所使用的那些现代符号，比如说前文提到的交集和并

集符号。

1887 年，皮亚诺与卡罗拉·克罗西奥（Carola Crosio，见图 39.2）结婚，当时他还在皇家军事学院任教，后来他在那里被提升为一级教授。正是在那段时间，他在 1889 年发表了著名的皮亚诺公理，这条公理使我们得以证明涉及自然数的许多关系。如前文所述，皮亚诺是一位多产的作家。他创办的期刊《数学杂志》（*Rivista di Mathematica*）于 1891 年首次发行。同年，他开展了一个"公式项目"，要将数学中使用的所有已知的定理和公式汇编成书。他在这本书中引入了自己的符号，这导致印刷过程中出现了一些麻烦，因为他希望每一个公式都印刷在一行中。因此，他购买了自己的印刷机，以确保这一要求得到严格执行。

图 39.2　朱塞佩·皮亚诺和他的妻子卡罗拉·克罗西奥，1887 年

1900 年，在巴黎举行的第二届国际数学家大会上，他遇到了著名的英国数学家和逻辑学家伯特兰·罗素。罗素对他的"公式项目"和其中使用的新颖逻辑符号有着深刻的印象，因此比原计划提前离开了会场，以便能更快地读到这本书。罗素在后来的著作中使用了皮亚诺的逻辑符号。

1901 年，皮亚诺正处于职业生涯的巅峰，他在会议上发表研究成果，并教授微积分和向量分析。他将过多的精力投入到了他的"公式项目"中，以至于弱化了教学，因此他被皇家军事学院解雇。不过，他保住了他在都灵大学的职位。

聪明人有时会做一些不同寻常或与众不同的事情，这种情况并不罕见。1903 年，皮亚诺开始用一种他所谓的"拉丁国际语"（*Latino sine Flexione*，后来被称为 Interlingua）写作。这种语言基于拉丁语、德语、英语和法语词汇的综合，但语法非常简单，去掉了所有的不规则形式。他用这种语言发表演讲，而这种语言被视为一种新的语言、一种为国际目的服务的语言。

他持续致力于"公式项目"，在 1908 年出版了《数学公式汇编》（*Formulario Mathematico*）第五版。到这个时候，这本书中已包含了 4200 个定理和公式，并附有证明过程。

到了 1910 年，皮亚诺开始集中精力编写中学数学教材和一本数学词典。他还涉足国际语言问题。他继续从事出版和教学，最终从教授微积分转向教授微积分以外的其他内容。他觉得这更适合他的数学思维方式。他继续在都灵大学教书，直到 1932 年 4 月 20 日由于心脏病发作在都灵去世。

皮亚诺留给我们的最广为流传的遗产是皮亚诺公理，其内容如下。

（1）存在一个自然数 1。

（2）每一个自然数都有一个唯一的后继数，它也是一个自然数。

（3）数字 1 不是任何自然数的后继数。

（4）如果两个自然数的后继数相等，那么这两个自然数也相等。

（5）如果一个自然数集 S 包含 1，并且 S 中每个数的后继数也在 S 中，那么 S 是所有自然数的集合。

其中的第五条公理为我们提供了一种被称为数学归纳法的证明形式。我们可以将这条公理重述如下：如果一条定理对于 $n=1$ 成立，并且这条定理对于 $n=k$ 成立意味着它对于 $n=k+1$ 也成立，那么这条定理对于 n 的所有正整数值都成立。

现在我们利用它来证明从 1 开始的连续 n 个奇整数之和等于一个平方数 n^2。我们将此用符号写成 $S_n=\sum_{a=1}^{n}(2a-1)=n^2$，或者更简单地写成：

$$S_n=1+3+5+\cdots+(2n-1)=n^2$$

利用皮亚诺的第五条公理，我们必须证明 $S_n=\sum_{a=1}^{n}(2a-1)=n^2$ 这一关系对

于 $n = 1$ 成立，即 $S_1 = 1^2 = 1$。

接下来，我们假设这条定理对于 n 的某个值成立，比如说 k。

$$S_k = 1 + 3 + 5 + 7 + \cdots + (2k - 1) = k^2$$

我们现在必须证明，如果这条定理对于 $n = k$ 成立，那么它对于后继的下一个 n 值（即 $n = k + 1$）也成立。为此，我们需要将下一个奇整数 $(2k + 1)$ 同时加到上面等式的两边。

$$S_k + (2k + 1) = 1 + 3 + 5 + 7 + \cdots + (2k - 1) + (2k + 1) = k^2 + (2k + 1)$$

于是，我们得到 $S_{k+1} = k^2 + 2k + 1 = (k + 1)^2$。

既然这条定理对于 $n = 1$ 成立，而且我们在假设它对于 $n = k$ 成立的前提下，证明了它对于后继数（即 $n = k + 1$）也成立，于是我们就可以得出结论——它对于所有的自然数都成立。这就是朱塞佩·皮亚诺留下的非常重要的遗产。

第 40 章

戴维·希尔伯特
（1862—1943，德国）

在数学发展的大部分时间里，人们曾认为欧几里得的工作对我们理解几何学是决定性的。这种状况一直持续到 1899 年。德国数学家戴维·希尔伯特（David Hilbert）在 1899 年出版了一本名为《几何基础》（*Foundations of Geometry*）的书，他在书中提出了一组公理，旨在代替欧几里得的那些传统公理。在这些公理中，有"介于"（*betweenness*）的概念，欧几里得并不关心这一概念。你可能会问，这对我们学习几何有什么影响？为了更好地理解这个概念如何促进我们的几何学研究，我们将从一个在高中几何中很容易说明的例子开始，并且（相当戏剧性地）展示当我们不考虑"介于"的概念时会发生什么。

几何学中的错误（有时也被称为谬误）往往来自缺乏定义的错误图形。正如我们所知，古代的一些几何学家在没有图形的情况下讨论他们的几何发现或几何关系。例如，欧几里得的著作没有涉及"介于"的概念。如果不考虑这一概念，我们就可以证明任何三角形都是等腰的，也就是说一个三边不等长的三角形确实有两条相等的边。这听起来有点奇怪，但我们可以演示这个"证明"，这是对"介于"概念的呼唤。

我们将通过下面这一简短的过程来呈现这一荒谬的结果。因此，我们先来画一个不等边三角形（即任意两条边都不相等的三角形），然后"证明"它实际上是一个等腰三角形（即有两条边相等的三角形）。考虑不等边三角形 ABC，我们在其中作角 C 的平分线和边 AB 的垂直平分线。从它们的交点 G 向 AC 和 BC 作垂线，垂足分别为 D 和 F。根据所画的不规则三角形的形状，现在有四种可能性满足对各种不等边三角形的上述描述。一种可能的构形如图 40.1 所示，其中 *CG* 和 *GE* 的交点 *G* 位于三角形的内部。

另一种构形如图 40.2 所示，其中 *CG* 和 *GE* 的交点在 *AB* 上（点 *E* 与 *G* 重合）。

第三种构形如图 40.3 所示，其中 *CG* 和 *GE* 相交于三角形外部（交点为 *G*），但垂线 *GD* 和 *GF* 分别与线段 *AC* 和 *BC* 相交（交点分别为 *D* 和 *F*）。

第四种构形如图 40.4 所示，其中 *CG* 和 *GE* 相交于三角形外部，但垂线 *GD* 和 *GF* 分别与 *AC* 和 *BC* 的延长线相交（交点分别为 *D* 和 *F*）。

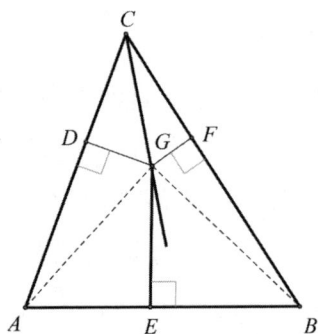

图 40.1　第一种构形　　　　图 40.2　第二种构形

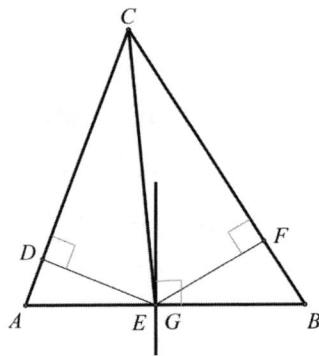

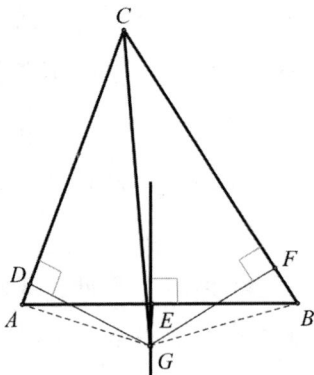

图 40.3　第三种构形　　　　图 40.4　第四种构形

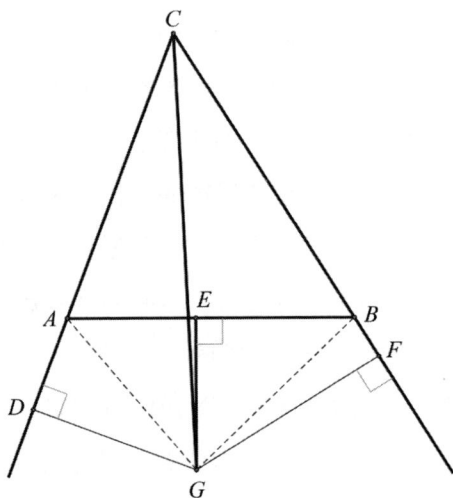

错误或谬误的"证明"可以用上述图形中的任何一个来完成。请跟随我们

的介绍，看看错误是否会自己暴露出来。我们从一个不等边三角形 ABC 开始"证明" $AC = BC$（或者说三角形 ABC 是等腰三角形）。

由于我们有一条角平分线，因此 $\angle ACG = \angle BCG$。我们还有两个直角，即 $\angle CDG = \angle CFG$。这使我们能够得出结论 $\triangle CDG \cong \triangle CFG$。因此，$GD = GF$，$CD = CF$。又由于一条线段的垂直平分线上的一点到该线段的两端的距离相等，因此 $AG = BG$。此外，$\angle ADG$ 和 $\angle BFG$ 也是直角。于是，我们得到 $\triangle DAG \cong \triangle FBG$。因此，$DA = FB$，然后得出 $AC = BC$（在图 40.1、图 40.2 和图 40.3 中是通过线段相加得到的，在图 40.4 中是通过线段相减得到的）。

在这一刻，你可能会感到很不安。你也许会质疑这些图形的正确性。好吧，通过严格的作图，你会在这些图形中发现一个微小的误差。现在我们指出这个误差，看看它如何引导我们以一种更好、更精确的方式来引用几何概念，而这正是希尔伯特公理试图做到的事情。

首先，我们可以证明点 G 必定在三角形 ABC 之外。于是，当两条垂线与三角形 ABC 的两条边相交时，其中一条垂线将与一条边相交于两个顶点之间，而另一条垂线则与另一条边相交于两个顶点之外。我们可以把这个错误"归咎于"欧几里得对"介于"概念的忽视。

首先考虑三角形 ABC 的外接圆（见图 40.5）。$\angle ACB$ 的平分线必须包含弧 AB 的中点 M（因为 $\angle ACM$ 和 $\angle BCM$ 是相等的圆周角）。AB 的垂直平分线必定平分弧 AB，因此它必定通过点 M。因此，$\angle ACB$ 的平分线和 AB 的垂直平分线相交于这个外接圆上的 M（或 G），而该点位于三角形 ABC 之外。这样就消除了图 40.1 和图 40.2 所示的两种可能性。

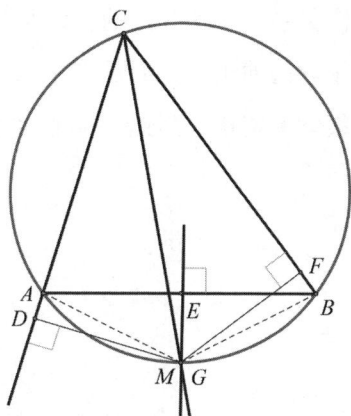

图 40.5　寻找交点

现在考虑内接四边形 $ACBG$。由于内接四边形（也叫循环四边形）的对角互补，因此 $\angle CAG + \angle CBG = 180°$。如果 $\angle CAG$ 和 $\angle CBG$ 是直角，那么 CG 就是圆的直径，而三角形 ABC 就是等腰三角形。由于三角形 ABC 不是等边三角形，因此

∠*CAG* 和 ∠*CBG* 就不是直角。在这种情况下，其中一个必定是锐角，另一个必定是钝角。假设 ∠*CBG* 为锐角，∠*CAG* 为钝角。于是，*BC* 上的高必定在三角形 *CBG* 的内部，而 *AC* 上的高必定在三角形 *CAG* 的外部。在两条垂线中有且只有一条垂线与三角形的一边相交于两个顶点之间，这一事实就破坏了谬误的"证明"。这里的说明依赖"介于"的定义，欧几里得没能用到这个概念，但希尔伯特的公理使这个概念变得清晰了。

戴维·希尔伯特（见图 40.6）于 1862 年 1 月 23 日出生在普鲁士的柯尼斯堡，这里如今已成为俄罗斯的加里宁格勒。他的父亲奥托·希尔伯特（Otto Hilbert）是一位法官，母亲玛丽亚·希尔伯特（Maria Hilbert）则致力于研究哲学和天文学。戴维·希尔伯特在孩童时期就已经表现出对数学的特殊天赋和对语言的兴趣。1872 年，他进入弗里德里希·科勒格中学，7 年后从威廉中学毕业。翌年，即 1880 年，他进入柯尼斯堡大学学习数学。在那里，他与一位数学家同事赫尔曼·闵可夫斯基（Hermann Minkowski，1864—1909）成为朋友。闵可夫斯基于 1882 年从柏林返回柯尼斯堡，此前他也曾在柯尼斯堡学习。闵可夫斯基成了希尔伯特一生中最亲密的朋友。1884 年，希尔伯特和闵可夫斯基与一位刚从哥廷根来的教授阿道夫·赫尔维茨（Adolf Hurwitz，1859—1919）建立了合作关系。这种三方的友谊及合作对他们的职业生涯产生了持久的影响。在 1885 年获得博士学位后，希尔伯特开始为参加国家考试做准备，以取得在高级中学教学的资格。当然，他通过了考试。在此期间，他还听了一些关于平面几何和

图 40.6　戴维·希尔伯特在 1910 年和 1940 年

球面几何的课程。赫尔维茨建议他在莱比锡大学度过那年冬天，专门去听德国著名数学家菲利克斯·克莱因（Felix Klein，1849—1925）的讲座。随后，克莱因建议他访问巴黎，与几位著名的数学家建立联系。他成功地做到了这一点，尽管对于他的法国同行而言，说德语有点儿费劲，因为希尔伯特不会讲法语。此后不久，他回到柯尼斯堡大学，并在 1886 年到 1895 年间担任教职，1893 年被任命为正教授。

　　1892 年 10 月 12 日，希尔伯特迎娶了他的远房表妹凯丝·杰罗希（Käthe Jerosch）。他们的儿子弗朗茨（Franz）出生于 1893 年 8 月 11 日。由于得到了菲利克斯·克莱因的大力支持，希尔伯特的职业生涯蒸蒸日上。克莱因安排希尔伯特担任哥廷根大学数学系主任，当时的哥廷根大学是许多著名数学家汇集的中心，如卡尔·弗里德里希·高斯（见第 29 章）、波恩哈德·黎曼（见第 36 章）和艾米·诺特（见第 42 章）等。希尔伯特此后的职业生涯都在哥廷根大学度过，他在那里指导了 69 名博士生，其中许多人也成为了著名的数学家。希尔伯特还对数学物理表现出了浓厚的兴趣，从而在这所大学里建立起了一个强大的物理分支，并最终产生了三位诺贝尔物理学奖得主，从而显示了其重要性。这三位诺贝尔奖得主是马克斯·冯·劳厄（Max von Laue，1914年）、詹姆斯·弗兰克（James Franck，1925 年）和维尔纳·海森堡（Werner Heisenberg，1932 年）。

　　1899 年，希尔伯特出版了一本名为《几何基础》的书。他在书中提出了一组公理，旨在代替欧几里得在《几何原本》中提出的那些公理。在接下去的几年里，这本书被翻译成好几种语言。这开创了一种现代公理方法的新趋势。正如我们在前面提到的，一个新引入的概念就是"介于"。

　　在附录中，我们概述了希尔伯特公理，但是请注意，线段、角和三角形都使用"介于"和包含的关系，用点和直线来定义。除非另有说明，列出的公理中的所有点、直线和平面都互不相同。希尔伯特公理本质上是将平面几何与立体几何统一成了一个体系。

1900 年，在巴黎举行的第二届国际数学家大会 ① 上，希尔伯特提出了著名的 23 个未解问题，这些问题被认为是有史以来由一个数学家提出的最具挑战性的问题。希尔伯特考察了数学的许多领域，进而列出了这 23 个问题。他认为这些问题会对进入 20 世纪的数学家构成重大挑战。顺便说一下，他提出的问题之一是哥德巴赫猜想（见第 21 章）。不幸的是，他所提出的这些问题都超出了本书的范围。一言以蔽之，其中许多问题在 20 世纪得到了解决。

希尔伯特也非常关注逻辑推理，这无疑为 20 世纪乃至以后的数学形式主义基础设定了方向。他在 1910 年前后对积分方程的研究最终导致了泛函分析的出现，而后者在物理学中有着重要的应用。大约也是在这个时候，他还证明了数论中的一个猜想，即所有正整数都可以表示为一定数量的 n 次幂之和。例如，$11 = 3^2 + 1^2 + 1^2$。又如，$65 = 4^3 + 1^3$。

在 20 世纪早期，希尔伯特是数学领域的主要贡献者。这由下列事实可见一斑。从 1902 年到 1939 年，他一直担任《数学年鉴》（*Mathematische Annalen*）的编辑，这是世界上最主要的数学杂志之一。1925 年，63 岁的希尔伯特患上了维生素缺乏症——恶性贫血，这使他感到精疲力竭，此后再也没有像早年那样多产。

对这位杰出数学家职业生涯造成损害的另一件事发生在 1933 年，当时纳粹从哥廷根大学开除了许多重要的犹太教职人员。翌年，希尔伯特有机会见到了德国教育部长伯恩哈德·鲁斯特（Bernhard Rust）。鲁斯特问希尔伯特，数学研究所是否因为犹太教职人员被开除而遭受了很大的损失。希尔伯特回答说："遭受损失？它已经不存在了，不是吗？" ② 起初，希尔伯特公开强烈反对纳粹镇压他的犹太数学家朋友。当看到自己的反对完全徒然时，他变得沉默寡言。希尔伯特于 1943 年 2 月 14 日去世，此时他在哥廷根大学的大多数同事已经离开了。

---

① 国际数学家大会颁发四年一度的菲尔兹奖章，这一著名的奖项颁发给 40 岁以下的杰出数学家，相当于数学领域中的诺贝尔奖。——原注

② Hajo G. Meyer, *Tragisches Schicksal. Das deutsche Judentum und die Wirkung historischer Kräfte: Eine Übung in angewandter Geschichtsphilosophie*（Berlin: Frank & Timme，2008），p.202.——原注

希尔伯特在数学的许多方面至今仍然为人们所铭记，其中之一被称为希尔伯特空间，这是对欧几里得空间的推广。这将向量代数方法和微积分方法扩展到了任何有限维或无限维的空间。希尔伯特空间为此后几十年物理学的发展奠定了基础，并且可能提供了量子力学中最好的系统表述之一。我们在图 40.7 中给出了一个填充空间的曲线的希尔伯特算法示例。

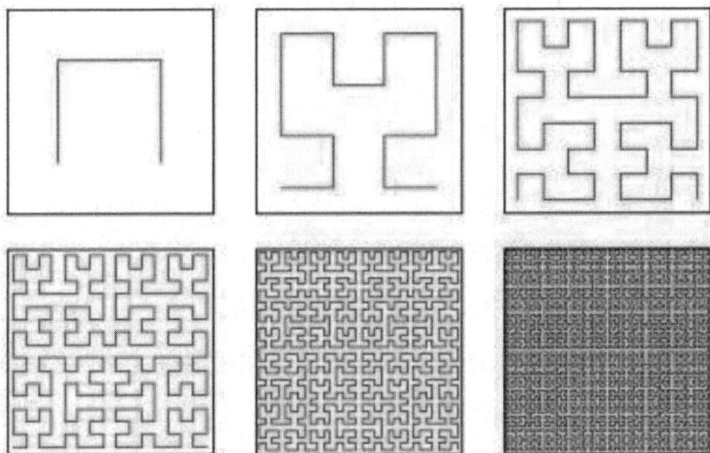

图 40.7　填充空间的曲线

20 世纪 30 年代中期，希尔伯特还与瑞士数学家保罗·伯尔奈斯（Paul Bernays，1888—1977）合著了两卷本著作《数学基础》（*Foundations of Mathematics*）。该书介绍了基本的数学思想，并引入了一系列公理体系。这些体系将自然数及其子集形式化，为公理集合论提供了另一种可替代的选择。

希尔伯特的影响延续至今，因为他在数学的各个领域都做出了许多创新。许多数学概念仍然用他的名字命名，如希尔伯特数、希尔伯特矩阵、爱因斯坦－希尔伯特方程、希尔伯特公理、希尔伯特体系、希尔伯特多项式、希尔伯特函数、希尔伯特曲线等。

第 41 章

G.H. 哈代
（1877—1947，英国）

在当今的技术世界里，数学被视为进步的关键。这意味着在科学、金融和其他领域中，数学都因其有用而被人们接受和重视。结果，学校课程本应通过数学的力量和美来展示数学，而如今许多学校主要关注的是前者，对后者不怎么关注。20 世纪英国著名的数学家戈弗雷·哈罗德·哈代（Godfrey Harold Hardy，见图 41.1）毕生都在倡导这样的一种观念：数学应该因其美而被欣赏，而不一定是因为其有用。他在 1940 年写了一篇关于数学美学的文章，这篇文章如今以一本书的形式出版，我们仍然可以找到，书名为《一个数学家的辩白》（*A Mathematician's Apology*）[1]。他在书中试图让外行对数学家的思想有深入的了解，其中最中心的主题是我们应该欣赏数学本身的美，而不是欣赏它对解决其他领域中的问题的有用性。因此，他热衷于研究纯数学，而不是应用数学。他对应用数学深恶痛绝，特别是当它被用于军事决策与演习时。

哈代于 1877 年 2 月 7 日出生在英国萨里郡的克兰利。他的父母都是教育工作者，他在数学方面有着特殊的天赋。

图 41.1　G.H. 哈代

---

① 此书有多个中译本，此处的中文书名取自商务印书馆 2007 年版，王希勇译。——译注

不幸的是，由于经济拮据，他们负担不起他的大学教育。也许是受到了父母的激励，哈代在两岁时就表现出了数学天赋的早期迹象，那时他就能从 1 写到1000000。12 岁之前，他一直在家乡上学，直到 1889 年获得了位于英国温彻斯特的温彻斯特学院的奖学金。这所大学当时被认为能提供英国最好的数学训练。不过，哈代觉得那里除了拘泥刻板的训练之外没有任何有趣的地方。与他的同学相比，哈代有些虚弱和害羞。他发现在数学上击败他们使他有了一些个人的形象。1896 年，哈代获得奖学金进入剑桥大学三一学院。一开始，他被指定由罗伯特·拉姆塞·韦伯（Robert Rumsey Webb，1850—1936）指导，而韦伯似乎更感兴趣的是教他如何通过考试，而不是让数学这门学科变得有趣和令人兴奋。正当考虑将学科兴趣转向历史时，他很幸运地有了一位新导师——A. E. H拉弗（A. E. H. Love）。拉弗引导他阅读的资料再次激发了他对数学的兴趣。后来，哈代声称卡米尔·若尔当（Camille Jordan，1838—1922）的《分析教程》（*Coursd'Analysis*）一书对他产生了持久的影响，并使他明白了数学的真正含义。

1898 年，哈代以第四名的数学成绩从剑桥大学毕业，这令他非常失望，因为他认为自己应该在毕业班上名列第一。尽管如此，他还是在 1900 年被选为三一学院的研究员，翌年又被授予史密斯卓越数学奖。在接下去的 10 年里，他写了许多关于级数和积分的收敛性以及其他相关主题的专业论文。他在这一时期最独特的著作是在 1908 年出版的《纯粹数学教程》（*A Course of Pure Mathematics*），该书第一次用英语严格地阐述了数、函数、极限等。这本书是针对本科生写的，是课程设置的一个重大转变。哈代对自己的工作非常谦虚，他在晚年回顾过去时对自己在那一时期的数学成果并不怎么自我陶醉。

1911 年，哈代开始与约翰·E. 李特尔伍德（John E. Littlewood，1885—1977，见图 41.2）合作，这一合作关系持续了 35 年。他们研究数学分析和解析数论，还曾努力参与解决华林问题。华林问题是指，对于自然数 n，存在一个相关的正整数 k，使得每个自然数都可表示为至多 k 个自然数的 n 次方之和。例如，每个自然数至多是 4 个平方数、9 个立方数或 19 个四次方数之和。这个问题由英国数学家爱德华·华林（Edward Waring，1736—1798）于 1770 年提出，1909 年由戴维·希尔伯特证明成立。这是哈代和李特尔伍德更深入研究的基础，他们进一步提出了几个猜想。

图 41.2　哈代与李特尔伍德（1924 年）

　　他们的猜想之一是讨论孪生素数，即相继奇素数对。例如，5 和 7 是一对孪生素数，41 和 43 也是一对孪生素数。他们进一步研究了具有公差的等差素数列。他们的另一个猜想是关于区间中素数的个数。该猜想指出，$\pi(x+y) \leqslant \pi(x) + \pi(y)$，其中 $\pi(x)$ 表示小于或等于实数 x 的素数的个数。例如，$\pi(2) = 1$，因为小于或等于 2 的素数只有一个，即 2 本身。因此，这个猜想意味着 $\pi(y+2) \leqslant 1 + \pi(y)$，或 $\pi(y+2) - \pi(y) \leqslant 1$，即大于 y 且小于或等于 $y+2$ 的素数最多只有一个。这是正确的，因为两个相邻的正整数中最多只能有一个是素数。这个猜想甚至表明，$\pi(x+y) - \pi(x) \leqslant \pi(y)$，这意味着大于 $\pi(x)$ 且小于或等于 $\pi(x+y)$ 的素数的个数不大于 1 到 y 之间的素数的个数。换言之，n 个连续的正整数中素数的个数随着起始数的增大而减少。哈代和李特尔伍德在几十年里的合作成果被视为数学领域的主要成就之一。牛津大学出版社出版了七卷本的《哈代论文集》①，其中许多论文是他与李特尔伍德、拉马努扬（见图 41.3）以及其他著名数学家合作完成的。

图 41.3　拉玛努扬（前排右四）与哈代（前排右一）

　　1913 年，哈代的生活开始改变。他收到了印度数学爱好者拉马努扬的一封来信，请求在研究上获得资助。此前，拉马努扬寻求资助的努力遭到了另外两位著名数学家的忽视。哈代从收到的信件中辨认出了这位天才，并邀请拉马努扬到英国剑桥拜访他。这导致了一次重要的合作，并由此产生了 5 篇非常重要的数学论文。（关于他们的合作，请参见第 43 章。）哈代与拉马努扬合作的一个例子被称为哈代 – 拉马努扬渐近公式，它在物理学中有着广泛的应用。这项研究的基础是整数分拆，即将正整数写成其他整数之和的方式。也就是说，对于同一个和的两个和式，只要它们的加数不同，那么就将它们视为同一个和的两种分拆。例如，数字 4 可以用 5 种不同的方式分拆：4，3 + 1，2 + 2，2 + 1 + 1，1 + 1 + 1 + 1。

　　大概就是在这个时候，他的研究搭档李特尔伍德在第一次世界大战中离开剑桥，加入了皇家炮兵部队。哈代本来想跟他一起去，但他因身体状况未能应征入伍。到了 1919 年，由于他在剑桥大学并不那么如意，因此接受了牛津大

① 　　Godfrey Harold Hardy, *Collected Papers of G. H. Hardy* (Oxford: Oxford University Press, 1979).——原注

学萨维安几何教授的职位。一段富有成效的时间由此开始，他与留在剑桥大学的李特尔伍德再次展开了合作。

尽管哈代以专注于研究纯数学而自豪，但他也参与解决了一些数学领域之外的问题。其中一个例子是德国产科医生威廉·温伯格（Wilhelm Weinberg）在 1908 年提出的一个问题，哈代将其完善后形成了哈代 - 温伯格原理。该原理指出，在没有其他演化影响的情况下，一个群体中的等位基因和基因型频率从一代到另一代将保持不变。

虽然哈代从未结过婚，但他确实有过几段浪漫关系。他是一个相当腼腆的人，在获得荣誉的时候，他也尽量不成为人们关注的焦点。他与当时著名的数学家和哲学家建立了友谊，如伯特兰·罗素、约翰·梅纳德·凯恩斯（John Maynard Keynes）、G. E. 摩尔（G. E. Moore，）、乔治·波利亚（George Polya）等。他晚年加入了数个社团，如剑桥使徒会和布鲁姆斯伯里团体。

他觉得自己最多产的岁月是他年轻的时候。在他的著名论文《一个数学家的辩白》中，他引用了其他著名数学家的例子，他们最多产的时期都是在 40 岁之前，比如伽罗瓦在 20 岁时就去世了，阿贝尔在 27 岁时去世，拉马努扬在 33 岁时去世，黎曼在 40 岁时去世。他也确实提到了一些例外，比如高斯在 50 岁时出版了一本关于微分几何的著作，但他声称自己在 40 岁时就完成了这项工作。（也许这可以用来解释这样一条规定：数学界最负盛名的奖项菲尔兹奖的获奖资格是年龄不能超过 40 岁。）我们应该注意到，费马大定理的征服者、英国数学家安德鲁·怀尔斯在 42 岁时完成了这一壮举。

1945 年第二次世界大战结束时，哈代的健康状况开始恶化，创造力也开始下降，因此他相当沮丧。连走路对他来说都成了一件苦差事，他被迫使用出租车等交通工具。1947 年，他服用了过量的巴比妥类药物，企图自杀。这并没有夺走他的生命，反而使他病得很重，卧床不起。他告诉他的朋友，他就是想死，但他没有再次尝试自杀。在他的生命最后的日子里，照顾他的是他的妹妹。1947 年 12 月 1 日，他在英国剑桥去世。

在去世前几周，皇家学会授予他科普利奖章，以表彰"他在过去 30 年里对英国数学分析的发展所做出的杰出贡献"。应该指出的是，他在英国被视为数学界的领军人物，这一点由以下事实便可证明。从 1926 年到 1928 年，以及从 1939 年到 1941 年，他两度担任伦敦数学学会的主席。1929 年，该学会授予他德·摩根奖章，这是一个巨大的荣誉。

哈代一生都是无神论者，并且一直热爱板球运动（见图 41.4）。事实上，他一生的两大爱好是数学和板球。我们提到过他的腼腆，这也表现在他不允许别人给他拍照。据信他一共只拍过 5 张照片。他还极不喜欢他的周围有镜子，据说每当进入一个有镜子的旅馆房间时，他都会立即用毛巾把镜子盖住。他对学生很有爱心，期望他们能尽善尽美，但他认为自己对数学的最大贡献之一是发现了拉马努扬。

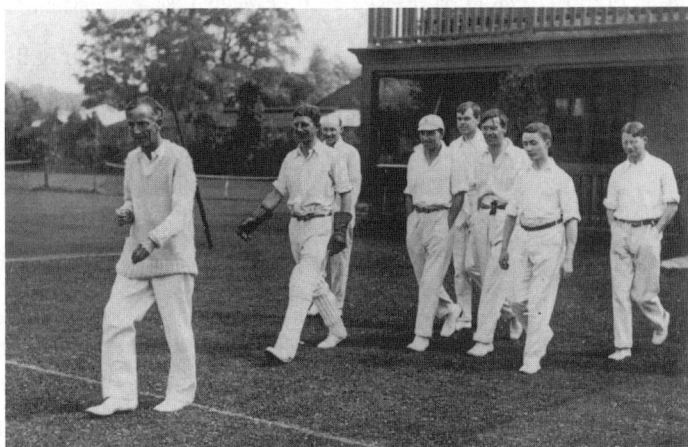

图 41.4　哈代带领他的板球队上场

在结束哈代的传记时，读一下他在《一个数学家的辩白》中所写的一段文字，或许是很恰当的。

我强调了数学成就的永恒性——我们所做的也许很渺小，但它具有某种永恒的特征；并且如果创作出了任何能引起最轻微的永恒兴趣的东西，无论是一首诗歌还是一条几何定理，那么都是在绝大多数人的能力所完全不及之处有所作为。在古今研究冲突的今天，关于这项研究必定可以说些什么。这并非始于毕达哥拉斯，也不会结束于爱因斯坦的研究；它既是所有研究中最古老的，也是最年轻的。

第 42 章

艾米·诺特
（1882—1935，德国）

你很可能见过一位滑冰者站在冰刀尖上在冰面上旋转，当他将四肢收拢时，他的旋转速度会突然明显加快。这种更快的旋转是质量重新分配的结果。当坐在旋转的办公椅上时，你可以让自己突然转得更快。坐在椅子上，把你的胳膊和腿向外伸直，再让一位朋友把你轻轻地转一下。当你缓慢旋转的时候，迅速使四肢靠近身体。请注意，这时你的旋转加快了。如果伸出胳膊和腿，你就会再次减速。旋转的办公椅演示了"角动量守恒"，这是物理学中的基本守恒定律之一。它与大多数人比较熟悉的线性动量守恒类似。牛顿第一定律指出，除非受到力的作用，否则任何物体都将保持静止或匀速直线运动状态。如今，我们将这一观察结果称为动量守恒定律。质量为 m、速度为 v 的物体的线性动量 p 等于乘积 mv。它是一个守恒量，这就意味着只要不施加力，它的大小和方向就保持不变。类似地，旋转物体倾向于以恒定的角动量旋转，除非它受到外部扭转力的作用。如果一个质量为 m 的物体以角速度 ω 旋转，那么它的角动量 L 就等于乘积 $m\omega r^2$，其中 r 是物体的运动轨迹所描出的圆的半径。在一个封闭的物理系统中，总角动量是守恒的，这意味着它的大小和旋转轴保持不变。如果你坐在一把旋转的办公椅上，胳膊和腿都向外伸直，那么当椅子旋转时，你的身体的这些部分的运动轨迹会描画出一些圆。如果你现在把你的胳膊和腿收拢，那么这些圆的半径就会变小。但是由于你和椅子的总角动量守恒，这就意味着 $m\omega r^2$ 的值保持不变，因此半径变小就意味着角速度增大。例如，如果半径减半，ω 将增大为原来的 4 倍。因此，当你把胳膊和腿收拢时，角速度增大是角动量守恒的结果。但是请注意，我们在这里没有考虑摩擦。摩擦的作用就像一种抵抗旋转的力，它会逐渐使椅子旋转得越来越慢，直到最终停止。物理学中满足守恒定律的量不仅仅是线性动量和角动量，还有能量和质量。守恒定律在物理学中一直是非常重要的，但它们常常有点像奇迹般地出现，因为它们根本不是物理理论中那些起支配作用的方程的明显结果。在 20 世纪早期，德国数学家艾米·诺特（Emmy Noether，见图 42.1）有了一个发现，它既使我们对守恒定律有了更深入的洞察，又为在给定物理理论中找到所有守恒定律提供了一种实用的计算工具。诺特证明如果一个物理系统具有一种对称性，那么总有一条相关的守恒定律。例如，如果一个系统不管在空间中的方向如何，它的表现都相同，那么它就是在旋转下对称的。于是，诺特定理告诉我们，这个系统的角动量守恒。诺特定理是理论物理学中的一个里程碑。阿尔伯特·爱因斯坦将她描述为数学史上最重要的女性。现在让我们来弄清楚这位了不起的女性是怎样的一个人。

图 42.1　艾米·诺特

　　诺特于 1882 年 3 月 23 日出生在德国埃尔朗根镇。她的名字"阿玛莉"源于她的母亲艾达·阿玛莉亚·考夫曼（Ida Amalia Kaufman）的名字，但她从很小的时候就开始使用中间名"艾米"。她的父母都出身于富裕的犹太商人家庭。艾米是他们的四个孩子中最大的，也是唯一的女孩。她的父亲马克斯·诺特（Max Noether）是一位著名的数学家，也是埃尔朗根大学的教授。艾米在小学时并没有对数学表现出特别的兴趣。此外，她的眼睛近视，而且有点口齿不清，所以她在各个方面都不出众。高中时，她学过德语、英语、法语和算术。她还学过做饭和打扫卫生，上过钢琴课。当时的高中还不允许男女同校，女子学校的课程是根据她们未来的家庭主妇角色设定的。艾米喜欢跳舞，但除此之外，她对那些被认为是女孩特有的活动都不怎么感兴趣。她所在的学校没有强化数学方面的教学。1897 年，她完成了高中学业。在进一步学习英语和法语后，她参加了巴伐利亚州教师资格考试。1900 年，她成为巴伐利亚女子学校的英语和法语认证教师。虽然这时她拿到了在女子学校教授语言的资格，但她决定不再继续走这条路，而是要追求更高等的教育。诺特排除重重障碍，继续在埃尔朗根大学学习，她是这所大学仅有的两名女生之一。当时不允许女性在大学正式就读，因此对于她想听的课，她都必须得到授课教授的许可。尽管她仍然对学习语言感兴趣，但她的注意力已经转向了数学。1903 年，她通过了入学考试，如果是男生的话，只要通过这一考试就可以进入任何一所大学就读。她去了哥廷根大学，当时这所大学在德国数学研究方面处于领导地位。在哥廷根大学期间，她听了卡尔·史瓦西（Karl Schwarzschild）、奥托·布鲁门塔尔（Otto Blumenthal）、戴维·希尔伯特、菲利克斯·克莱因和赫尔曼·闵可夫斯基讲的课。她还是只能旁听这些课程，而没有被正式录取。在哥廷根大学待了一个学期后，她于 1904 年回到埃尔朗根大学，因为这所大学终于允许女性入学了。她表明了打算学习数学的意向，并成为德国第一批正式进入大学学习的女性之一。1907 年，她在保罗·若尔当（Paul Gordan）的指导下完成了论文。下一步自然是获取教授资格，这是想要得到教授职位必须具备的一种在博士学位之后取得的资格。当然，这样的发展轨迹对于艾米·诺特来说是不可能的。在这些较高层次上，对女性进入大学的种种限制仍然存在。在接下去的 7 年里，她在埃尔朗根大学的数学研究所承担没有报酬的教学工作，协助她的父亲，在他没有时间完成预定的课程时替他讲课。她也继续进行自己的研究，发表论文，对她在毕业论文中所做的工作进行了扩展。由于她的研究水平很高，因此她的名字逐渐为其他数学家所知。1909 年，诺特成为德国数学学会会员，并应邀在年会上发表演讲。她在这种男性主导的活动中脱颖而出。1913 年，在维也纳举行的一次数学会议上，她拜访了奥地利数学家弗兰兹·默滕斯（Franz Mertens，1840—1927）。他的孙子在后来回想起她的来访时这样描述她：

> "她虽然是一个女人，但在我看来，她就像一个来自农村教区的天主教牧师，穿着一件黑色的、几乎长及脚踝的、莫可名状的外套，她的短发上戴着一顶男人的帽子……她像帝国时期的铁路售票员那样斜跨着一个单肩包，真是个古怪的人物。"

1915 年，诺特应戴维·希尔伯特和菲利克斯·克莱因的邀请来到哥廷根，他们在理解广义相对论的某些方面需要她的帮助。广义相对论是阿尔伯特·爱因斯坦（Albert Einstein，1879—1955）建立起来的一种关于引力的几何理论。他们鼓励她申请哥廷根大学的教授资格。不过，她遭到了其他许多教职人员的强烈反对。据说，一位教授问道："当我们的士兵回到大学，发现他们必须在一个女人的脚下学习时，他们会怎么想？"希尔伯特对此给出了一个现在已很出名的回答："我们是大学，又不是澡堂！"然而，希尔伯特的努力最终是徒劳的，因为当局拒绝了系里请求授予她无薪大学教师资格的请求。由于没有正式职位，因此她无法从大学得到任何报酬。诺特的讲座以希尔伯特的名义刊登广告，而她自己则是他的"助手"。要不是有家人的资助，她是无法在哥廷根大学继续进行研究的。在到达哥廷根大学后不久，她证明了现在我们所知的诺特定理，但这条定理直到 1918 年才发表。爱因斯坦收到她的研究结果后写信给希尔伯特。

> 昨天我从诺特小姐那里收到了一篇关于不变量 [守恒量] 的非常有趣的论文。令我印象深刻的是，这样的事情可以用这样一般的方法来理解。哥廷根的老警卫们应该跟诺特小姐学学！她看来好像很懂行。

1918 年，在第一次世界大战结束和德意志帝国崩溃之后，德国成为共和国，女性的地位得到了显著改善，包括允许女性进入教授资格申请流程。1919 年，艾米·诺特成为第一位获得教授资格的女性，这使她获得了编外讲师的职称，但仍然没有薪水。直到 1922 年，她才成为现在意义上的"非终身任期副教授"，并开始领取一份微薄的薪水。在此之前，她只能靠一小笔遗产为生，因而必须过着节俭的生活。她在余生中一直保持这种生活方式。1924 年，年轻的荷兰数学家 B. L. 范德瓦尔登（B. L.vander Waerden，1903—1996）开始与诺特合作，诺特提供了抽象概念化的基本思想。1931 年，范德瓦尔登出版了《近世代数学》（Moderne Algebra）①，这是一部关于抽象代数的有影响力的两卷本专著，第二卷主要基于诺特的研究。虽然诺特并没有寻求认可，但范德瓦尔登在第七版中加入了如下注释："部分内容基于 E. 阿廷（E. Artin）和 E.诺特的演讲。"诺特一直是哥廷根大学数学系的主要成员，直至 1933 年。在此期间，她曾在莫斯科和法兰克福担任客座教授。尽管她在数学领域做出了重大贡献，但她从未被提升为哥廷根大学的正式教授。1933 年，希特勒成为德国总理，纳粹政府立即开始解雇犹太人和有政治嫌疑的政府雇员，包括大学教授。此外，由于学生和同事的反犹态度，因此大学里充满了对犹太教授的敌意。诺特以及她在哥廷根大学的几位同事都被普鲁士科学部解雇，其中包括理查德·柯朗（Richard Courant），他后来在纽约市建立了一个应用数学研究所，即现在著名的纽约大学柯朗数学科学研究所。纳粹上台后，大批德国教授失业，其中包括数位未来的诺贝尔奖得主。他们在美国和其他国家的同行努力为他们提供工作机会，他们主要去往美国和英国。这导致了欧洲大陆历史性的人才流失。事实上，20 世纪 30 年代法西斯主义在欧洲的兴起终结了欧洲在文化和知识领域的领导地位。从德国以及后来的奥地利、意大利和法国流亡出去的人，使美国在科学和数学的许多领域获得了至高无上的地位。有两所教育机构的代表联系了诺特，它们是宾夕法尼亚州的布林莫尔学院和英国牛津大学的萨默维尔学院。她接受了布林莫尔学院为期一年的客座教授职位，在那里受到了安娜·约翰逊·佩尔·惠勒（Anna Johnson Pell Wheeler）的欢迎。惠勒是该校数学系的主任，1905 年曾在哥廷根大学学习。1934 年，诺特应邀到普林斯顿高等研究院做每周一次的讲座。不过，她在谈到普林斯顿时的评论是，她在这所"男子大学"里不受欢迎。

---

① 这是最初的书名，后改为《代数学》（Algebra），此书中译本由科学出版社出版，其中《代数学 I》由丁石孙、曾肯成、郝鈵新译，万哲先校，《代数学 II》由曹锡华、曾肯成译。——译注

1935 年 4 月，医生在诺特的骨盆里发现了一个肿瘤。两天后，她做了手术。虽然手术一开始看起来很成功，但几天后她就病倒了，并于 1935 年 4 月 14 日在宾夕法尼亚州布林莫尔去世。诺特终身未婚，也没有孩子。

艾米·诺特一直被列为 20 世纪最伟大的数学家之一。1964 年，在纽约市举办的世界博览会的一个关于现代数学家的展览上，诺特是当代著名数学家中唯一的女性代表。阿尔伯特·爱因斯坦写给《纽约时报》编辑的一封信在她去世数周后发表，他在这封信中写道：

> "由那些对于最有能力的在世数学家做出的判断表明，自女性开始接受高等教育以来，诺特小姐是迄今为止所出现的最具创造性的数学天才。她在最有天赋的数学家们已经忙碌了几个世纪的代数领域中发现了一些方法，事实证明这些方法对当今年轻一代数学家的发展具有极其重要的意义。"

虽然诺特定理对理论物理学的发展产生了巨大的影响，但她最为数学家们所铭记的也许是她对抽象代数的贡献。内森·雅各布森（Nathan Jacobson）在《诺特论文集》的引言中写道："抽象代数是 20 世纪数学最具特色的创新之一，它的发展在很大程度上要归功于她——她发表的论文、演讲，以及她对同时代人的个人影响。"

第 43 章

斯里尼瓦瑟·拉马努扬
（1887—1920，印度）

虽然有许多讲述著名数学家的书，但没有多少书受到如此的赞扬，而且要制作一部电影长片来描述他的生活。电影《知者无涯》(*The Man Who Knew Infinity*)[①] 基于罗伯特·卡尼盖尔（Robert Kanigel）的同名书籍[②]。它浓墨重彩地描述了天才数学家斯里尼瓦瑟·拉马努扬（见图43.1）短暂的一生。他没有受过任何正规的高等教育，但展现出的才华得到了当时英国顶尖数学家的认可。英国数学家 G. H. 哈代就是其中之一。在拉马努扬去世前不久，发生了一件能说

图 43.1　斯里尼瓦瑟·拉马努扬

明这位数学家才华的逸闻趣事。当时他卧病在伦敦的一家医院，他的好友哈代去医院看望他。哈代后来用简单的语言描述了他的聪明才智："我记得有一次他在普特尼生病时，我去看望他。我坐的出租车的号码是 1729，我说这个号码在我看来相当乏味，希望这不会是一个不祥之兆。'不会，'他回答说，"这是一个非常有趣的数字，它是用两种不同方式表示的两个立方数之和的最小数

---

① Warner Bros, 2016.——原注

② Robert Kanigel, *The Man Who New Infinity: A Life of the Genius Ramanujan*（New York: Macmillan，1991).——原注

　　中译本由上海科技教育出版社出版，胡乐士、齐民友译，2002年。——译注

字。"他以其独一无二的才华，立即就注意到了 $729 = 1^3 + 12^3 = 9^3 + 10^3$。这相当惊人！

　　斯里尼瓦瑟·拉马努扬于 1887 年 12 月 22 日出生在如今印度泰米尔纳德邦的外祖父家中。他在印度的贡伯戈讷姆长大，他当时所住的房子如今已成为一座博物馆，用于纪念他的成就。他最后成了家里唯一的孩子，因为他的三个弟弟妹妹在出生后不到一年就夭折了。他在两岁时感染了天花，有幸活了下来，而当时其他许多患同样疾病的人都难逃厄运。他小时候和祖父母、外祖父母住在一起，他们违背他的意愿把他送到学校。学校董事会开除了他，于是他回到父母身边，与母亲建立了亲密的关系。他又一次被送进了小学，在英语和其他科目上表现良好，算术成绩优异。他从那里进入了贡伯戈讷姆的一所中学，第一次有机会接触算术以外的数学。11 岁时，他已经达到了大学数学水平。13 岁时，他已经掌握了高等三角学知识。在此期间，他已经在建立一些复杂的数学定理。在接下来的一年里，他因数学成绩优异而获奖，并且对几何学和无穷级数表现出了特别的兴趣。拉马努扬 15 岁时，有人教会他如何求解三次方程，于是他发明了自己的二次方程求解技巧。1903 年，拉马努扬从图书馆借到了一本《纯数学与应用数学基本结果概要》（*A Synopsis of Elementary Results in Pure and Applied Mathematics*），作者 G. S. 卡尔（G. S. Carr）在这本书中收集了 5000 条数学定理。人们认为正是这本书激发了他在数学方面的创造力[1]。

　　拉马努扬的才华在他进一步研究伯努利数时开始显现出来。当他试图向他的同龄人讲解时，他发现他说的话远远超出了他们的理解能力。

　　1904 年，他进入位于贡伯戈讷姆的政府艺术学院。他在那里的数学成绩优异，但他对其他学科都毫无兴趣。1905 年，他辍学离家出走，最终进入了位于印度马德拉斯的帕凯亚帕学院。他在那里同以前一样不成功，除了数学以外的所有考试都不及格，但在数学方面的表现依旧优异。他最终没有拿到学位就离开了这所大学，以便能进一步从事数学方面的研究。他生活在极度贫困之中，经常面临饥饿的威胁。直到 1910 年，印度数学学会的创始人拉玛斯瓦米

---

① 　G. S. Carr, *A Synopsis of Elementary Results in Pure and Applied Mathematics*（Cambridge: Cambridge University Press, 2013）.——原注

（Ramaswami）教授才认识到他的才华，并让他作为研究人员进到马德拉斯大学。

生活在继续。1909 年 7 月 14 日，拉马努扬娶了亚娜吉雅玛尔（Janakia-mmal），这个女孩是由他的母亲挑选的，当时只有 10 岁。这是印度的风俗习惯，在当时并不罕见。他的新婚妻子一直在自己家里住到青春期，然后才被允许与他同住。由于有了家庭责任，拉马努扬要寻找一份工作，特别是一份文书工作。在此期间，他依靠在总统学院辅导学生来维持生计。在这段时间里，拉马努扬几次身患重病，每次都是靠医生无偿医治而得以挽救。有一次生病时，他觉得自己活不下去了，于是把他的笔记本交给同事妥善保管。他康复后拿回了自己的笔记本，继续他的研究。1912 年，他与母亲和妻子搬到了马德拉斯的乔治镇。1913 年 5 月，他最终在马德拉斯大学获得了一个研究职位，并与家人搬到了特里普里坎。人们怀疑他的研究的真实性。拉马努扬通过各种推荐，在印度数学学会负责人拉马钱德拉·拉奥（Ramachandra Rao）的资助下进行研究。拉奥还帮助拉马努扬在《印度数学学会会刊》（*Journal of the Indian Mathematic Society*）上发表了自己的研究成果。

下面用一个简单的例子来展示拉马努扬的天赋，请考虑一下他所建立的用于得到 π 值的公式。

$$\frac{1}{\pi} = \frac{\sqrt{8}}{9801} \sum_{n=0}^{\infty} \frac{(4n)!}{(n!)^4} \times \frac{26390n + 1103}{396^{4n}}$$

他推导出了以下公式：

$$\frac{3\pi}{4} = \sum_{k=1}^{\infty} \arctan\left(\frac{2}{k^2}\right)$$

他还做了一些好玩的事情，比如创造了一个不寻常的幻方，见图 43.2。

22	12	18	87
88	17	9	25
10	24	89	16
19	86	23	11

图 43.2 拉马努扬创造的幻方

和其他幻方一样，这个幻方中所有行、列和对角线上的数字之和都相同，即 139。不过，这个不寻常的幻方中还有其他等于 139 的和，例如：

- 中间四个方格中的数字的和。
- 最上面一行中间的两个方格和最下面一行中间的两个方格中的数字的和。
- 最左边一列中间的两个方格和最右边一列中间的两个方格中的数字的和。
- 在每个角上构成正方形的那四个方格中的数字的和。
- 四个角上的四个方格中的数字的和。

现在，你一定已经意识到了创造这个神奇幻方的人的天才。还应该指出的是，拉马努扬还开发了一系列类似的幻方，这个主题无疑令他着迷。

我们可以看看他的其他一些发现，比如根式嵌套：

$$
\begin{aligned}
3 &= \sqrt{9} && = \sqrt{1+2\sqrt{1+3\sqrt{25}}} \\
&= \sqrt{1+8} && = \sqrt{1+2\sqrt{1+3\sqrt{1+24}}} \\
&= \sqrt{1+2\times4} && = \sqrt{1+2\sqrt{1+3\sqrt{1+4\times6}}} \\
&= \sqrt{1+2\sqrt{16}} && = \sqrt{1+2\sqrt{1+3\sqrt{1+4\sqrt{36}}}} \\
&= \sqrt{1+2\sqrt{1+15}} && = \sqrt{1+2\sqrt{1+3\sqrt{1+\cdots}}} \\
&= \sqrt{1+2\sqrt{1+3\times5}}
\end{aligned}
$$

这个式子最终的样子会是：

$$
3 = \sqrt{1+2\sqrt{1+3\sqrt{1+4\sqrt{1+5\sqrt{1+6\sqrt{1+7\sqrt{1+8\sqrt{1+9\sqrt{1+\cdots}}}}}}}}}
$$

拉马努扬的大部分发现显然远远超出了本书的范围，因此我们仅介绍几个来展示他的才华。

印度的数学家们被拉马努扬的才华震惊了，开始帮助他与英国的数学家取得联系。有些英国数学家没有给他回信，因为他没有受过任何正规教育。1913 年，拉马努扬被《无限的秩序》（*Orders of Infinity*）一书所吸引。为了拓展自己的视野，他给这本书的作者、英国著名数学家 G. H. 哈代写了一封信，哈代当时是剑桥大学的教授。他再次提出他缺乏正规教育，但随信寄去了他的一些研究成果，看看哈代对这些发现会有什么想法。哈代对他的这些发现的独创性惊讶不已，看到他提出了一些自己以前从未见过的关系，例如：

$$\cfrac{e^{-\frac{2\pi}{5}}}{1+\cfrac{e^{-2\pi}}{1+\cfrac{e^{-4\pi}}{1+\cdots}}} = \sqrt{\frac{5+\sqrt{5}}{2}} - \phi$$

其中，ϕ 表示黄金比例。这最终促使哈代协助拉马努扬于 1914 年第一次来到伦敦。随着拉马努扬与哈代及其同事开始合作，他们被他缺乏正规教育的经历深深吸引，也对哈代的发现感到十分惊讶。

这大约是第一次世界大战爆发的时候，食物配给成了拉马努扬面临的一个问题，于是他又出现了进一步的健康问题。尽管拉马努扬的身体虚弱，他还是受邀注册为剑桥大学的学生。1916 年，他获得了一个学位，当时这个学位被称为学士学位，相当于如今的博士学位。不幸的是，他的病情在 1917 年恶化了。那一年的大部分时间，他都在疗养院中度过。翌年，他被选为剑桥哲学学会的会员。此后不久，他获得了一生中最大的荣誉，被选为皇家学会会员，1918 年 5 月被正式确认。随后，他的才华得到了进一步的认可，他被选为剑桥大学三一学院的院士。

第二年，拉马努扬回到了印度，此时他的名声正如当时人们所说的那样，超过了任何一个印度人以前曾享有过的声誉。然而，他的健康状况并没有改善，反而开始进一步恶化。他于 1920 年 4 月 26 日在印度去世，享年 32 岁。

他的许多作品被保存下来并最终出版了。他去世后不久，他的弟弟提伦斯雷亚南（Tirunsrayanan）开始收集他的笔记，以供未来出版。应该指出的是，拉马努扬的很多工作都没有加以证明，但总是被证明是正确的。据人们的推测，由于纸张对他来说很贵，因此他先把证明写在石板上，然后把结果抄在纸上。在当时的印度，使用石板的情况并不少见。

拉马努扬身后获得了无数荣誉。12 月 22 日是他的生日，这一天在印度常常作为"全国数学日"加以庆祝。

1962 年印度政府发行了一枚印有拉马努扬肖像的邮票（见图 43.3）。2011

年发行了第二枚不同设计的邮票（见图 43.4），再次纪念拉马努扬。

图 43.3　印有拉马努扬肖像的第一枚邮票

图 43.4　印有拉马努扬肖像的第二枚邮票

第 44 章

约翰·冯·诺依曼
（1903—1957，匈牙利 – 美国）

在现代电子计算器和计算机出现之前，所有的数学计算都必须由人们用纸和笔完成，计算尺和一些更复杂的机械装置是仅有的技术辅助。如果现在的情况仍然如此的话，我们很难想象世界看起来会是一个什么样子。你知道"计算机"（computer）这个词最初是指进行计算的人吗？事实上，一直到20世纪中叶，这个词仍然是这个意思。随着科技的进步，出现了效率越来越高的机器，"计算机"这个词的意思也逐渐发生了变化，最终导致"人类计算员"含义的消失。时代改变了，如今心算天才们更可能出现在电视节目上，而不是在研究中心。然而，在 19 世纪和 20 世纪初，美国国家航空咨询委员会（National Advisory Committeefor Aeronautics，缩写为 NACA，成立于 1915 年，1958 年改称美国国家航空航天局）这类研究机构仍然依赖人类计算员。他们自然挑选了这个行业中表现最好的人，特别是对心算者的需求量很大。虽然如今已没有类似的工种，但我们周围仍然有人在非常勤奋地练习心算。两年一度，世界上最优秀的心算者都会受邀参加心算世界杯比赛。这一赛事于 2004 年在德国首次举办。

人们普遍错误地认为数学家特别擅长心算。事实上，许多数学家甚至喜欢强调他们在心算方面有问题。虽然这样的说法往往带有一丝惺惺作态的意味，但背后还是有一些道理的。数学家不必擅长心算。数学教育程度有限或缺乏兴趣的人常常认为数学"就是关于数字计算的"，但事实并非如此。一位优秀数学家的心算却很差劲，这实际上并不矛盾。当然，有些杰出的数学家是或者曾经是杰出的心算者。美国数学家约翰·冯·诺依曼（John von Neumann，见图

44.1）是 20 世纪最伟大的数学家之一，年少时在语言、记忆和数学方面都是个神童。他在 6 岁时就能心算一个八位数除以另一个八位数。心算对他来说是如此自然的一种娱乐，以至于当他看到母亲眼神呆滞时就会问她："你在计算什么？"他还拥有惊人的记忆力。他只要瞥一眼电话簿中的一页，就能记住上面的所有姓名和号码。他一生在多个领域做出了重大贡献，发表了 150 多篇论文。在第二次世界大战期间，冯·诺依曼参与了曼哈顿计划，他在那里建立了爆炸估算背后的数学模型，并制定了氢弹核试验的关键步骤。顺便说一句，曼哈顿计划也是现代大规模使用人类计算员的最著名的例子，其中大多数是女性。

图 44.1　约翰·冯·诺依曼

约翰·冯·诺依曼于 1903 年 12 月 28 日出生在布达佩斯，出生时的名字是亚诺什·诺依曼（János Neumann），当时布达佩斯是奥匈帝国的一部分。他在三兄弟中排行老大。他的父亲麦克斯·诺依曼 [Miksa（Max）Neumann] 是一位成功的银行家，拥有法学博士学位。他的母亲来自一个富裕的犹太家庭。不过，这个家庭并不遵守严格的宗教习俗。1913 年，奥匈帝国皇帝弗朗茨·约瑟夫（Franz Joseph）将麦克斯·诺依曼提升为贵族，以表彰他对当时的经济发展做出了贡献。他的儿子后来便使用姓氏的德语形式冯·诺依曼（von Neumann），其中的"冯"（von）表示贵族头衔。

在 10 岁之前，冯·诺依曼和他的弟弟们是由不同的家庭教师来教的。冯·诺依曼是个很特别的神童。6 岁时，他就能用古希腊语和父亲交谈，并表现出惊人的记忆力。他们一家有时会通过展示冯·诺依曼的记忆力来娱乐客人。他们会让一位客人随意选择电话簿中的一页，年幼的冯·诺依曼读了几遍之后就能记住姓名、地址和电话号码，他能回答向他提出的任何问题。后来，他能将整本书背下来，例如歌德（Goethe）的《浮士德》（Faust）。8 岁时，他就熟悉微积分了。不过，他对历史特别感兴趣。通过阅读大量书籍，他在入学前就获得了令人难以置信的历史知识。

1911 年，冯·诺依曼进入路德中学，这是布达佩斯最好的学校之一。当时，匈牙利有着极好的教育体系，培养出了数位杰出的数学家和物理学家。从孩提时代到少年时期都在布达佩斯接受教育的才华横溢、富有创造力的人物包括利奥·西拉德（Leó Szilárd，1898—1964）、尤金·维格纳（Eugene Wigner，1902—1995）、爱德华·泰勒（Edward Teller，1908—2003）、保罗·埃尔德什和彼得·拉克斯（Peter Lax，1926— ）等，这些只是其中的几个例子。20 世纪早期在布达佩斯接受教育的伟大数学家的集中程度如此之高，以至于彼得·拉克斯曾经说过："你要成为一名数学家，不一定要是匈牙利人，但这是有帮助的。"

除了优秀的教育制度外，还有其他一些因素也可能导致了这种现象的出现，其中最著名的是厄特沃什数学竞赛（现已改名为柯夏克竞赛），这项数学竞赛自 1894 年以来一直对匈牙利的高三学生开放。这是世界上历史最悠久的现代数学竞赛，求解问题的重点是创造力，而不是记忆的知识。10 名成绩最好的学生不必参加竞争激烈的入学考试就可以直接进入大学。

冯·诺依曼的数学老师立即认识到了他的超常天赋，为他安排了私人辅导来发展他的数学才能。15 岁时，他被送到著名数学家伽柏·塞戈（Gábor Szegő，1895—1985）那里学习高等微积分。塞戈深为冯·诺依曼的天才所折服，随后每周两次去冯·诺依曼家辅导他。当冯·诺依曼完成他的学校教育时，他已经在与职业数学家合作了。尽管他在学术界的发展前景很好，很有希望成为一名数学家，但他的父亲不想让他学习数学。在当时的匈牙利，数学家这一学术职位的薪水不高，麦克斯·诺依曼希望儿子在商业或工业界走一条经济回报更高的道路。他们达成的折中方案是，冯·诺依曼去学习化学，将来成为化工领域的一名工程师。由于冯·诺依曼对化学的了解不多，因此他首先在柏林大学修了两年的化学非学位课程，然后他参加并通过了著名的苏黎世联邦理工学院的入学考试。与此同时，冯·诺依曼还进入了位于布达佩斯的帕兹马尼·彼得大学攻读数学博士学位。虽然他不能在布达佩斯上课，但仍在考试中取得了优异的成绩。

1926 年，他以化学工程师的身份从苏黎世联邦理工学院毕业，同时也完成了他的数学博士论文，似乎没有付出多少努力。随后，他获得了洛克菲勒基金会颁发的奖学金，在哥廷根跟随戴维·希尔伯特学习数学。他于 1927 年完成了他的教授资格申请流程，并于 1928 年成为柏林大学历史上最年轻的编外讲师。冯·诺依曼以惊人的速度发表极具独创性的数学论文，他在数学界声名鹊起，并在学术会议上成为引人瞩目的人物。到 1929 年底，他已经发表了 32 篇重要论文。同年，在汉堡短暂停留后，他接受了普林斯顿大学的聘请。在移居美国之前，他在布达佩斯与玛丽埃塔·科维西（Marietta Kövesi）成婚。

在普林斯顿大学任教几年后，他成为新成立的普林斯顿高等研究院的数学教授。冯·诺依曼将自己的名字改成英语形式的约翰（John），保留了德国贵族姓氏冯·诺依曼。在美国的最初几年，冯·诺依曼仍然在夏季返回欧洲，甚至在德国继续担任学术职位。纳粹上台后，他辞去了这些职位。1935 年，玛丽埃塔生下了女儿玛丽娜（Marina）。两年后，这对夫妻离婚。冯·诺依曼在布达佩斯的一次访问中认识了克拉拉·丹（Klara Dan）。他们在 1938 年结婚。在普林斯顿，冯·诺依曼的生活方式几乎是顶级数学家的典型，他喜欢和同伴一起吃喝玩乐。他和克拉拉几乎每周都会在家里举办一次聚会，由此创建了一种沙龙。冯·诺依曼喜欢讲笑话，尤其是意第绪语笑话和"低俗"幽默。倘若谈话陷入僵局，他的记忆力总会帮助他随时准备好一个笑话。

大多数数学家需要一个安静的工作和学习环境，而冯·诺依曼更喜欢嘈杂和混乱的环境。在普林斯顿时，他经常用留声机非常大声地播放德国进行曲，这打扰到了邻近办公室里的同事，其中包括阿尔伯特·爱因斯坦，因此招来了怨言。他经常在夫妇俩的起居室里工作，同时把电视机开得很响，甚至一边开车一边看书。再加上他是一个相当鲁莽的司机，这导致了频繁的交通罚款和事故。据报道，普林斯顿有一个十字路口，人们把它称为"冯·诺依曼角"，因为他在那里发生过多起事故 ①。

　　尽管他的做法不合传统，但他被普遍认为是他那个时代的顶尖数学家。他对新的数学理论具有天才的、卓越的直觉，这使他能够在数学的各个完全不同的分支以及理论物理和计算机科学中开拓创新。冯·诺依曼将新的数学方法应用到量子理论中，首先为量子力学建立了严格的数学框架。这一框架被称为狄拉克 – 冯·诺依曼公理。他创立了博弈论这一学科。博弈论研究的是理性决策者之间战略互动的数学模型，目前应用于经济学、政治学、哲学和计算机科学。冯·诺依曼创立博弈论的灵感来自一种他偶尔会玩的游戏——扑克牌。他意识到仅使用概率论不足以周全地分析这种游戏，因为玩家的策略完全被忽略了。他想将"虚张声势"的想法形式化，这是一种意在误导其他玩家并对他们隐瞒信息的策略。他关于博弈的数学研究始于他在 1928 年发表的文章《室内游戏理论》（"Theory of Parlor Games"），这篇文章也可以被看作现代博弈论的开端。在这篇文章中，他证明了所谓的极大极小定理。极大极小定理指出，在零和博弈中，玩家每次都知道到目前为止发生的所有步骤，博弈的双方各有各的策略，可以使得各自的最大损失最小化。"极大极小"这个名字就由此而来。（在一个零和博弈中，每个参与者的效用得失与其他参与者的效用得失恰好相抵。）冯·诺依曼继续他在博弈论方面的研究，改进和扩展了他的成果，使之包括了有两个以上参与者的更一般的博弈。他很快注意到，他正在建立的数学框架可能会成为经济学中的一个重要工具。因此，他与奥地利经济学家、普林斯顿大学教授奥斯卡·摩根斯特恩（Oskar Morgenstern，1902—1977）展开了合作。他们于 1944 年发表了论文《博弈论与经济行为》（*Theory of Games and Economic Behavior*）。这篇开创性的论文长达 100 页，建立了博弈论的跨学科研究领域。当它以一本书的形式出版时，也引起了公众的兴趣。这是一部经典的基础著作，至今仍属于数理经济学的标准文献。更重要的是，对于任何打算

---

① 　William Poundstone，*Prisoner's Dilemma: John von Neumann, Game Theory, and the Puzzle of the Bomb*（New York: Anchor, 1993).——原注

成为职业扑克玩家的人来说，这本书都是有价值的读物[①]。

20 世纪 30 年代末，冯·诺依曼开始研究爆炸的数学模型，并很快成为这一领域的主导权威。这导致他要频繁地参与军事顾问工作。1943 年，冯·诺依曼应邀参加曼哈顿计划。他对原子弹的内爆设计做出了主要贡献，使之能够成为一种更有效的武器。

冯·诺依曼也是推动现代计算机技术发展的先驱。他在战争期间检查了陆军的电子数字积分器和计算机（Electronic Numerical Integrator and Computer，ENIAC）后，利用他的数学能力改进了计算机的逻辑设计。他提出了一种新的设计，使"存储程序"的概念具体化。这种设计现在被称为冯·诺依曼体系结构。他是陆军建造电子离散变量自动计算机（Electronic Discrete Variable Automatic Computer，EDVAC）的顾问，EDVAC 是最早的二进制存储程序计算机之一。事实上，他用笔写出了 EDVAC 的第一个程序。这是一个排序算法，长达 23 页。他的妻子克拉拉成为最早的计算机程序员之一。冯·诺依曼当时是有史以来最有影响力的数学家之一。爱德华·泰勒写道："没有人知道所有的科学，甚至冯·诺依曼也不知道。但在数学方面，除了数论和拓扑学，他对数学的每一部分都有贡献。"其他数学家都对冯·诺依曼的心算能力和惊人的速度感到震惊。匈牙利裔美国数学家保罗·哈尔莫斯（Paul Halmos，1916—2006）复述了物理学家尼古拉斯·梅特罗波利斯（Nicholas Metropolis，1915—1999）讲述的关于冯·诺依曼计算速度的故事。当时有人请冯·诺依曼解答著名的"苍蝇难题"。

两个骑自行车的人开始时相距 20 英里（1 英里约为 1.609344 千米），各自以 10 英里 / 小时的恒定速率相向而行。同时，一只苍蝇以 15 英里 / 小时的恒定速率飞行，它从向南行驶的自行车前轮出发，飞到向北行驶的自行车的前轮，然后转身再次飞到向南行驶的自行车的前轮。它以这种方式继续下去，直到它在两个前轮之间被碾碎。问：苍蝇总共飞行了多长距离？

---

① Claudia Dreifus, "Maria Konnikova Shows Her Cards," *New York Times*, August 10, 2018.——原注

要求出答案，比较慢的方法是先计算苍蝇在第一段的行程中飞过的距离，再计算出苍蝇在第二段行程中飞过的距离，然后计算第三段行程，以此类推，最后对这样得到的无穷级数求和。比较快的方法是发现两辆自行车在启动后 1 小时相遇，这样苍蝇就只有 1 小时的飞行时间，因此答案必定是 15 英里。

当有人向冯·诺依曼提出这个问题时，他马上就给出了答案，这让提问者很失望。提问者说："哦，你以前一定听说过这个把戏！""什么把戏？"冯·诺依曼问道，"我所做的只不过是对几何级数求和。"这就意味着他使用较慢的方法进行计算——瞬间就算出来了！

战后，冯·诺依曼为美国原子能委员会的总顾问委员会提供服务，后来担任委员。他曾担任多个组织的顾问，包括美国空军、美军陆军弹道研究实验室、武装部队特种武器项目、劳伦斯·利弗莫尔国家实验室等。1955 年，冯·诺依曼被诊断出患有癌症。1957 年 2 月 8 日，他在华盛顿特区的沃尔特里德陆军医疗中心去世，享年 53 岁。彼得·拉克斯（Peter Lax）在冯·诺依曼的《书信选》[*Selected Letters*，由米克洛什·勒代（Miklós Rédei）编辑] 的前言中也许最好地描述了他的数学遗产："要衡量冯·诺依曼的成就，不妨这样想：如果他能活到正常的寿命，那么他肯定会获得诺贝尔经济学奖。如果有计算机科学和数学诺贝尔奖，那么他也会获得这些荣誉。因此，这些信件的作者应该被认为是三倍的诺贝尔奖获得者。由于他在物理学方面尤其是量子力学方面的工作，他也可能是 $3\frac{1}{2}$ 倍的获奖者。"

第 45 章

库尔特·哥德尔
（1906—1978，奥地利 – 美国）

19 世纪末，格奥尔格·康托尔建立了集合论，它成为了数学中的一个基本理论。这一理论为数学的所有领域提供了一个共同的基础，数学家试图通过找到最少的公理来形式化康托尔的集合论，可以由这些公理在该理论框架下推导出所有进一步的数学陈述。尽管这一努力最初似乎很有希望，但当人们发现集合论的公理化遭遇了逻辑悖论和不一致时，便遇到了严重的问题。这导致了一场严重的数学危机。为了应对这场危机，数学家戴维·希尔伯特发起了一项计划，寻找一套完整的、有限的公理集，为现有的数学体系提供一个稳定的基础。这些体系包括算术、几何、高等微积分以及所有其他领域。较复杂的体系可以用较简单的体系来证明，而较简单的体系则可以用更简单的来证明，最终所有数学体系的一致性都会被简化为基本算法。更准确地说，希尔伯特为所有数学体系建立安全基础的计划包括以下目标。

（1）数学表述：所有的数学表述都应以精确的形式语言来书写，并根据一些明确的规则进行操作。

（2）完备性：所有真的数学陈述的证明都可以在形式体系中得以证明。

（3）一致性：在数学的形式体系中可以得出不存在矛盾的证明。

（4）守恒：利用关于"理想对象"（比如像实数这样的不可数集）的推理而获得的关于"真实对象"的任何结果，其证明都可以在不使用理想对象的情况下得到。

（5）可判定性：应该有一个算法来判定任何数学陈述的真伪。

许多著名的逻辑学家和数学家为这项计划花费了多年的时间，其中包括阿尔弗雷德·诺斯·怀特海（Alfred North Whitehead，1861—1947）和伯特兰·罗素，他们在 1910 年、1912 年和 1913 年出版了不朽的著作《数学原理》（*Principia Mathematica*）。1931 年，年轻的奥地利数学家库尔特·哥德尔（Kurt Gödel，见图 45.1）证明了希尔伯特制定的这些目标是不可能实现的。他发表了两条著名的定理，称之为哥德尔不完全性定理，它们终结了为数学和其他形式体系寻找一套包罗万象

图 45.1　库尔特·哥德尔（1925 年）

的公理的一切尝试。粗略地说，他明示了不可能找到一组对所有数学体系都足够的公理，因为对于任何一组提出来用于概括数学体系的公理，要么这个体系必定是不一致的，要么必定存在着一些无法从这些公理中推导出来的数学真理。事实上，我们不可能想出一个公理化的数学理论来俘获关于自然数的公理，甚至所有真理。哥德尔的研究结果对数学基础以及逻辑学和哲学都产生了深远的影响。约翰·冯·诺依曼也许最恰当地描述了它们的意义，他说："库尔特·哥德尔在现代逻辑方面的成就是独一无二的，具有纪念碑意义。事实上，它不仅仅是一座纪念碑，还是一座里程碑，将未在遥远的时空中依然可见……由于哥德尔的成就，逻辑学这门学科无疑已经完全改变了它的性质和可能性。"

库尔特·哥德尔于 1906 年 4 月 28 日出生在布尔诺，布尔诺如今已成为捷克共和国的第二大城市，但当时是奥匈帝国的一部分。第一次世界大战之前，布尔诺的大多数人讲德语。哥德尔的家庭相当富裕；他的父亲鲁道夫·哥德尔（Rudolf Gödel）是一家纺织厂的总经理，是一名天主教徒，而他的母亲玛丽安（Marianne）是一名新教徒。库尔特和他的哥哥鲁道夫是在一个天主教徒占多数的国家里长大的新教徒。库尔特小时候健康状况出现了几次问题。他 6 岁时患上了风湿热，虽然恢复得很好，但他确信自己的心脏因这次疾病而永久受损。

他在 8 岁开始阅读医学书籍时得出了这个结论，持续怀疑了一生。

　　奥匈帝国在第一次世界大战结束时解体，捷克斯洛伐克宣布独立，哥德尔一家成为捷克斯洛伐克共和国公民，于是突然归属于这个国家的一个讲德语的少数群体。哥德尔几乎不会说捷克语，他感觉自己在这个新成立的国家里是一个异类。当时许多讲德语的居民仍然将自己视为奥地利人，这是很普遍的情况。哥德尔在布尔诺完成高中学业时，已经掌握了大学数学。除了数学之外，各种语言也是他最喜欢的科目。哥德尔的哥哥后来回忆说，他在整个高中生涯中从未犯过一个拉丁语语法错误。不用说，他的功课总是得最高分。

　　1923 年，哥德尔获得奥地利国籍，移居维也纳。他进入维也纳大学学习理论物理。他当时的老师有物理学家和哲学家莫里茨·施利克（Moritz Schlick，1882—1936），以及数学家汉斯·哈恩（Hans Hahn，1879—1934）、卡尔·门格尔（Karl Menger，1902—1985）和菲利普·富特温格勒（Philipp Furtwängler，1869—1940）。福特温格勒颈部以下瘫痪，他坐在轮椅上讲课，由一位助手在黑板上写字。福特温格勒是一位才华横溢的数学家，其讲座对哥德尔产生了很大的影响，导致他把主修科目改成了数学。莫里茨·施利克主持的一场关于伯特兰·罗素的《数学哲学导论》（*Introduction to Mathematical Philosophy*）一书的研讨会唤起了他对数理逻辑的兴趣。哥德尔在求学期间就加入了维也纳学派，这是一个由来自自然科学、社会科学、逻辑和数学领域的哲学家与科学家组成的群体，他们在 1924 年至 1936 年间定期在维也纳大学聚会讨论，由施利克担任主席。哥德尔通过维也纳学派知悉了戴维·希尔伯特的计划和数学危机。他在博洛尼亚参加了希尔伯特关于数学体系的完备性和一致性的讲座，并选择这个主题作为他的博士研究课题。1929 年，23 岁的哥德尔在汉斯·哈恩的指导下完成了博士论文。他在 1930 年被授予博士学位，维也纳科学院发表了他的论文。1931 年，哥德尔发表了他的著名论文《论〈数学原理〉及相关体系中的形式不可判定命题》（*Über formal unentscheidbare Sätze der "Principia Mathematica" und verwandter Systeme*），其中包含了他的不完全性定理。如今，几乎所有的重要数学期刊都只接受英文文章，而在第二次世界大战之前也有不少其他语言的顶级期刊，尤其是德语。哥德尔的文章最初以德语发表在《数学月刊》（*Monatshefte für Mathematik*）上。该杂志于 1890 年在奥地利创刊，现在仍然存在，由施普林格出版集团与奥地利数学学会合作出版。尽管该杂志保留了它的德语名称，但现在所有文章都以英文发表。在 1931 年的文章中，哥德尔证明了对于任何可计算公理体系，只要它足以描述自然数的算术，那么以下两点就成立。

（1）如果一个（逻辑或公理形式）体系是一致的，它就不可能是完全的。

（2）公理的一致性不能在它们自己的体系内得到证明。

哥德尔证明了用公理化的方法来构造一个包含所有数学真理的数学理论是不可能的。不完全性定理是一个极其重要的否定结果，在数理逻辑领域产生了巨大的影响。为了证明这一定理，哥德尔发明了一种新方法，如今被称为哥德尔编号法。他为该理论中的每个符号和形式良好的公式都指定唯一的自然数（现在称为哥德尔数）。此外，他还表明，像"本陈述是错误的"这样的经典自指悖论可以改写为算术中的自指形式句。哥德尔的不完全性定理结束了人们半个世纪以来试图找到一套适用于整个数学领域的公理这一努力。他明示了不可能构造出可用于证明所有数学真理的公理体系，从而摧毁了整个研究分支。哥德尔的这一结果很快使他声名大噪，随后他收到了参加国际数学大会的邀请。

1933 年，他第一次去美国，在那里遇到了爱因斯坦，并在美国数学学会年会上发表了演讲。同年，希特勒在德国上台执政。在接下去的几年里，纳粹在奥地利的影响力也在增长。随着纳粹在奥地利的崛起，维也纳学派的许多成员都离开奥地利前往美国和英国。在这些年里，哥德尔经常旅行，并在新成立的普林斯顿高等研究院讲课。不过，他的根基仍然留在奥地利。1933 年，莫里茨·施利克被他以前的一个学生谋杀，哥德尔的精神严重崩溃，在疗养院住了几个月。他还产生了对中毒的恐惧，并表现出其他偏执症状。

1938 年，奥地利成为德国的一部分。哥德尔曾担任过维也纳大学的编外讲师。根据新的规定，他不得不重新申请，但被维也纳大学拒绝了。他以前与维也纳学派里的犹太成员的交往可能在这一裁决中起了负面作用。那年秋天，哥德尔与阿黛尔·波克特（Adele Porkert）结婚。他们已经交往了好几年，但哥德尔的父母反对这桩婚姻。她比哥德尔大 6 岁，而且以前结过婚。此外，她也没有受过高等教育，并且是天主教徒，而哥德尔是新教徒。1939 年 9 月第二次世界大战开始时，哥德尔担心自己可能被征召到德国军队。这对夫妇离开维也纳前往普林斯顿，哥德尔在那里接受了普林斯顿高等研究院的一个职位。他们不得不乘火车横贯西伯利亚，然后从日本坐船到旧金山。

在普林斯顿，哥德尔与阿尔伯特·爱因斯坦建立了亲密的友谊，他们经常一起在研究院周围散步（见图 45.2）。1947 年，爱因斯坦与当时同在普林斯顿的奥地利经济学家奥斯卡·摩根斯特恩一起陪同哥德尔参加了美国公民资格考试。在准备考试的过程中，哥德尔认为他发现了美国宪法存在不一致的地方，爱因斯坦担心他的朋友会向法官解释他的发现，导致他的申请被拒绝。幸运的是，法官认识爱因斯坦，因此一切顺利。1949 年，哥德尔发现了爱因斯坦场方程的一个精确解，也称为哥德尔宇宙。这是一个描述旋转宇宙的解，它除了其他一些不寻常的性质以外，还允许时间回到过去。不过，这个解包含人为因素，因为所谓的宇宙学常数必须微调到一个非常特殊的值。宇宙学常数是爱因斯坦理论中的一个参数，现在与暗能量联系在了一起。当时的天文观测既不能排除也不能证实我们生活在一个旋转的宇宙中。观测数据在不断改进，而哥德尔也会不断地追问天文学家"宇宙在旋转吗"，而回答是"不，没有"。这样的问答一直持续到他去世。

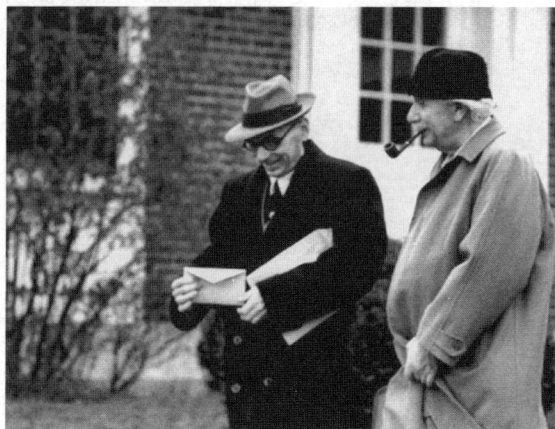

图 45.2　库尔特·哥德尔和阿尔伯特·爱因斯坦在普林斯顿

由于哥德尔在相对论方面的工作，他在 1951 年与物理学家朱利安·施温格（Julian Schwinger）一起被授予首届阿尔伯特·爱因斯坦奖。哥德尔在普林斯顿度过了余生。他自 1946 年起成为普林斯顿高等研究院的终身成员，1953 年成为正教授。在美国的前几年，他继续发表了一些基础数学论文。不过，他在晚年把越来越多的时间用于研究哲学。他钦佩莱布尼茨的著作，并开始写有关哲学问题的文章。随着年龄增大，他的妄想症越来越严重。他对中毒的恐惧变成强迫性的，只吃妻子阿黛尔为他准备的食物。1977 年，阿黛尔中风住院数月。在这段时间里，她不得不眼睁睁地看着丈夫由于拒绝进食而使体重不断减轻。当她出院时，哥德尔的体重只剩下大约 30 千克，她立即把他送到医院。但为时已晚，哥德尔在几周后的 1978 年 1 月 14 日去世，实际上他是被饿死的。他的死亡证明说他死于"人格障碍引起的营养不良和身体虚弱"。他的妻子阿黛尔于 1981 年去世。

哥德尔的不完全性定理和其他一些数学著作被归入 20 世纪最伟大的数学成就。他是历史上最重要的逻辑学家之一，他的名字因 1979 年出版的一本畅销书而为人们所知。这本书就是道格拉斯·霍夫斯塔特（Douglas Hofstadter）的《哥德尔、艾舍尔、巴赫》（*Gödel, Escher, Bach*）[①]。这本书获得了非小说类普利策奖和美国国家图书奖，它探讨了哥德尔的作品与艺术家 M. C. 艾舍尔（M. C. Escher）及作曲家约翰·塞巴斯蒂安·巴赫（Johann Sebastian Bach）的作品之间的关系。

---

① 作者道格拉斯·霍夫斯塔特的中文名为侯世达，此书中文版由商务印书馆出版，严勇、刘皓明、莫大伟译。——译注

第 46 章

艾伦·图灵
（1912—1954，英国）

　　人们普遍认为，一位杰出的数学家的工作将第二次世界大战缩短了两年，也许挽救了多达 1400 万人的生命。最直接的问题是，一位数学家怎么可能做到通常会留给士兵们去做的事情？答案是英国数学家艾伦·图灵（Alan Turing）凭借他独特的天赋发明了一种机器，它能够在第二次世界大战期间破解纳粹的神秘密码，从而提前知晓他们的战略计划。

　　1938 年 9 月，图灵开始在政府代码和密码学校（Government Codeand Cypher School, GC&CS）工作，这是一个专门破解战争密码的组织。战争期间，政府代码和密码学校位于英国米尔顿凯恩斯的布莱切利园，如今这里已成为一座博物馆，主要是颂扬图灵的工作。图灵当时的主要职责是对恩尼格码[①]进行破译。同盟国在第二次世界大战中开发了一个密码分析系统，用来破译轴心国的莫尔斯编码无线电通信的内容，而这些通信的内容就是通过恩尼格玛机（见图 46.1）加密的。本质上，我们可以说艾伦·图灵通过他的创造性工作而成为了我们现今所知的计算机科学的创始人。

图 46.1　恩尼格玛机

---

① 　关于恩尼格玛、布莱切利园及下文提到的图灵机、图灵甜点等的详情，可参见《计数之乐》，T.W. 科尔纳（T. W. Körner）著，涂泓译，冯承天译校，高等教育出版社，2017 年。——译注

在图 46.2 中，我们展示了这台机器的工作原理[①]。

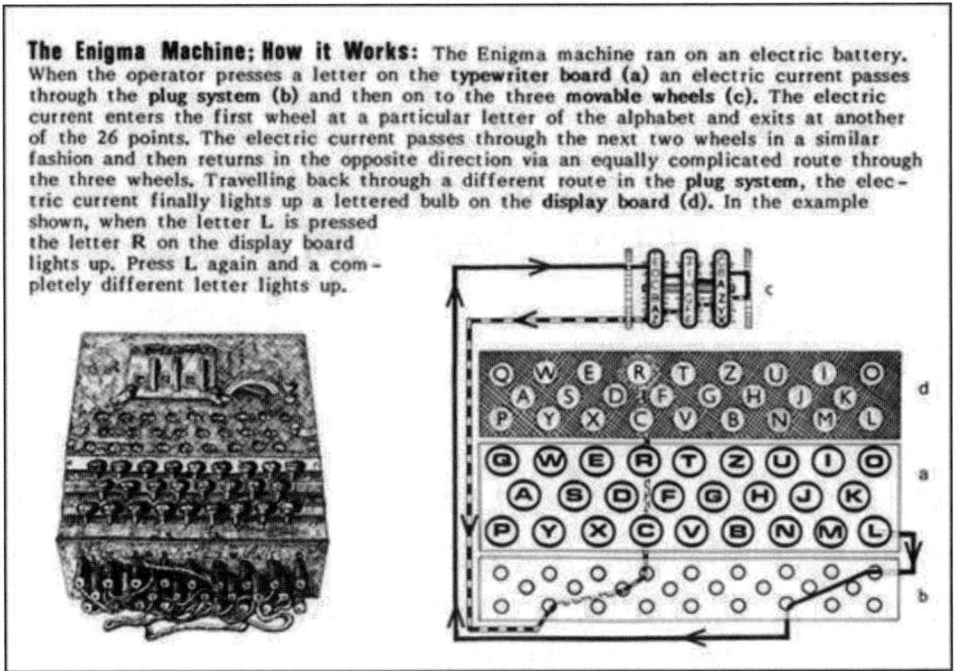

The Enigma Machine; How it Works: The Enigma machine ran on an electric battery. When the operator presses a letter on the **typewriter board (a)** an electric current passes through the **plug system (b)** and then on to the three **movable wheels (c)**. The electric current enters the first wheel at a particular letter of the alphabet and exits at another of the 26 points. The electric current passes through the next two wheels in a similar fashion and then returns in the opposite direction via an equally complicated route through the three wheels. Travelling back through a different route in the **plug system**, the electric current finally lights up a lettered bulb on the **display board (d)**. In the example shown, when the letter L is pressed the letter R on the display board lights up. Press L again and a completely different letter lights up.

图 46.2　恩尼格玛机的工作原理

最初，盟军使用波兰系统来破译轴心国的战争密码，但最终证明这是无效的，德国人能够立即替换被发现的密码。图灵提出了一种改进方法，从而能够有效对抗恩尼格玛机。基本上，他能够破解被截获的密码，从而使盟军得以在像大西洋战役这样的一些关键战役中击败德国人。他对破译密码所做出的贡献被认为是一项了不起的成就。

1912 年 6 月 23 日，艾伦·麦席森·图灵（Alan Mathison Turing，见图 46.3）出生于英国伦敦帕丁顿的一个有地位的家庭。由于他的父母都是在印度

---

① 图中的说明为："恩尼格玛机的工作原理：恩尼格玛机用电池供电。当操作员按下打字机板（a）上的一个字母时，一股电流会通过插接系统（b），然后传到三个可移动轮（c）。电流从字母表中的一个特定字母进入第一个轮，并从 26 个点中的另一个点流出。电流以类似的方式通过接下来的两个轮，然后按照同样复杂的路径通过三个轮以相反的方向返回。电流通过插接系统中的另一条路径返回，最终点亮显示板（d）上的一个标有字母的灯泡。在示例中，当按下字母 L 时，显示板上的字母 R 会亮起。再次按下 L，则一个完全不同的字母会亮起。"——译注

工作的公务员，因此图灵早年有许多时间是在英国的寄养家庭里度过的，在那些家庭中几乎得不到什么学业上的鼓励。他在 6 岁时被圣迈克尔走读学校录取，10 岁时进入黑泽尔·赫斯特预备学校。他的母亲非常关心他的教育，希望他进入一所私立学校。他成功地进入了著名的谢伯恩学校，这所男校建于 1550 年。

图 46.3　艾伦·麦席森·图灵

在那里，他对数学和科学表现出了比古典文学更大的兴趣，以至于那里的校长告诫他的父母，他在学校的这门主要科目可能会不及格。他设法应付了所有的科目，在 16 岁以前就表现出了解决数学问题的惊人天赋，而他当时还没有接触初等微积分。

1931 年，图灵在剑桥大学国王学院开始了他的本科学习，他在那里第一次感到自己有了一个真正的家。他并没有在文学领域花费太多时间，而是把大量时间花在诸如划船和跑步等体育运动上。后来，他成为职业数学家后还经常跑步上班，单程长达 16 千米，并且经常比那些同时乘坐公共交通工具去上班的同事更早到达。对于他的跑步水平，还应该指出的是，1948 年他跑了一场马拉松，成绩是 2 小时 46 分 3 秒，这只比当年的奥运会冠军慢了大约 11 分钟！

1934 年，他以优异的成绩从国王学院毕业，被选为国王学院的成员。他开始发表一些相当引人注目的数学论文，其中一篇论文用简单的假设装置改写了奥地利数学家库尔特·哥德尔基于算术的通用语言，这种装置后来被称为图灵机。这是一种抽象的机器，它根据一张规则表操纵一条纸带上的符号。给定任何一种计算机算法，都可以构造出一台能够模拟该算法逻辑的图灵机。图灵在 1948 年的论文《智能机器》（"Intelligent Machinery"）中写道：

"（他的机器拥有）无限大的存储容量，这些存储容量具有以下形式：一条无限长的纸带，纸带被标记成一个个正方形，在每个正方形中都可以打印一个符号。在任何时候，机器中都有一个符号，称之为扫描符号。机器可以改变扫描符号，其行为在一定程度上取决于该符号，但纸带上其他地方的符号不会影响机器的行为。不过，纸带可以通过机器来回移动，这是该机器的基本操作之一。因此，纸带上的任何符号最终可能只有一次登场机会（或寿命）[①]。"

　　如前所述，这就是如今的计算机的开端。著名的匈牙利裔美国数学家冯·诺依曼（见第 44 章）进一步支持了这一观点，他说现代计算机的核心概念源于图灵的工作[②]。

　　图灵于 1936 年开始在剑桥大学攻读博士学位，最终于 1938 年在普林斯顿大学获得博士学位，冯·诺依曼鼓励他留下来做博士后研究。然而，图灵决定返回英国。他于 1938 年 9 月回国，在剑桥大学听了一些讲座后，开始在政府代码和密码学校兼职。在 1939 年 9 月 3 日英国对德国宣战的第二天，图灵便开始在政府代码和密码学校全职工作，他在那里的工作最终为他带来了不朽的声誉。图灵帮助开发了一种机器，它可以比以前使用的波兰机器"密码逻辑炸弹"更有效地破解恩尼格玛机的密码，这种新形式的机器被称为"甜点"（见图 46.4）。然而最重要的方面是，图灵巧妙地将难以捉摸的逻辑推理机械化了。英国军方能够定期读取德国空军的信息，但不能读取德国海军的通信信息。这

一次还是图灵做出了重大贡献，他终于在 1941 年底之前破解了这些以前无法破解的密码。

　　到了 1942 年，图灵已被视为布莱切利园的天才。他说话结结巴巴，行为也有些怪异。他的一位同事琼·克拉克（Joan Clarke）似乎引起了他的注意。图灵向她求婚，并得到了热情的回应。然而，不久之

图 46.4　布莱切利园国家代码中心的一个完整的"甜点"复制品

[①]　A. M. Turing, "Intelligent Machinery" (manuscript) (*Turing Archive*, 1948), p.3.——原注

[②]　"冯·诺依曼……向我以及其他人坚定地强调：我确信，基本概念来自图灵——这是巴贝奇、洛芙莱斯和其他人都没有预见到的。"斯坦利·弗兰克尔（Stanley Frankel）写给布赖恩·兰德尔（Brian Randell）的信，引自 Jack Copeland, *The Essential Turing* (New York: Oxford University Press, 2004), p.22。——原注

后，图灵就撤回了他的求婚，并向她透露了自己的同性恋倾向。

1942 年 11 月，他来到美国，进一步研究 U 型潜艇恩尼格玛危机。这个问题仍然困扰着盟军，他们无法破解这些信号。1943 年 3 月，U 型潜艇恩尼格码的解密问题得到了有效解决。他的才华再一次成为支持盟军作战的关键因素。

战争后期，图灵曾研究过在电话系统中使用电子加密语音，虽然最终取得了一些成功，但其中的大多数已经来得太晚了，来不及在战争期间使用。战后，图灵住在伦敦，在那里研究自动计算引擎，这是当今计算机的一个重要的先驱。保密要求仍然弥漫在这个领域中，他对计算机发展的许多贡献直到他去世后才被公布。从 1948 年开始，图灵在位于英国曼彻斯特的维多利亚大学数学系担任高级讲师职位，他还在计算机器实验室中工作，为最早的存储程序计算机"曼彻斯特马克 1 号"开发软件。在那里，他还涉及了人工智能的概念，这是试图了解计算机如何与人类相对应的最早尝试之一。如今，当我们想知道互联网上的用户是人类还是计算机时，就以一种相当间接的方式用到了图灵的这些早期成果。这种测试叫作验证码（CAPTCHA）。

1948 年，图灵将他的精力转向与同事合作，为计算机开发一款能与人类对弈的程序。他们最终取得了成功，但计算机每走一步的时间长达半小时。它确实击败了一些对手，但并非全部。

1951 年，图灵开始对生物学产生兴趣，尽管是从数学的角度。他对生物有机体如何形成它们的形状很着迷。例如，他想了解叶序怎么看起来是由斐波那契数控制的[①]。更笼统地说，他研究的是形态发生。他在这一领域的工作作为数学生物学的一个决定性的组成部分，至今仍然十分重要。图灵的生物学研究有助于理解有机体的生长，是它们决定了羽毛和毛囊的位置以及人体各个不同部位的位置。

1952 年 1 月，图灵失去了从事密码工作的安全许可。1954 年 6 月 8 日，他被发现死在家中，后来确定是氰化物中毒所致，被认定为自杀。55 年后的2009 年，英国首相戈登·布朗（Gordon Brown）承认谴责图灵的同性恋行为为

[①]　参见 A. S. Posamentier and I. Lehmann, *The Fabulous Fibonacci Numbers*（Amherst, Y: Prometheus Books, 2007）。——原注

犯罪行为是不恰当的，并为此道歉。然而，这并没有让许多人感到满意，他们认为对图灵的处理是不正当的，对科学进步产生了反作用。经过议会多年的请愿和尝试，2013 年 12 月 24 日，英国女王伊丽莎白二世（Elizabeth II）签署了一项所谓的赦免令，赦免图灵的严重猥亵罪（当时是这样称呼的）。

如今，艾伦·图灵被誉为计算机之父，以及科学和数学的许多领域的创始者。他在 1946 年获得大英帝国勋章，随后在 1951 年又被选为皇家学会会员。他的名字也出现在许多数学和科学概念中，以及世界各地的大学建筑物和大厅中。他从包括查尔斯·巴贝奇和艾达·洛夫莱斯在内的 227299 个提名者中脱颖而出，被印在英国面额最高的 50 英镑钞票上，如图 46.5 所示。这进一步证明了他的影响力。如果读者对艾伦·图灵这位不同寻常的天才人物感兴趣的话，那就请欣赏 2014 年的电影《模仿游戏》（*The Imitation Game*），该片记述了艾伦·图灵的一生。

图 46.5　英镑上的图灵肖像

第 47 章

保罗·埃尔德什
（1913—1996，匈牙利）

拥有真正天才智力的人常常有
着非同寻常的处世方式，这种情况并
不罕见，其中最好的例子很可能当数
匈牙利数学家保罗·埃尔德什（见图
47.1）。他没有稳定的住所，把所有的
家当都放在一个手提箱里，无休止地
去拜访一位又一位数学家。很明显，
他所关心的只是数学——提出猜想并
证明它们是定理。他一生中结识了世
界上大多数著名的数学家，发表了大

图 47.1　保罗·埃尔德什

量论文，并且经常与其他数学家合作发表。他留下的遗产之一如今被称为"埃
尔德什数"，它是按以下方式分配给数学家的。如果一位数学家与他合作发表
了一篇文章，那么他就得到埃尔德什数 1。如果一位数学家与另一位数学家合
作发表了一篇文章，而后者已经拥有埃尔德什数 1，那么前者就被分配到埃尔
德什数 2。如果一位数学家与一位已经拥有埃尔德什数 2 的数学家合作发表了
一篇文章，那么他就会被分配到埃尔德什数 3，以此类推。当然，保罗·埃尔
德什自己的埃尔德什数是 0。换言之，在数学界，拥有任何一个埃尔德什数都
是巨大的声望。阿尔伯特·爱因斯坦的埃尔德什数是 2。顺便说一下，美国数
学学会提供了一个免费的在线工具来计算一位作者的埃尔德什数。在数学界之

外的任何其他地方都不会有这种欢庆之事发生。

保罗·埃尔德什几乎把醒着的所有时间都用在研究数学上，要么独自研究，要么和别人交谈。他常常一天花 18 小时全神贯注地研究数学。据说，他在一生中与 500 多名数学家合作过，撰写了 1500 多篇数学论文。他可能是历史上最高产的数学家之一。

1913 年 3 月 26 日，保罗·埃尔德什出生在匈牙利的布达佩斯，父母都是高中数学教师。他的父母对他分外呵护，因为他的两个姐姐都在他出生的当天由于猩红热而夭折。他的童年是以一种相当奇怪的方式开始的，因为他的父亲一直作为战俘被关押在西伯利亚，直到 1920 年才得以释放。为了养家糊口，他的母亲不得不把他一个人留在家里，家里到处都是数学书，他就靠阅读这些数学书来消遣。他在很小的时候就表现出了不可思议的心算能力，比如他在 3 岁时就能心算两个三位数相乘。他的父亲从西伯利亚回来后便认识到了儿子的天赋，并开始推动这些天赋的发展，让他开始接触诸如数论、无穷级数、组合学和集合论等主题。

17 岁时，埃尔德什进入布达佩斯的帕兹曼尼·彼得天主教大学。他在那里已经开始发表文章，比如给出了切比雪夫定理的一个证明。这条定理的内容是：对于任何大于 3 的整数 n，至少存在一个满足 $n < p < 2n - 2$ 的素数 p；用另一种方式来表述，如果 $n > 1$，那么总是至少存在一个在 n 和 $2n$ 之间的素数 p。

21 岁时，他完成了本科学业，并获得了数学博士学位。1934 年，随着反犹太主义在匈牙利的崛起，埃尔德什决定离开这个国家，在英国曼彻斯特大学开始了为期四年的博士后研究工作。1938 年，他接受了普林斯顿高等研究院的为期一年的聘任。他在那里的伟大成就之一是参与了概率数论的建立。在普林斯顿待了一段时间后，他开始周游美国，访问普渡大学、斯坦福大学、圣母大学和约翰斯·霍普金斯大学，但他回绝了其中任何一所大学的全职职位，以便能在自己选择的时间与自己选择的众多数学家一起工作。他的游牧之旅由此开始。在这些旅程中，他去了全世界 25 个以上的国家。他没有需要挂念的家人，只要有挑战还能引起他的兴趣，他就和数学家们待在一起。很多时候，他会不请自来，手里提着手提箱，随时准备想待多久就待多久，完全由他或主人的意愿决定。他经常一天工作 18 小时以上的时间，有人认为他经常通过各种药物的刺激来保持兴奋。

1949 年，埃尔德什达到了一个值得庆祝的顶峰，当时他与刚刚开始在普林斯顿高等研究院担任数学教授的挪威裔美国数学家阿特勒·塞尔伯格（Atle Selberg，1917—2007）一起证明了素数定理。这条定理是一个公式，给出了一个小于或等于任何给定的正实数 x 的素数个数的近似值，通常表示为 $\pi(x)$[1]。换言之，$\pi(2)=1$，也就是说小于或等于 2 的素数只有一个，即数字 2 本身。再举一个例子，$\pi(10)=4$，它表示小于或等于 10 的素数有 4 个，即 2、3、5、7。素数定理的一般形式是：对于较大的 x 值，有 $\pi(x)\approx\dfrac{x}{\ln x}$[2]。

在表 47.1 中，我们显示了对于 x 的各个选定值，小于或等于 x 的素数的个数。

表 47.1　素数的个数

n	$\pi(n)$ （小于或等于 n 的素数的个数）	$\dfrac{\pi(n)}{n}$ （前 n 个数中的素数占比）
10^2	25	0.2500
10^4	1229	0.1229
10^6	78498	0.0785
10^8	5761455	0.0570
10^{10}	455052511	0.0455
10^{12}	37607912018	0.0377

由于这项工作和素数理论的其他发现，埃尔德什被授予科尔奖，1951 年由匈牙利裔美国数学家冯·诺依曼向他颁奖。在接下来的几十年里，埃尔德什的研究重点集中在组合学、数论、集合论和几何学。我们只是举几个例子来说明主导他的生活的广泛兴趣。谈到图论，1959 年的第一次国际会议就是在他的帮助下组织起来的。他有着异于常人的价值体系，依靠很少的钱生活，并利用他

---

[1]　Paul Hoffman, *The Man Who Loved Only Numbers*（New York: Hyperion, 1998).——原注
[2]　$\ln(x)$ 是 x 的自然对数，它是以数学常数 e 为底的对数，其中 e 是一个无理数和超越数，大约等于 2.718281828459。——原注

与所访问的众多数学家的关系维持生计。他于 1984 年获得了久负盛名的沃尔夫奖，奖金为 5 万美元，然而他只留下了 720 美元，其余的钱全部用于在以色列设立一个奖学金，以纪念他的父母。

尽管埃尔德什的生活方式很古怪，但他还是受到了世人的尊敬。他获得了 15 个以上的荣誉学位，并被 8 个国家的科学院选为院士，其中有美国国家科学院和英国皇家学会。他还以自己的方式回馈社会：向解决了以前未解决的问题的数学家提供报酬，金额视所考虑问题的难度而定，从 25 美元到数千美元。一个真正对埃尔德什提出了挑战且仍然悬而未决的问题通常被称为克拉茨猜想，它由德国数学家洛塔尔·克拉茨（Lothar Collatz，1910—1990）于 1932 年首先发现，随后在 1937 年发表。埃尔德什为这个问题的证明提供了 500 美元。

为了领会这个猜想，我们首先任意选定一个数，并按下面的两条规律操作。

若这个数是奇数，则将其乘以 3 再加 1。

若这个数是偶数，则将其除以 2。

这个猜想是无论选定哪个数，在不断重复这个过程之后，我们最终总是会得到数字 1。

让我们试试任意选定的数 7。

7 是奇数，因此将其乘以 3 再加 1，得到 $7 \times 3 + 1 = 22$。

22 是偶数，因此我们将其除以 2，得到 11。

11 是奇数，因此我们将其乘以 3 再加 1，得到 34。

34 是偶数，因此我们将其除以 2，得到 17。

17 是奇数，因此我们将其乘以 3 再加 1，得到 52。

52 是偶数，因此我们将其除以 2，得到 26。

26 是偶数，因此我们将其除以 2，得到 13。

13 是奇数，因此我们将其乘以 3 再加 1，得到 40。

40 是偶数，因此我们将其除以 2，得到 20。

20 是偶数，因此我们将其除以 2，得到 10。

10 是偶数，因此我们将其除以 2，得到 5。

5 是奇数，因此我们将其乘以 3 再加 1，得到 16。

16 是偶数，因此我们将其除以 2，得到 8。

8 是偶数，因此我们将其除以 2，得到 4。

4 是偶数，因此我们将其除以 2，得到 2。

2 也是偶数，因此我们再将其除以 2，得到 1。

这样继续下去，我们会发现自己进入了一个循环（也就是说，1 是奇数，因此我们将其乘以 3 再加 1，得到 4……）。经过 16 步，我们最终得到了 1。如果我们继续这个过程，就会回到 4，然后再回到 1。我们最终得到的是一个循环！因此，我们得到以下数列：

7、22、11、34、17、52、26、13、40、20、10、5、16、8、4、2、1、4、2、1……

图 47.2 显示我了们刚才经过的路径。

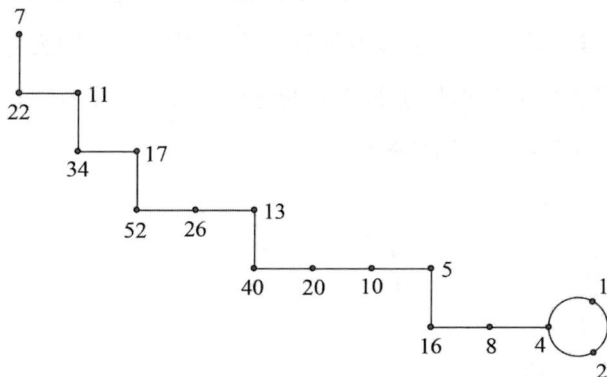

图 47.2　对于任意数 7

可以看出这个过程中各步的图线（见图 47.3）也很有意思。

无论从哪个数开始（这里从 7 开始），我们最终都会得到 1。

这真的了不起！用其他数来试一下，让自己信服，这个过程着实是策无遗算。如果我们以 9 作为起始数，将需要 19 步才能到达 1。如果从 41 开始，将需要 109 步才能到达 1。

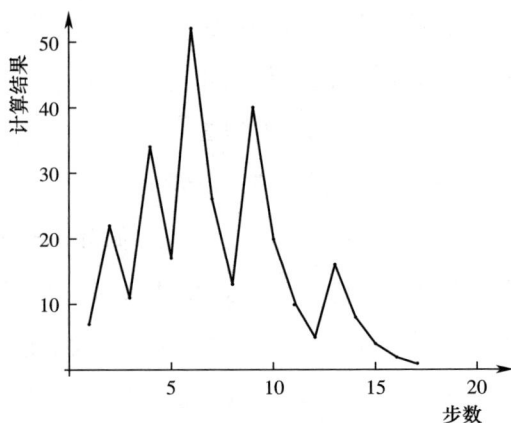

图 47.3　对于任意数 7 的计算结果

　　保罗·埃尔德什过着一种完全沉浸在数学中的充实且心满意足的生活。1996 年 9 月 20 日，他在波兰华沙参加数学会议时因心脏病突发而去世，享年 83 岁。他被安葬在他的父母位于布达佩斯的坟墓旁边，他在自己的墓志铭中写道："我终于不会再变得越来越笨了。"

第 48 章

赫伯特·艾伦·豪普特曼
（1917—2011，美国）

数学家赫伯特·艾伦·豪普特曼（Herbert Aaron Hauptman，见图 48.1）享有第一位获得诺贝尔奖的数学家的殊荣，尽管他获得的是诺贝尔化学奖，因为诺贝尔奖没有专门为数学设立奖项。关于阿尔弗雷德·诺贝尔（Alfred Nobel）为什么不把数学列入他的奖项，有很多故事。不过，其中最常见的是一个有关嫉妒的故事，其中涉及一个女人和一位存在竞争关系的数学家。自豪普特曼于 1985 年获得诺贝尔奖之后，其他一些数学家也获得了诺贝尔奖，比如小约翰·福布斯·纳什（John Forbes Nash Jr.，1994 年）和罗伯特·J. 奥曼（Robert J. Aumann，2005 年）。

图 48.1　赫伯特·艾伦·豪普特曼

豪普特曼博士因其在 30 多年前解决了 X 射线晶体学的相位问题而获得诺贝尔奖。实际上，他用数学方法解决了一个化学家 40 年来都无法解决的问题。当他在 1955 年提出他的结论时，受到了严厉的批评，因为人们认为这个问题是不可能解决的。从他的研究中发展起来的技术对我们的制药行业产生了巨大的影响。他将这项研究产生的过程称为"运球变向花式上篮"，这一过程使药物研究人员能够确定有害微生物的晶体结构，从而研发出合适的药物来对抗它们。正如豪普特曼博士常说的那样，如果使用 20 世纪 50 年代的那种名为 Flit 的灭蚊蝇剂，如今的蚊蝇就会大笑着飞走，因为随着时间的推移，它们已经对这种喷雾剂产生了免疫力。

他说，同样的情况也发生在细菌和病毒的世界里，它们建立起对抗药物的免疫力。在他的帮助下开发的系统使制药行业能够通过分析细菌和其他有害细胞的晶体结构，开发出新的、有效的药物，从而满足治疗需求。

我们来看看霍普特曼博士是如何在其职业生涯中获得这一独特地位的，这是一个很有意思的故事。1917 年 2 月 14 日，他出生在纽约的布朗克斯区。他就读于当地的公立学校，在数学方面表现优异，因而被当时美国最负盛名的汤森哈里斯高中录取，该校以极具挑战性的入学考试录取男生。这是一所三年制高中，毕业后可免试进入纽约城市学院，而后者在当时是一所备受追捧的免收学费的大学。迄今为止，已有 10 位诺贝尔奖得主曾在这所大学就读，比美国任何其他公立教育机构都多。

他在从纽约城市学院毕业之前，就于 1936 年获得了非常著名的贝尔登数学奖。1937 年毕业时，他获得了数学学士学位。由于当时美国正处于严重的经济萧条时期，因此人们很难找到就业机会。不过，作为一名数学专业的学生，他在纽约市总是可以找到一份数学教师的工作的。当时，要想获得高中教师的职位，必须通过几项考试，其中一项是语言能力测试。幸运的是，或者说不幸的是，豪普特曼没有通过这项测试，因为他被告知他有布朗克斯口音，这在当时是不可接受的。于是，他进入了哥伦比亚大学，并于 1939 年获得了数学硕士学位。由于当时战争全面爆发，因此豪普特曼应征加入了海军，在南太平洋担任天气预报员。

战后，他决定攻读高等学位，并从事基础科学研究，而教书已不再是他的选择。他从这时开始与杰罗姆·卡尔勒（Jerome Karle）建立了合作关系。杰罗姆·卡尔勒是一名化学家，与豪普特曼同年毕业于纽约城市学院。不过有趣的是，他们在学生时代彼此并不认识。豪普特曼在华盛顿特区的海军研究实验室工作的同时，还在马里兰大学攻读博士学位。于是，数学家豪普特曼博士和化学家卡尔勒博士开始了多年的合作。他们于 1953 年发表的专题论文《相位问题的解 I——中心对称晶体》（"Solution of the Phase Problem I—The Centrosymmetric Crystal"）在很大程度上依赖豪普特曼博士的数学才能，包含了他的主要思想，其中最重要的思想是引入了几种结构因子的联合概率分布，以此作为确定相位的必要工具。在这篇专题论文中，他们还引入了结构不变量和半不变量的概念、相位的特殊线性组合，并用它们来设计所有中心对称空间群的原点规范的搭配。事实证明，结构不变量和半不变量的概念具有特别的重要性，因为它们也可以用于将观测到的衍射强度与结构因子所需的相位联系起来。

有了对激素和其他生物分子结构的清晰了解，研究人员就可以更好地理解人体的化学成分以及用于治疗各种疾病的药物。例如，他们一旦了解了人体内天然存在的止痛物质脑啡肽的结构，就能在开发新的止痛药物方面取得进展。

我们必须说豪普特曼为化学领域提供的数学支撑使他能够给出一些具有额外好处的结果，即大大加快了对分子结构的分析。20 世纪 60 年代，研究出一个只有 15 个原子的简单抗生素分子的结构就可能需要两年的时间，而通过他的发现就可以在两天之内确定一个有 50 个原子的分子的结构。

当卡尔勒当选为美国国家科学院化学部院士时，豪普特曼并未入选，这主要因为他是一位数学家，而不是一位化学家。由于此前从来没有一个美国人在获得诺贝尔奖之前尚未进入美国国家科学院，因此他当时获得诺贝尔奖的希望渺茫。人们都猜错了！当他被宣布为诺贝尔化学奖得主后，立即就被邀请和鼓励加入美国国家科学院化学部！因此，在作为非美国国家科学院院士获得诺贝尔奖的人中，豪普特曼是第一人。

豪普特曼的爱好之一是确定如何用各种大小的弹珠来最优填充多面体（见图 48.2）。他甚至发表了他的发现，这成为了几何学的一个研究分支。

1970 年，他加入了布法罗医学基金会的结晶学小组，该组织如今被称为豪普特曼–伍德沃德医学研究所。他一直在那里担任主席，直到 2011 年 10 月 23 日在纽约州的布法罗去世。他在那里继续他的创新研究，以进一步发展结晶学，从而使制药行业能以一种非常高效的方

图 48.2　多面体填充

式创造新的、有效的药物。因此，我们在这里就有了一个数学上的卓越成就使科学得以蓬勃发展的例子。

豪普特曼真是一个了不起的人。天才人格中典型可见的那些癖性，他几乎都没有。当时的时尚是把头发梳理整齐，而众所周知，他从来不喜欢梳理他的头发，正如你在他于 2008 年与本书作者之一波萨门蒂尔的一张合影（见图 48.3）中看到的那样。因此，他的妻子每天都会为他梳头。他的表总是慢 12 分钟，但这并没有给他带来困扰，他很容易算出正确的时间。在他与波萨门蒂尔合著的一本书中，他非常自豪地为非整数的有理数 r 建立了一个阶乘函数 $r!$[①]。尽管研究表明高斯可能早已预料到了这一点，但他很高兴有人与他如此志趣相投。我们只想说，他是一个真正了不起的人——受到所有人的爱戴！

图 48.3　豪普特曼与波萨门蒂尔的合影

① A. S. Posamentier and H. A. Hauptman, *101+ Great Ideas for Introducing Key Concepts in Mathematics*, 2nd ed.（Thousand Oaks, CA: Corwin Press, 006).——原注

第 49 章

本华·曼德博
（1924—2010，波兰 – 美国）

有些时候，一位数学家的名声主要来自一项数学发现，数学家本华·曼德博（Benoit Mandelbrot，见图 49.1）的情况就是如此。1924 年 11 月 20 日，他出生在波兰的华沙。他一直被几何学深深吸引。据说，他小时候就把国际象棋看成几何游戏而不是逻辑游戏。在后来的生活中，他通过他的著作《大自然的分形几何学》(*The Fractal Geometry of Nature*)[①] 问道："为什么几何学常常被描述成冷冰冰的、枯燥无味的？其中一个原因就在于它无法描述云朵、山脉、海岸线和树木的形状。"他在数学领域的声誉主要来自他创建了分形)，这是一个由具有相似模式的、尺度越来越小的对象组成的几何领域。我们会在介绍曼德博的生活方式之后，再来更详细地考察分形，因为正是他的生活方式引导他得到了这些奇异的发现。

图 49.1　本华·曼德博

本华·曼德博在波兰度过了他的生命的前 11 年，生活在一个具有相当学术氛围的家庭里。他的母亲是一位牙医。不过，引导并激励他学习数学的是他的两个叔叔。1936 年，由于纳粹势力的抬头，曼德博一家移民到了法国。他的一位叔叔当时是那里的数学教授，负责曼德博的教育。

[①]　Benoit B. Mandelbrot, *The Fractal Geometry of Nature* (New York: W. H. Freeman, 1983), p.1.——原注

此书中文版由上海远东出版社出版，1998 年，陈守吉、凌复华译。——译注

战争初期在巴黎学习相当困难，这给了他一个独立思考数学问题的机会，从而使他进一步被几何学所吸引。为了躲避当时已占领了法国大部分地区的纳粹分子，他和家人离开巴黎，到法国的蒂勒继续学习。1944 年，他回到巴黎继续完成他的学业。1945—1947 年，他在巴黎综合理工学院学习。此后，他去了美国的加州理工学院，并于 1949 年在那里获得了航空学硕士学位。随后他回到了法国的巴黎大学，并于 1952 年获得数学博士学位。此后不久，他离开巴黎，再次来到美国，这次是在普林斯顿高等研究院工作。他在那里得到了约翰·冯·诺依曼的指导。1955 年，他又一次回到法国，在法国国家科学研究中心工作。他在那里结识了阿丽耶特·卡根（Aliette Kagan），后来两人结婚了。不久，这对夫妇搬到了瑞士，然后又回到了法国。最后，这对仍然来去自由的夫妇来到了美国，他在位于纽约州约克敦海茨的 IBM 沃森研究中心担任研究员。这是因为曼德博对法国式的数学研究方式感到不自在，而 IBM 的环境给了他更大的自由，使他能够从几何学角度探索数学。在接下去的 35 年里，他一直在 IBM 工作。

1980 年，在计算机的帮助下，曼德博展示了法国数学家加斯顿·朱莉娅（Gaston Julia，1893—1978）在 1918 年创作的那些数学对象的图片是非常美丽的，而不是像一些人可能感觉的那样可怕。更重要的是，他表明了这些图形的粗糙轮廓和重复模式并不是病态的，而是常常能在自然界中发现。（请参见图 49.2 中的一些例子。）曼德博用拉丁语单词 *fractus*（意思是断裂）创造了一个单词来表示这些新的数学对象，即 *fractal*（分形）。

在图 49.2 中，左边的这些图像是真实场景中的照片，而右边的这些图片是相关的分形模式。分形的特征是自相似性，在分形大图中所看到的各个几何图案在其各部分中以越来越小的尺度重复出现。制造出分形需要对原始图形或点集重复应用一条几何规则或进行一种变换，我们将该原始图形或点集称为该分形的种子。

一旦确定了分形的生成过程和种子由什么组成，我们就可以开始构建分形结构了，方法是重复应用生成过程——先应用于种子，然后再次应用于输出的结果，以此类推。分形结构还有另一个明确的方面：它由称为迭代的相继阶段组成。迭代是在一个重复过程中不断应用一种算法或处理方法的行为。

图 49.2　自然界中的分形结构

在构造分形结构时，生成过程的迭代是递归进行的，即每次迭代的输入都是前一次迭代的输出，只有应用于种子的第一次迭代例外。在某些情况下，这意味着后续迭代都会比前一次迭代更麻烦。在这些情况下，可编程技术无疑是非常有帮助的。

一个理想的分形结构需要无限次迭代，尽管在实践中我们只能迭代有限次。我们可以使用计算机来执行我们希望达到的多次迭代，这会为我们提供构建分形结构的不同阶段。我们也可以用数学推断执行这个无限过程会产生什么结果。让我们通过一个经典例子科赫雪花[①]（见图 49.3）来考虑前文所描述的生成过程

_____

[①]　科赫雪花于 1904 年以瑞典数学家赫尔格·冯·科赫（Helge von Koch，1870—1924）的名字命名。——原注

以及用到的术语。

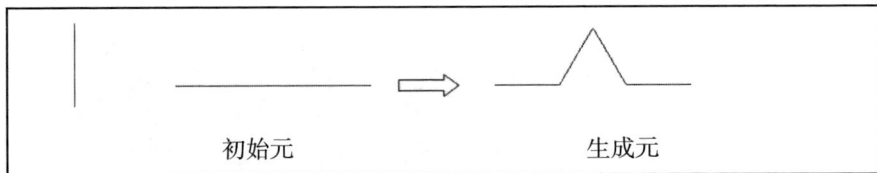

图 49.3　科赫雪花的生成过程

　　为了构造这个分形结构，所使用的种子是一个等边三角形。由于分形结构的生成是通过连续迭代进行的，因此我们将每次迭代的结果称为分形构造中的一个阶段。生成过程包括在一个阶段中删除每条线段（初始元）中间的三分之一，并将其替换为成夹角为 60° 的两条相同长度（原始线段长度的三分之一）的线段。这样就会形成凸起的尖（看起来像等边三角形的一部分——生成元），而以前这些尖所在的地方有线段存在。我们可以在图 49.3 中看到这个过程。

　　每一次迭代都需要将这一分形构造过程应用到分形的一个阶段中的每条线段，这样就会构造出下一个阶段。图 49.4 显示了构造科赫雪花的最初两次迭代。

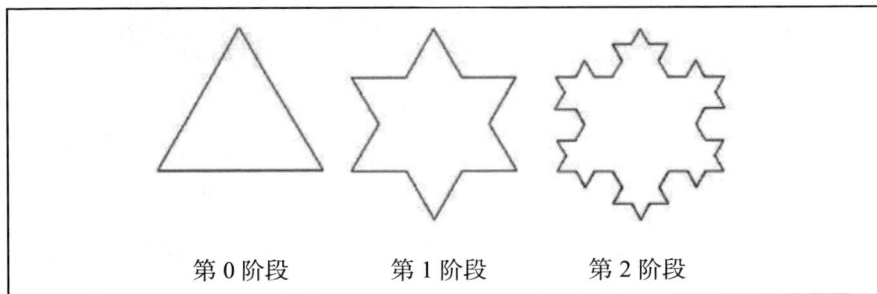

图 49.4　构造科赫雪花的前两次迭代

　　我们可以在另一张纸上描绘构造科赫雪花的第 3 阶段，也可以利用计算机绘图程序。请记住，这次迭代需要对第 2 阶段中的每条线段重复生成过程，需要比上一次迭代做更多的工作。第一次迭代需要将生成过程应用于三条线段，而在第二次迭代中，线段就增加到了 12 条。在第三次迭代中，我们需要处理 48 条线段。复杂性的增加如表 49.1 所示。经过每一次迭代，一个阶段中的每条线段都会被下一个阶段中的 4 条线段替换，形成一个尖。因此，如果我们知道某个阶段有多少条线段，就可以将这个数字乘以 4 来计算下一个阶段的线段数量。这一关系可以用代数上的递归方式写成：$S_n = 4 \times S_{n-1}$（刚好等于 3×4^n），其中 S_n 是第 n 阶段的线段数量，S_{n-1} 是前一阶段的线段数量。

表 49.1　迭代阶级与所处理的线段数量

阶段	线段数量
0	3
1	12
2	48
3	192
……	……
n	$4 \times S_{n-1}$

在这个分形中，每一条线段看起来都被一个尖所替代，并且线段的数量加速增长，这就是分形的主要特征——锯齿状的外观和自相似性。如果我们将任何一个尖放大，就会发现它的越来越小的复制品。将分形结构放大，就会揭示出它们之中有着与大尺度特征相似的小尺度细节。

另一种流行的分形结构是谢尔宾斯基地毯（见图 49.5）[①]。它的种子也是一个等边三角形。每次迭代都用上一次迭代中的三角形的三条边的中点作为新顶点，将一个三角形分成四个较小的等边三角形，随后要去除中间的三角形（即去除四分之一面积），再进行下一步操作。这个分形结构的构成要通过反复迭代这个过程继续下去：从每个新构成的三角形内部去除一个三角形。这不仅会产生一个粗糙的、碎片化的面，而且会产生自相似性。

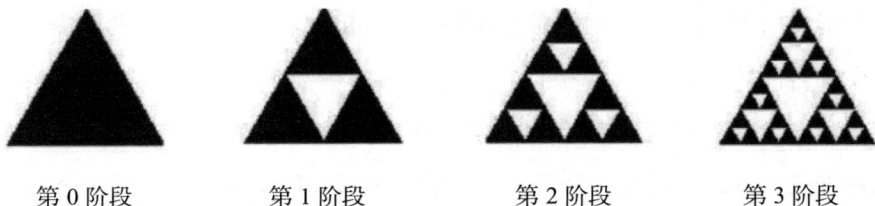

第 0 阶段　　第 1 阶段　　第 2 阶段　　第 3 阶段

图 49.5　谢尔宾斯基地毯的构造过程

---

① 1915 年以波兰数学家瓦克拉夫·谢尔宾斯基（Waclaw Sierpiński,1882—1969)的名字命名。——原注

在最著名的分形结构之一———曼德博集合（见图 49.6）中还能找到斐波那契数列。首先让我们看看曼德博集合是什么。它的形象如此受欢迎，以至于可以赢得"分形几何学的象征"的称号。它奇特的美对外行和专家产生了同样的吸引力。但是这个图像表示什么呢？与我们研究过的其他分形结构一样，它的构造涉及一些元素：一个种子、一条规则或变换，以及无限多次迭代。但与前面的几个例子（主要是几何上的例子）不同，曼德博集合是数的一个集合。我们在图 49.6 中看到的图像只是属于该集合的数在复平面①上的一个图形。

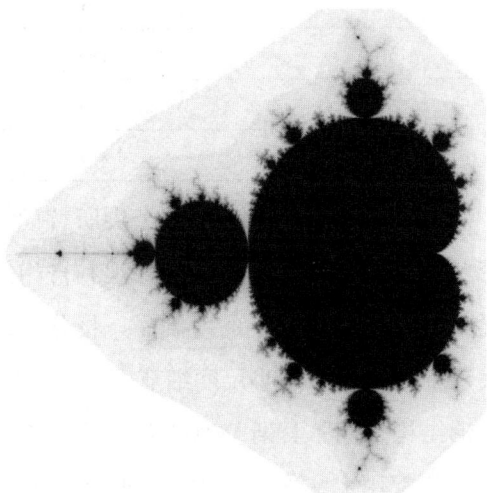

图 49.6　曼德博集合

如何判断一个数是否属于曼德博集合？我们必须测试每个数才能弄清。这个任务只有在计算机的帮助下才能完成，而且只能进行有限次测试。事实上，只有在当时合适的条件下，将本华·曼德博的远见和智慧与 IBM 沃森研究中心的环境结合起来，才有可能重复朱利亚（Julia）在 20 世纪 20 年代开创的关于这个集合的研究工作。

因此，要构造曼德博集合的图像，除了前面讨论过的分形所需要的种子、规则和迭代之外，还需要一个元素——数字测试。假设我们测试的这个数是 c。

① 复平面采用一根实轴和一根虚轴来给出复数的二维表示。——原注

这个分形的种子是 0，它不是一个三角形或者一条线段，而是一个数，因为这个分形本质上是关于数的。规则是：将输入值平方后加 c，可以用代数形式表示为 $x^2 + c$。

假设我们想要测试 $c = 1$ 这个数，需要的变换就是 $x^2 + 1$。

让我们看看几次迭代的结果，以种子 0 作为输入开始，然后使用每次迭代的输出作为下一次迭代的输入。

$$0^2 + 1 = 1$$
$$1^2 + 1 = 2$$
$$2^2 + 1 = 5$$
$$\vdots$$
$$5^2 + 1 = 26$$
$$\vdots$$
$$26^2 + 1 = 677$$
$$\vdots$$
$$677^2 + 1 = 458330$$

我们可以看到，迭代次数越多，得到的数就越大。得到的数列的各项将无限增大，我们说"它趋于无穷大"。

让我们测试另一个数 $c = 0$。对于 c 的这个值，我们的规则变成 $x^2 + 0$。

从相同的种子 0 开始，几次迭代将显示这个数列固定为 0。

第一次迭代：$0^2 + 0 = 0$。

第二次迭代：$0^2 + 0 = 0$。

作为第三个例子，让我们取 $c = -2$，其规则变为 $x^2 - 2$。从种子 -2 开始，在第一次迭代之后又一次获得了一个固定的数列。

第一次迭代：$(-2)^2 + (-2) = 4 - 2 = 2$。

第二次迭代：$2^2 + (-2) = 4 - 2 = 2$。

对于 c 的每个值，"测试"（反复迭代）告诉我们结果是否趋于无穷大。导致迭代结果趋于无穷大的 c 值不属于该集合，所有其他值都属于该集合。曼德博集合的图像实际上记录了每个数字 c 在这个测试中的命运[1]。理解该图像的关键是揭示所使用的代码。要绘制这些测试的结果，最常用的代码是用黑色表示平面中属于曼德博集合的那些点，其他点则根据其"逃逸速度"着色，也就是说用不同的颜色表示该值从原点出发到达某个距离所需的迭代次数。另一种绘制曼德博集合的传统方法则是使用黑色表示属于某集合的点，而用白色表示不属于该集合的点。

现在我们会用分类的眼光观察曼德博集合的图像。在图像的中心，我们可以看到一个心形图形，即主心形[2]。我们还可以注意到许多圆形装饰物，或者称之为球形（见图 49.7）。我们将任何与主心形直接相连的球形称为主球形。主球形上又附有许多更小的装饰品。我们可以从中识别出一些看起来像天线的东西（见图 49.8）。

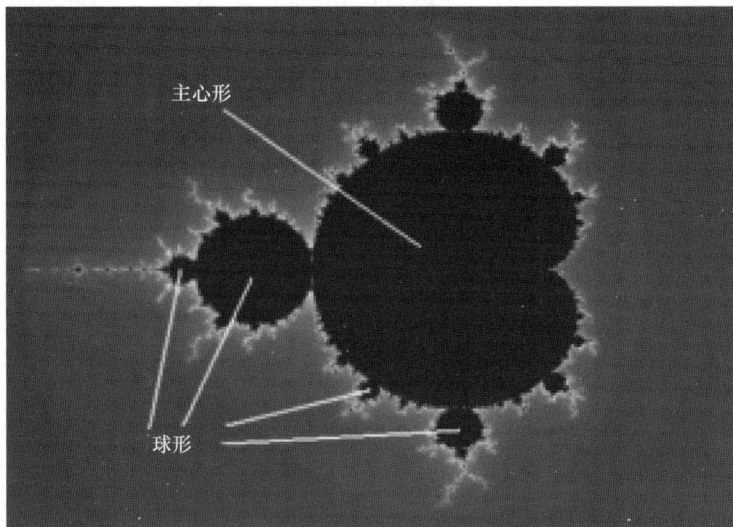

图 49.7　曼德博集合中的主心形和球形

---

① 图 49.6 事实上只是曼德博集合的一个近似描述。我们并不能确切地知道一个数 c 是否属于曼德博集合，因为要以绝对的把握确定这一点，我们需要将"检验过程"迭代无限多次。但即使使用计算机，我们显然也只能对任何事物进行有限次迭代。碰巧的是，通过将这条规则迭代到 c 的某个值而形成的数列，只有在经过非常大量的迭代之后才会表现出不同的行为。因此，我们可以通过多次迭代取得更好的近似。不过，这仍然不能带来绝对的准确性。——原注

② 心形线是由一个圆上的固定点绕另一个半径相等的圆滚动而生成的心形曲线。——原注

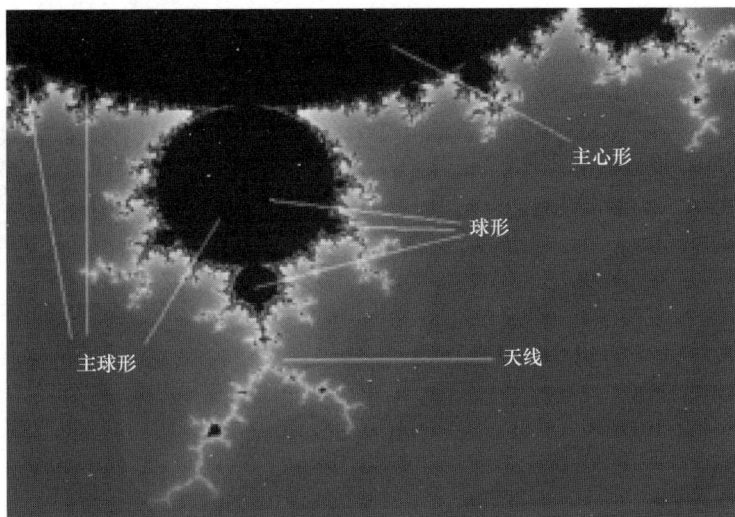

图 49.8　曼德博集合中的装饰细节

我们将这些天线中最长的那些称为主天线。最后，主天线显示出数根辐条（见图 49.9）。请注意，主天线中的辐条数量在不同的装饰中是不同的。我们将辐条数量称为该球形或装饰的周期。要确定球形的周期，只需数出一根天线上的辐条数量。我们必须记住，要计算的是从主要装饰向主要连接点发出的辐条数量。图 49.10 显示了各个主球形及其周期。

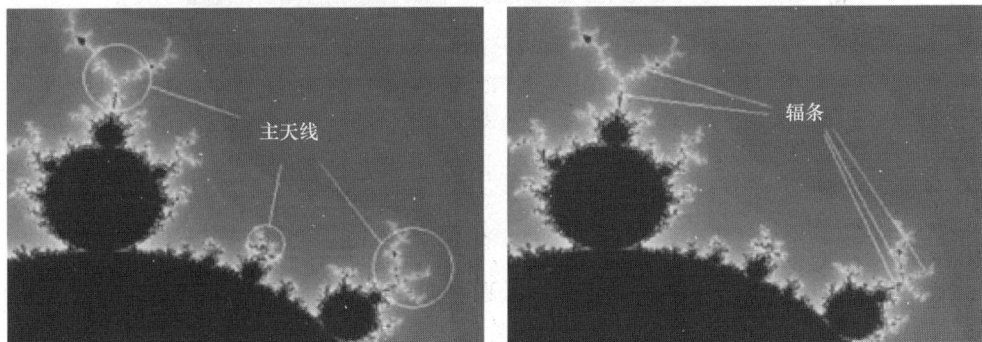

图 49.9　主天线以及它们的辐条

如何才能在曼德博集合中看出斐波那契数列？我们将主心形的周期定为 1，然后通过数出那些最大的球形的主天线的辐条数量来确定它们的周期。这样计数的结果（即主心形和一些最大的主球形的周期）被记录在图 49.11 中。

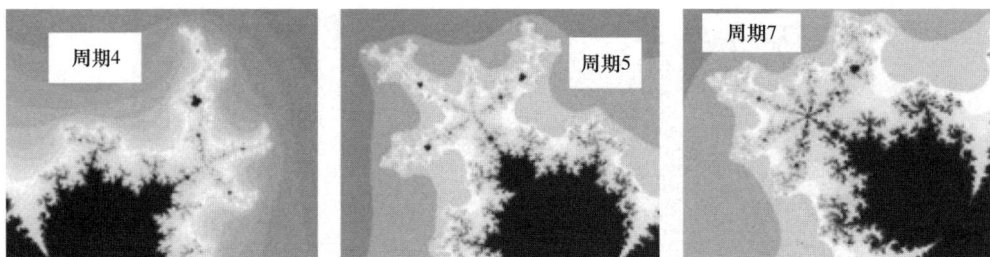

图 49.10　通过计算球形的主天线的辐条数量来确定各球形的周期

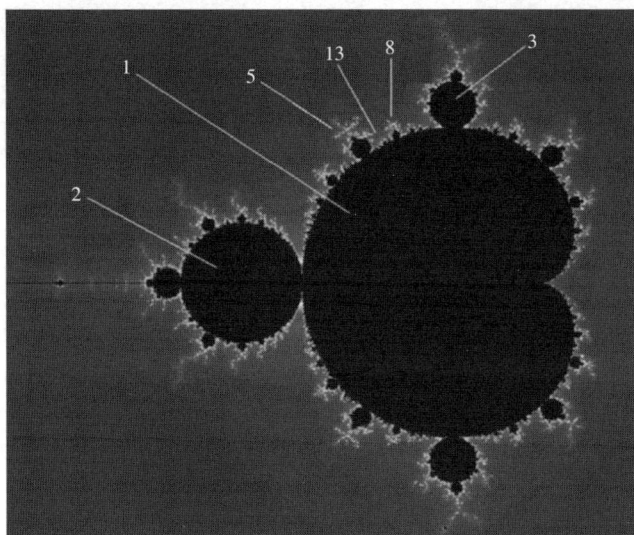

图 49.11　曼德博集合中的斐波那契数列

　　通过检视图 49.11 就可以惊奇地看到，周期为 1 的球形和周期为 2 的球形之间最大的球形是一个周期为 3 的球形。周期为 2 的球形和周期为 3 的球形之间最大的球形是一个周期为 5 的球形。在周期为 5 的球形和周期为 3 的球形之间最大的球形是一个周期为 8 的球形。有趣的是，斐波那契数出现了。关于它们为什么会出现，没有明显的解释。斐波那契数与计算主球形周期的方法并没有直接的关系。费波那契数列神秘而引人注目，但莫名其妙地在这里出现了。这正是分形的另一个显著特征。

　　曼德博不仅是 IBM 沃森研究中心的研究员，他还担任过许多其他学术职位，如哈佛大学数学实践教授、耶鲁大学工程教授、巴黎综合理工学院数学教授、哈佛大学经济学教授、纽约爱因斯坦医学院生理学教授。曼德博对诸多不同科学分支的探索都是有意为之。正是由于分形在许多情况下被广泛发现，这一事实使它们得以进入其他领域。曼德博还获得了许多学术荣誉和奖项，其中大部分是在 1985 年至 2003 年间获得的。比如，他于 1985 年获得巴纳德科学功勋奖章，1986 年获得富兰克林勋章，1987 年获得亚历山大・冯・洪堡奖，1988 年获得斯坦梅茨奖章，1989 年获得法国荣誉军团勋章和内华达奖章，1993 年获得沃尔夫物理奖，2003 年获得日本科学技术奖，等等。

2010 年 10 月 14 日，曼德博因胰腺癌在马萨诸塞州剑桥市去世。他受到普遍的褒奖，这不仅是因为他创建的分形，也因为他的全能全才。《经济学人》刊登的讣告强调，他是"超越学术界的名人"①。

---

① *The Economist*，October 21, 2010.——原注

第 50 章

玛丽安·米尔札哈尼
（1977—2017，伊朗）

有一个奖项是专门为 40 岁以下的数学家而设立的，那就是菲尔兹奖。这个奖项每四年颁发一次，每次授予二至四名表现出非凡天赋的数学家。该奖项是由国际数学联合会颁发的。2014 年，伊朗数学家玛丽安·米尔札哈尼（Maryam Mirzakhani，见图 50.1）成为第一位获此殊荣的女性。据官方公布的信息，她因为在黎曼曲面及其模空间的动力学和几何学方面的杰出贡献而获奖。

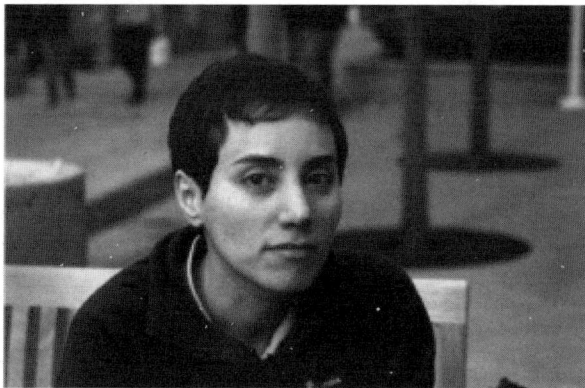

图 50.1　玛丽安·米尔札哈尼

可悲的是，她的生命在 40 岁时由于一种严重的癌症戛然而止，当时她是斯坦福大学的数学教授。米尔札哈尼在 1977 年 5 月 12 日出生于伊朗德黑兰市。也许她学习这门学科的最初动力来自她的父亲，他是一位电气工程师。她的才华很早就得到了认可，因为她曾就读于一所天才少年学校——德黑兰法扎尼根学校。1994 年，17 岁的她在国际数学奥林匹克竞赛中获得金牌，成为第一位获此殊荣的伊朗女学生。在第二年的国际数学奥林匹克竞赛中，她取得了满分的成绩，赢得了两枚奖牌，再次成为第一位获此殊荣的伊朗学生。

此后，她进入谢里夫理工大学，于 1999 年获得学士学位。随后，她进入哈佛大学，于 2004 年获得博士学位。她卓越的才华使她成为克雷数学研究所的研究员，同时在普林斯顿大学担任教授。她的家人和同事经常以她解决数学问题的方式作为谈资，她会用到一些小图形或小框框，而它们的周围是各种数学公式。简而言之，她以一种非常独特的风格，系统地处理深刻的问题。

2008 年，米尔扎哈尼与捷克数学家、斯坦福大学教授扬·冯德拉克（Jan Vondrak）结婚，然后在 2009 年也成为该校的教授。她于 2017 年 7 月 14 日在加州早逝，享年 40 岁。她获得了来自祖国伊朗的众多赞誉，当时领导伊朗的是哈桑·鲁哈尼（Hassan Rouhani）总统。2017 年，她当选为美国艺术与科学学院院士，这是在她去世以后。

她所留下的是对黎曼曲面模空间理论的各种贡献，这些贡献将在未来进一步提高她的声誉。对于数学的这一分支，即使是非常基本的介绍也远远超出了本书的范围。我们尽力通过几个简单的例子，不用精确的定义，并省略技术细节，说明那些最相关的概念，以求至少粗略地叙述她所研究的数学问题以及所使用的方法。黎曼曲面可以被想象为空间中的（二维）曲面，如图 50.2 所示。左侧展示了一个平面，即零曲率的"平坦"面；右侧是一个曲面，其曲率在面上各处可能不同；下方是一个球面，它是一个曲率恒定的闭曲面（面上每个点的曲率都相同）。

不过，并不是每个曲面都是黎曼曲面。一个曲面要具有一些附加的性质才能被称为黎曼曲面，其中一个性质称为可定向性。如果在这个面上绘制的一个二维图形不能在该面上四处移动并返回起始位置，从而看起来就像自己的镜像，那么这个曲面就被称为可定向的。图 50.3 显示了两个不可定向面：莫比乌斯带（左侧）和克莱因瓶（下方）。而圆环（即甜甜圈形状给出的数学概念）则是可定向的。

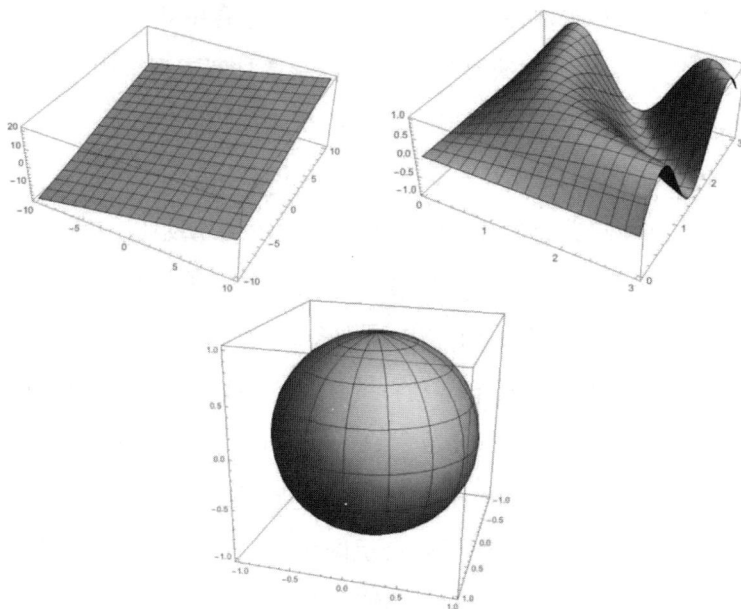

图 50.2　黎曼曲面

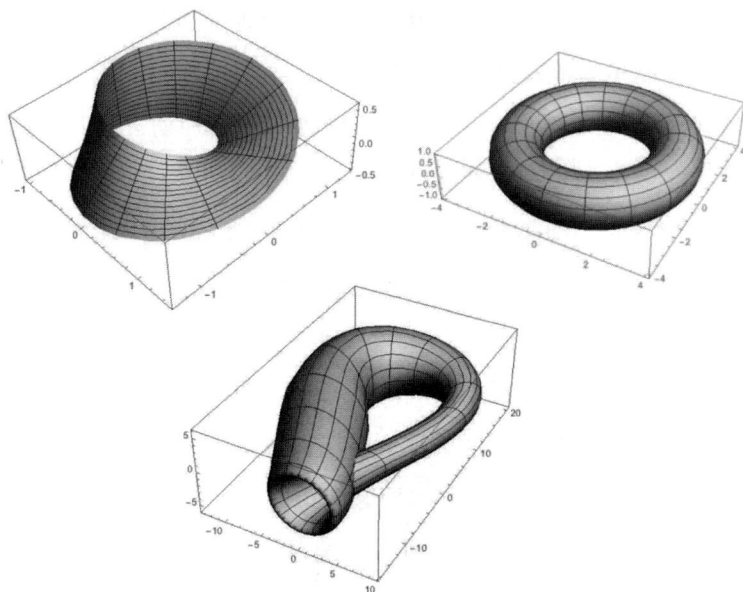

图 50.3　不可定向面与可定向面

黎曼曲面可分为三类：双曲型、抛物型和椭圆型。这些概念分别对应于负曲率、零曲率（平坦）和正曲率。球面是具有正常曲率的曲面的一个例子，平面具有零常曲率，马鞍面是双曲面的一个例子，如图50.4所示。

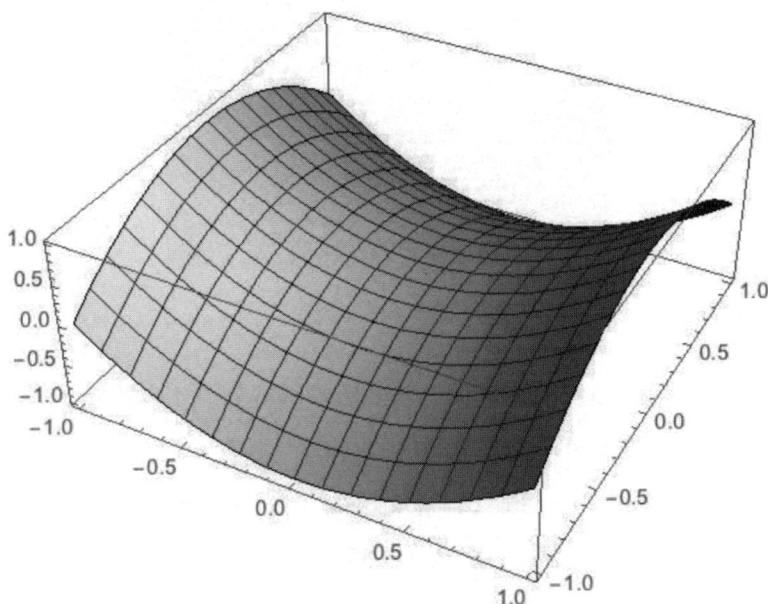

图 50.4 马鞍面

在黎曼曲面中，双曲面是种类最多的一类。此外，椭圆面和抛物面可以进一步划分为一些子类，而双曲面无法进行这样的分类。玛丽安·米尔札哈尼的早期研究涉及双曲面，更精确地说是双曲面上的闭合测地线。"测地线"一词源于测地学，即测量地球大小和形状的科学。最初，测地线的意思是指地球表面上两点之间的最短路径，但将测地线作为最短曲线的抽象数学定义也适用于任何黎曼曲面，甚至适用于更高维的"面"（也称为超曲面）。如果我们假设地球表面是一个完美的球面，那么测地线就是大圆（圆心在球心处的那些圆）。显然，一个球面具有无穷多条闭合测地线（如果一条曲线没有端点，那么这条曲线就是闭合的）。地球的形状确实相当接近一个球面，你可以通过观察图50.5来验证这一点。这是美国国家航空航天局通过距离地球约160万千米的深空气候观测卫星上搭载的一架照相机拍摄的。

图 50.5　地球照片

艾萨克·牛顿已经发现，地球自转的影响会导致其形状轻微偏离球形。地球的两极扁平，赤道凸起，像一个稍扁的球体（旋转椭球）。如果一个椭圆绕其短轴旋转，就会形成一个扁（扁平的）球。不过，地球与球形的偏差仅为1/300。地球表面各点到地心的距离为 6353~6384 千米，平均值为 6371 千米。对于许多实际应用（例如航海）而言，在大多数情况下，可以安全地忽略地球与完美球形的形状偏差。然而，从数学的角度来看，这种"对称破缺"完全改变了整个局面。对于球面上的任何一个给定点，我们都可以找到无穷多条通过这一点的闭合测地线，即通过这一点可以画出所有大圆。扁球面上的简单闭合测地线却只有子午线（即通过南北两极的大圆）和赤道（见图 50.6）。

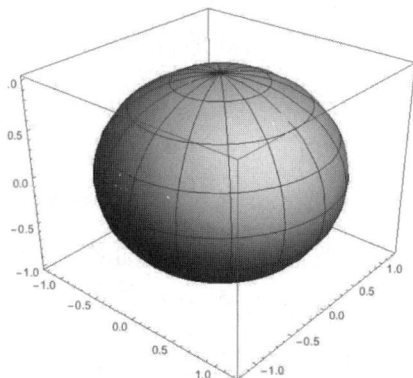

图 50.6　扁球面上的简单闭合测地线

如果我们在一个椭球面上取一个点，它既不在赤道上，也不是两个极点之一，那么只有一条简单闭合测地线通过这个点。（简单的意思是测地线在不与自身自交的情况下闭合。）如果我们通过考虑三轴椭球面（在垂直于其旋转轴的方向上拉伸或压缩椭球面而得到的面，见图 50.7）来进一步降低对称性，那么我们就只能找到三条简单闭合测地线，即由椭球面的三根对称轴定义的那三条赤道（见图 50.8）。

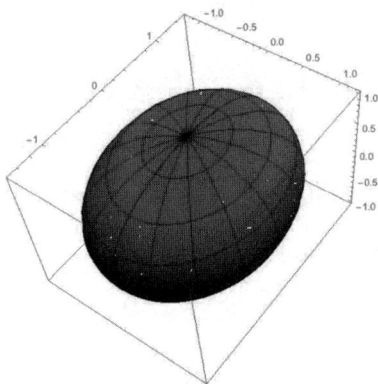

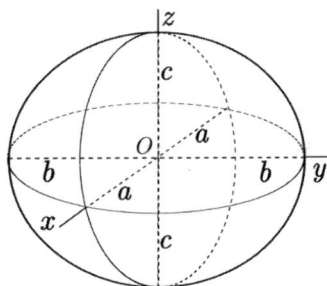

图 50.7　三轴椭球面　　　图 50.8　三条简单闭合测地线

事实上，任何通过将球面变形而获得的黎曼曲面必定具有的简单闭合测地线的最小数量就是三条。这一结果被称为三测地线定理。法国数学家昂利·庞加莱在 1905 年提出了这一猜想，德国数学家汉斯·维尔纳·鲍尔曼（Hans Werner Ballmann）在 1978 年最终给出了证明。我们在前文中提到玛丽安·米尔札哈尼特别感兴趣的是双曲型黎曼曲面，它们构成了黎曼曲面中最大最复杂的一类。人们在 50 多年前就知道，在双曲面上，长度小于某一界限 L 的闭合测地线的数量随 L 呈指数增长。更准确地说，对于较大的 L，这个数渐近地趋向 $\dfrac{e^L}{L}$。这个结果与正整数的素数定理有着惊人的相似性，后者用于估算小于某给定值的素数个数（对于较大的 L，小于 e^L 的素数个数渐近地趋向 $\dfrac{e^L}{L}$）。因此，这个结果也被称为测地线素数定理。米尔札哈尼证明，长度不超过 L 的简单闭合测地线的数量不是随 L 呈指数增长，而是渐近地趋向 $cL^{(6g-6)}$，其中 c 是某个常数，g 是该曲面的亏格。不严格地说，一个黎曼曲面的亏格就是它有多少个洞。球面的亏格为 0，圆环和甜甜圈的亏格为 1。在图 50.9 中，我们还展示了一个亏格为 2 的面和一个亏格为 3 的面。

图 50.9　亏格分别为 2 和 3 的面

米尔札哈尼为了证明她关于双曲面上简单闭合测地线数量的结论，使用了亏格为 g 的所有黎曼曲面的模空间的概念。如果两个黎曼曲面可以通过连续变形而相互转换，那么就说它们在拓扑上是等价的。例如，一个咖啡杯和一个圆环都是亏格为 1 的面，它们可以通过一种连续（即不经过任何切割）的方式相互转换（见图 50.10）。

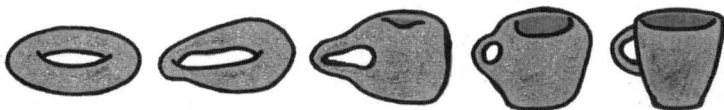

图 50.10　在拓扑上等价的面

这种拓扑等价性在数学家中引发了一个笑话，他们把拓扑学家描述为不能分辨咖啡杯和甜甜圈之间的区别的人。一个给定的拓扑面可以通过连续变形呈现出各种各样的几何形状。对于一个亏格为 g 的拓扑面，这些变形取决于 $6g - 6$ 个参量或模。这些模本身定义了一个具有某些几何性质的 $6g - 6$ 维数学空间，称之为亏格为 g 的黎曼曲面的模空间。在米尔札哈尼的研究工作中，她在抽象模空间上的计算与单独一个面上的简单闭合测地线的计数问题之间建立了联系，从而能够将数学结果从一个领域转移到另一个领域。她不仅可以通过在模空间中重新措辞来回答关于双曲面上的测地线的问题，而且她发现的联系为模空间提供了一些新的见解。米尔札哈尼在其极具独创性的证明中融合了几个数学分支，并建立起桥梁，使一个分支的强大数学工具可用于另一个分支。这使这些分支各自取得了重大进展，并将对它们未来的发展产生相当大的影响。

后　记

　　希望你喜欢我们通过描述一些数学家的人生而展开的这段数学史之旅。我们相信，他们是数学这门学科发展至今的最重要的数学家。从西方世界挑选出50位杰出数学家是一项艰巨的任务，而且是一项尚有取舍余地的任务。显然，其他许多杰出数学家原本也无疑能被纳入我们的这本书中。不过，我们试图挑选出那些有助于确立我们现今所知的数学的人。从书中所阐述的范围的两头来讲，要概括这些数学家不同寻常的人生是一项艰巨的任务。一头是早期的资源非常有限。在某些情况下，对于要重点强调的人，我们得不到任何书面文献，因此不得不依赖了解其研究工作的其他数学家的评论。米利都的泰利斯就是这样的一个例子，关于他的大多数可用信息是在他那个时代以及此后不久处于盛期的其他人写的评论集。另一头是要向普通读者描述非常高深的数学很困难，而我们已经尽可能以最清晰的方式进行描述了。

　　同样值得注意的是，这些智力高于常人的人（也就是我们通常所说的天才）的生活方式对于普通老百姓来说不具代表性。我们还注意到，这些杰出数学家一生都在努力研究他们开创性的思想和概念。他们经常遇到阻力，不得不努力克服社会问题，以宣传他们的思想。这些社会问题包括贫困、性别、宗教信仰和社会上的其他怪异之事，然而还不仅限于此。不过，当我们试图了解他们如何达到这样的高度时，他们生活的这些方面又增添了更多的趣味性。

　　我们希望通过清楚地介绍这些非凡的天才人物，能够让读者更加欣赏数学并激发一种渴望，进一步探寻这50位数学家和其他我们无法纳入本书的数学家的研究工作。

附录　希尔伯特公理

1. 关联公理

（1）对于每两个点 A 和 B，都存在一条同时包含这两个点的直线 a，我们用 $AB = a$ 或者 $BA = a$ 表示。我们也可以用其他的表述形式来代替"包含"，例如我们可以说"A 在 a 上""A 是 a 上的一个点""a 既通过 A 也通过 B""a 连接 A 与 B"，等等。如果 A 在 a 上，同时 A 还在另一条直线 b 上，我们就可以使用"直线 a 和 b 有一个公共点 A"这一表述。

（2）对于每两个点，至多只有一条直线同时包含它们。因此，若 $AB = a$，且 $AC = a$，其中 $B \neq C$，则 $BC = a$。

（3）一条直线上至少有两个点。至少存在三个点不在同一条直线上。

（4）对于每三个不在同一直线上的点 A、B、C，都存在一个包含所有这些点的平面 α。每一个平面上都有一个点，我们用平面 $ABC = \alpha$ 表示。我们也可以使用"A、B、C 在 α 上""A、B、C 是 α 上的点"等表述方式。

（5）对于每三个不在同一直线上的点 A、B、C，至多只有一个平面同时包含它们。

（6）若直线 a 上的两个点 A、B 在平面 α 上，则 a 上的每个点都在 α 上。在这种情况下，我们说"直线 a 在平面 α 上"。

（7）如果两个平面 α、β 有一个公共点 A，那么它们至少还有一个公共点 B。

（8）至少存在四个点不在同一平面上。

2. 顺序公理

（1）如果点 B 在 A 和 C 两点之间，B 也在 A 和 C 两点之间，那么就存在一条包含互不相同的三点 A、B、C 的直线。

（2）如果 A 和 C 是两个点，那么在直线 AC 上至少存在一个点 B，使得 C 位于 A 与 B 之间。

（3）在一条直线上的任意三个点中，两个点之间至多只有另一个点。

（4）帕什公理：设 A、B、C 为三个不在同一直线上的点，并设 a 为一条位于平面 ABC 上且不通过 A、B、C 中任何一点的直线，若直线 a 通过线段 AB 上的一点，则它也必通过线段 BC 或 AC 上的一点。

3. 全等公理

（1）假设 A、B 是直线 a 上的两个点，A' 是直线 a 或另一条直线 a' 上的一个点，那么在直线 a' 上的点 A' 的给定一侧总能找到一个点 B'，使得线段 AB 与 $A'B'$ 全等。每一条线段都与自身全等。

（2）若线段 AB 与线段 $A'B'$ 全等，也与线段 $A''B''$ 全等，则线段 $A'B'$ 也与线段 $A''B''$ 全等。也就是说，如果 $AB \cong A'B'$ 且 $AB \cong A''B''$，则 $A'B' \cong A''B''$。

（3）设 AB 和 BC 是直线 a 上的两条线段，它们除了点 B 以外没有其他公共点。此外，设 $A'B'$ 和 $B'C'$ 是直线 a 或另一条直线 a' 上的两条线段，它们除了点 B' 以外没有其他公共点。若 $AB \cong A'B'$ 且 $BC \cong B'C'$，就有 $AC \cong A'C'$。

（4）设在平面 α 上给定一个角 $\angle(h, k)$，在平面 α' 上给定一条直线 a'，并在平面 α' 上指定直线 a' 的确定一侧。若用 h' 表示以 a' 上的一点 O' 为端点的射线，那么在平面 α' 上有且只有一条射线 k' 能使 $\angle(h, k)$[或者写成 $\angle(k, h)$]与 $\angle(h', k')$ 全等，同时 $\angle(h', k')$ 内部的所有点都位于 a' 的给定侧。

（5）如果 $\angle(h, k)$ 与 $\angle(h', k')$ 全等，也与 $\angle(h''k'')$ 全等，则 $\angle(h', k')$ 与 $\angle(h''k'')$ 也全等。

（6）如果在三角形 ABC 和三角形 $A'B'C'$ 中，$AB \cong A'B'$，$AC \cong A'C'$，$\angle BAC \cong \angle B'A'C'$，那么全等关系 $\angle ABC \cong \angle A'B'C'$ 和 $\angle ACB \cong \angle A'C'B'$ 也成立。

4. 平行公理

欧几里得公理：设 a 是任意直线，点 A 不在该直线上，那么在由 a 和 A 确定的平面上最多有一条直线通过 A 且不与 a 相交。

5. 连续公理

（1）阿基米德公理：若 AB 和 CD 是任意线段，则存在一个数 n，使得在沿着以点 A 为端点并通过点 B 的射线上可连续作出 n 条与 CD 全等的线段，而这些线段最终会越过点 B。

（2）直线完备性公理：要扩充一条直线上的点集，使其顺序和全等关系保持原有元素之间存在的关系，并且保持由前 18 条和第 20 条公理得到的那些关于直线顺序和全等关系的基本性质，那么该扩充是不可能实现的。

希尔伯特的第 21 条公理：一条直线上的任意四个点 A、B、C、D 总是可以被标记成如下形式：B 既在 A 和 C 之间，也在 A 和 D 之间，而且 C 既在 A 和 D 之间，也在 B 和 D 之间。[1902 年，美国数学家伊莱基姆·黑斯廷斯·摩尔（Eliakim Hastings Moore，1862—1932）证明了第 21 条公理是多余的。]